U0541313

本书获"暨南社科高峰文库"出版资助

暨南社科高峰文库

中国共产党办报模式研究
（1921—1949）

陈 龙◎著

Research on
the Newspaper Running Mode of
the Communist Party of China
(1921-1949)

中国社会科学出版社

图书在版编目(CIP)数据

中国共产党办报模式研究:1921—1949/陈龙著. —北京:中国社会科学出版社,2024.6

(暨南社科高峰文库)

ISBN 978-7-5227-3700-3

Ⅰ.①中⋯ Ⅱ.①陈⋯ Ⅲ.①中国共产党—党报—新闻工作—1921-1949 Ⅳ.①G219.23

中国国家版本馆 CIP 数据核字(2024)第 110759 号

出 版 人	赵剑英
责任编辑	慈明亮
特约编辑	史慕鸿
责任校对	王 龙
责任印制	戴 宽

出　　版	中国社会科学出版社
社　　址	北京鼓楼西大街甲 158 号
邮　　编	100720
网　　址	http://www.csspw.cn
发 行 部	010-84083685
门 市 部	010-84029450
经　　销	新华书店及其他书店
印　　刷	北京明恒达印务有限公司
装　　订	廊坊市广阳区广增装订厂
版　　次	2024 年 6 月第 1 版
印　　次	2024 年 6 月第 1 次印刷
开　　本	710×1000　1/16
印　　张	17.5
插　　页	2
字　　数	253 千字
定　　价	99.00 元

凡购买中国社会科学出版社图书,如有质量问题请与本社营销中心联系调换
电话:010-84083683
版权所有　侵权必究

目　录

序 …………………………………………………………………（1）

第一章　中国共产党办报模式的初步探索 ……………………（1）
　第一节　中国共产党办报实践的历史背景 ……………………（2）
　第二节　中国共产党党报理论的原始勾勒 ……………………（6）
　第三节　《新青年》：中国共产党办报的初始范本 ……………（14）
　第四节　上海模式：中国共产党对城市办报的探索 …………（19）

第二章　中国共产党办报模式的基本成型 ……………………（56）
　第一节　中国共产党办报实践的环境剧变 ……………………（56）
　第二节　中国共产党党报理论的系统建构 ……………………（64）
　第三节　瑞金模式：由城市办报转向农村办报 ………………（80）

第三章　中国共产党办报模式的多元发展 ……………………（118）
　第一节　中国共产党指导思想路线的确立 ……………………（118）
　第二节　中国共产党党报理论的基本成熟 ……………………（127）
　第三节　重庆模式：开辟中国共产党城市办报道路 …………（144）
　第四节　延安模式：确立中国共产党办报主流范式 …………（176）

第四章　中国共产党办报模式的差异根源 ……………………（208）
　第一节　中国共产党办报实践的环境差异 ……………………（210）

第二节　中国共产党办报实践的路径差异 …………………（216）

第三节　必由之路:超越"工具论"的发展逻辑 ………………（221）

余论　中华人民共和国成立后中国共产党办报模式的演进 …………（233）

参考文献 ……………………………………………………………（254）

后记 …………………………………………………………………（271）

序

1921年7月，党的第一次全国代表大会正式宣告了中国共产党的诞生。这是中国历史上开天辟地的大事，自此中国革命有了坚强的领导核心，面目焕然一新。中国共产党把民族独立、人民解放、国家富强作为自己责任担当的"初心"，团结并领导带领全国各族人民，战胜各种艰难险阻，书写了惊天地、泣鬼神的壮丽史诗，取得了新民主主义革命和社会主义革命、建设、改革的伟大胜利，推动中国特色社会主义进入新时代。在中国共产党发展壮大的百年历程中，党的新闻宣传工作地位之重要，作用之巨大，不言而喻。

2016年2月19日，习近平总书记在党的新闻舆论工作座谈会上指出，党的新闻舆论工作是党的一项重要工作，是治国理政、定国安邦的大事。他强调，做好党的新闻舆论工作，事关旗帜和道路，事关贯彻落实党的理论和路线方针政策，事关顺利推进党和国家各项事业，事关全党全国各族人民凝聚力和向心力，事关党和国家前途命运。2019年8月，中共中央印发了《中国共产党宣传工作条例》，规定了宣传工作的定位作用，宣传工作是党的一项极端重要的工作，是坚持党的政治路线、加强党的政治建设、加强党的思想政治领导、巩固党的群众基础和执政基础的重要方式，是为实现党的主张和奋斗目标动员组织党员、干部和群众所进行的理论武装、舆论引导、思想教育、文化建设、文明培育等工作和活动。宣传工作是党领导人民不断夺取革命、建设、改革胜利的优良传统和政治优势。党的新闻宣传工作的研究也要立足中国、挖掘历史，总结经验教训，更不能忘了党的初心。

不忘初心，方得始终。从历史源头上，研究和厘清中国共产党早期的办报模式与宣传经验就是当下中国特色新闻学研究的"不忘初心"。陈龙博士的著作《中国共产党办报模式研究（1921—1949）》就体现了这份"不忘初心"的学术追求。通读该著作，有以下三个鲜明的特点。其一，规范性强。该著作严格做到了引文、注释、方法、语言等方面的规范性要求，引文经典，注释完整准确，研究方法科学，语言清晰流畅。其二，学理性强。借鉴"模式"的理论概念，对中国共产党新闻宣传机制的源流演变进行了系统性的科学分析，并将中国共产党办报机制的发展历史抽象概括出"上海模式""瑞金模式""重庆模式""延安模式"四种模式，并正确地归纳总结出：中国共产党办报模式的发展轨迹基本是以"党报姓党"为中心线，以"城市办报"和"农村办报"为两极上下波动，其发展存在三种逻辑：作为党派工具的报刊、作为社会公器的报刊、作为生产事业的报刊。这不仅突破了以往学界国民党的"办报模式"和共产党"延安范式"的研究论述，而且突破了以往关于新闻史研究偏重历史梳理、忽视理论建构的传统史学研究框架，体现了作者深厚的理论根底和扎实的知识储备。其三，现实性强。该著作对中国共产党"全党办报""群众办报"进行了科学的历史阐释，为当下党的新闻舆论工作中贯彻落实习近平总书记关于"党性和人民性从来都是一致的、统一的"和"党媒姓党"论断的正确理解，提供了坚实的历史洞见和理论支撑。

作者系我在暨南大学新闻与传播学院指导的第一位中国新闻传播史研究方向博士生。在生机盎然的美丽暨南园，他与我共成长同发展，共讨论同交流，教学相长，砥砺学术，携手奋进；他为人宽厚，好学勤勉，敏思笃行，严于律己。在繁忙的行政工作中，他主持了国家社科基金青年项目"中国共产党宣传工作研究（1921—1931）"，还能够高效高质地完成了博士学位论文写作，且修改出版，以惠学林，可喜

序

可贺。期待他在未来的学术征程中深耕细作,厚积薄发,勇攀学术新高峰。

邓绍根

中国人民大学静园薪文轩

2020 年 10 月 10 日

第一章　中国共产党办报模式的初步探索

　　1911年，革命军起于武昌，推翻了清王朝的封建统治，结束了延续几千年的君主专制制度。但革命党"没有民众的基础，而只有军队"①，致使"武人专横，政客捣乱，民不聊生"②，国家陷入割据的泥沼，引发新的革命者对武力的厌弃，"军阀"一词随之而生。"五四运动"的勃兴，使"主义"成为革命者的新武器。作为"主义"的宣介载体，报刊在中国共产党（下文简称"中共"）创立过程中发挥了关键作用，成为早期中共视报刊为"机关"的根源，"喉舌"与"罗针"成为中共报刊的主要使命。作为"中国思想的中心"，《新青年》成就了陈独秀在中国共产党的核心地位③，也使自身成为中共党人办报实践的初始范本。在"党报姓党"的原则下，《新青年》的"同人办报"被改造为《向导》的"集体办报"，孕育了中共办报模式的雏形，帮助中共迅速建立了覆盖全国的报刊网络。这种稍显幼稚的"手工业"办报方式，未能使中共报刊彻底完成"一人之报"向"一党之报"的转化，成为土地革命时期中共办报模式的主要改进方向。

---

　　① 《中国共产党为辛亥革命纪念告民众书》（1927年10月10日），载中央档案馆编《中共中央文件选集》第3册，中共中央党校出版社1983年版，第378页。
　　② 孙中山：《八年今日》（1919年10月10日），载广东省社会科学院历史研究室等合编《孙中山全集》第5卷，中华书局1985年版，第132页。
　　③ 中共中央党史研究室第一研究部译：《共产国际、联共（布）与中国革命档案资料丛书》第2卷，北京图书馆出版社1997年版，第452页。

第一节　中国共产党办报实践的历史背景

革命成功极快的方法，宣传要用九成，武力只可用一成。①

——孙中山

1912年，辛亥鼎革，清帝逊位，自此"革命"在东方古国掀起延绵数十年的风暴。令人始料未及的是，彼时意气风发的革命者，未逾十年相继蜕变为革命的对象，这种戏剧性转换揭示了近代中国变革之迅猛、深刻。无论后世如何评价，辛亥革命实现了推翻封建王朝统治的预期目标，也造成了许多意想不到的后果。封建统治下正统社会上升渠道的关闭，呼唤着新的阶层跨越路径到来，引发中国社会结构前所未有的巨变，"阶级"成为革命者明确目标、划分敌我的关键指标。革命过程中的投机行为与利益混杂，导致其临时同盟未能脱出"同舟共济—同床异梦—同室操戈—同归于尽"的结局，掣肘新的政治制度在短期内形成，"枪杆子"日渐成为权力的主要源泉，社会阶层的跨越只剩"出将"一途②。正如时人喟叹"民国成立、军焰熏天"，军人阶层的崛起已是大势所趋。

暴力相互联合、相互斗争又相互妥协，未能孕育政治整合的主导力量。中央集权与地方分权自治、独裁主义和自由主义政治在互相斗争中消灭，分散的军事霸权乘虚而入。大小军阀拥兵自重、互相争斗、横征暴敛、纵下抢掠、造成饥荒，给无数国人直接或间接带来了恐怖与掠夺。③这种刻骨之痛，引发新的革命者对武力的厌弃和对"运动"的推崇。"武

---

① 广东省社会科学院历史研究室等合编：《孙中山全集》第8卷，中华书局1986年版，第568页。
② 罗志田：《近代中国社会权势的转移——知识分子的边缘化与边缘知识分子的兴起》，载许纪霖编《20世纪的中国知识分子史论》，新星出版社2005年版，第137页。
③ ［美］费正清编：《剑桥中华民国史（1912—1949）》上卷，中国社会科学出版社1994年版，第248、311页。

第一章　中国共产党办报模式的初步探索

革"时代的开启者孙中山在与军阀的反复斗争中产生了这种认识："就用枪炮和用语言文字两种奋斗来讲，从前用枪炮来奋斗的时候最多，用枪炮的力量已经把满清政府铲除了，但是满清政府虽然是已经铲除了十三年，说到革命还没有彻底成功，没有得什么结果，这是因为什么缘故呢？简单的说，就是因为缺乏宣传奋斗的工夫。"①

"五四运动"的爆发，创造了"运动"这种中国革命的新途径，自此"主义"成为革命者的新武器。"五四"以降，各种"主义"在百刊竞发的众声喧哗中激荡角逐，激发了中国思想界和政治界前所未有的活跃景象，孕育了以"共产主义"为旗帜的中国共产党，以"国家主义"为圭臬的中国青年党，以"三民主义"为党义的中国国民党也焕发新生。三党挟"五四"风雷之厉势，竞相揭橥"革命"之大旗，成为近代中国广有影响的政党，开启了"主义之争"的序幕。②批判的武器不能代替武器的批判，物质的力量只能靠物质摧毁③，随着旧的革命者相继蜕化为军阀，新的革命者不得不组建更强大的武装力量与之对垒，试图以军队党化的途径，为北洋以来军队私有化的传统套上缰绳，消除军阀滋生的土壤。令人遗憾的是，武装斗争的不断升级导致革命党对武力的依赖加深，党权与军权日渐失衡，国民党以"主义"约束军权失败，最终军队控制了党，再次造成革命党的蜕化。蜕变的国民党对中共的军事压迫，迫使中共"以武装的革命反对武装的反革命"④，中国政党间的争斗，再次步入武力之途。⑤正所谓战争有"热战"、有"冷战"，革命有"文革"、有"武革"，民国以来的中国政治大势，就反映了"文武主从之争"的革命进程⑥。

---

① 《在广州国民党讲习所开学典礼的演说》（1924年6月29日），广东省社会科学院历史研究室等合编《孙中山全集》第10卷，中华书局1986年版，第349页。

② 费约翰认为，国共两党的权威主要是建立在一套符号、概念和理想之上，标志着中国政党发展到了新的阶段。参见［美］费约翰《唤醒中国：国民革命中的政治、文化与阶级》，李霞等译，生活·读书·新知三联书店1996年版，第56页。

③ 中共中央编译局编译：《马克思恩格斯全集》第30卷，人民出版社2006年版，第539页。

④ 毛泽东：《〈共产党人〉发刊词》，《共产党人》1939年10月4日。

⑤ 王奇生：《革命与反革命——社会文化视野下的民国政治》，社会科学文献出版社2010年版，"前言"第6页。

⑥ 《文武主从论》，《大公报》1927年6月20日。

在辛亥革命与"五四运动"的共同作用下，传统教育体系土崩瓦解，新式教育试图填补真空，孕育了新的知识阶层。大批知识精英脱离乡土社会，进入都市，失却了血缘、地缘和文化之根。①章太炎发现："自教育界发起智识阶级名称以后，隐然有城市乡村之分，城市自居于智识阶级地位，轻视乡村"，城乡"文化之中梗"由此而生②，城乡分离之势日益加速。不断膨胀的城市对乡村精英的虹吸，导致传统乡村绅士的堕化。③劣绅的普遍出现，加速了中国乡土社会秩序的崩坏，失去传统道德秩序约束、生存环境不断恶化的农民阶级化为尚待唤醒的革命力量。部分深受军阀与劣绅双重压力而濒临破产的农民背井离乡，投奔城市谋求生计与希望。④随着时间的推移，故乡的景象日益模糊，这些"无根者"渴望在城市寻求归属，逐渐以抱团结社的方式与新的压迫者——帝国主义与资本主义作斗争，成为革命力量的又一潜在组成部分。

梁启超认为，清帝逊位后，中国实际进入了"过渡时代"，这种"过渡"有多种特征："人民既愤独夫民贼愚民专制之政，而未能组织新政体以代之；士子既鄙考据词章庸恶陋劣之学，而未能开辟新学界以代之；社会既厌三纲压抑虚文缛节之俗，而未能研究新道德以代之"，人人都不满足于现状，又不知该如何去改变，整个社会处于一种迷茫状态，迫切需要指引与启示。这种"过渡"还表现为破坏之后亟待重建的满目疮痍，"则例案已烧矣，而无新法典；科举议变矣，而无新教育；元凶处刑矣，而无

---

① 许纪霖编：《20世纪的中国知识分子史论》，新星出版社2005年版，"序言"第3页。早期中共领袖就大都经历了"乡村—县城—省城"的求学经历，最终在城市的舞台上崭露锋芒。
② 章太炎：《在长沙晨光学校演说》（1925年10月），载汤志钧编《章太炎年谱长编》（下），中华书局1979年版，第823页。
③ 据刘大鹏观察，"民国之绅士多系钻营奔竞之绅士，非是劣衿、土棍，即为败商、村蠹。而够绅士之资格者，各县皆寥寥无几"。参见刘大鹏《退想斋日记》，山西人民出版社1990年版，第336页。
④ 在耳闻目睹农民的悲惨遭遇后，包惠僧感叹："在官府苛逼、胥吏勒索之下，农民真是永无喘息之日。健壮的农民便一个一个逃到城市里来，有的在码头上当苦力，有的到武汉、上海、天津、广州拉洋车，有的到工厂旁边做临时工和小工，有的做小贩，还有的成了乞丐。这样，农村里的生产力降低，城市的游民增多，工商业地区的劳动预备军扩大，社会也就更加动荡不安了。"参见包惠僧《转变的一年》，载《包惠僧回忆录》，人民出版社1983年版，第52页。

第一章　中国共产党办报模式的初步探索

新人才；北京残破矣，而无新都城"①。中国要向何处去，迫切需要仁人志士的解答与实践。

伴随着中国日渐进入"过渡时期"的，是社会矛盾的激化和民族危机的深重。为探寻强国救民之路，先进分子纷纷撰写文章、创办刊物、成立社团，宣介国外的各种新思潮，创办的刊物如雨后春笋，先后出现400多种②，一时间各种思潮鼓舞激荡。由于巴黎和会打破了国人对帝国主义的幻想，加之俄国十月革命的影响日益广大，在各种思潮的交锋过程中，社会主义学说逐渐立上潮头。李大钊、李达、杨匏安、李汉俊、陈望道大量译介马克思主义经典著作，《新青年》《每周评论》《民国日报》等报刊纷纷发表宣传马克思主义的文章，《晨报》副刊还在1919年5月5日到11月11日开辟"马克思研究"专栏，介绍马克思主义的文章多达200多篇，其中相当数量是马克思、恩格斯著作的译文。如此集中介绍国外的一种思想理论，为中国近代报刊史所罕见。③

革命阶级的发展壮大，总是伴随着积极的宣传活动。"五四"时期各大报刊对于马克思主义的广泛宣传，为中国共产党的成立创造了思想条件、群众基础和干部储备。受马克思主义广泛传播的影响，一批民主主义者转变为马克思主义者，集结成立了上海、北京、武汉等地共产主义小组，并纷纷创办报刊，有组织、有计划地研究和宣传马克思主义，批判各种反马克思主义思潮，持续扩大马克思主义的影响，最终促使中国共产党在1921年7月正式成立。反观国民党迷信武力、不重宣传，"以致一般弟兄们，及到看见挂起'民国'招牌的时候，还不知道'民国'为何物"④，民众对于国民党的观感与军阀并无二致。这两方面的经验使得中共视报刊

---

① 李华兴、吴嘉勋编：《梁启超选集》，上海人民出版社1984年版，第168—169页。
② 中共中央党史研究室：《中国共产党历史》第一卷（1921—1949），中共党史出版社2002年版，第55页。
③ 中共中央党史研究室：《中国共产党历史》第一卷（1921—1949），中共党史出版社2002年版，第59页。
④ 中共中央宣传部办公厅、中央档案馆编研部编：《中国共产党宣传工作文献选编（1915—1937）》，学习出版社1996年版，第314页。

为"机关",作为建党初期的主要工作,一度"立在舆论的指导地位",将国民革命导入反帝反封之轨辙。正如方汉奇先生所说:"中国共产党报刊的崛起,是这个时期报刊发展的主要特征。"①

第二节　中国共产党党报理论的原始勾勒

从陈独秀到瞿秋白、李立三,从王明、博古、张闻天到毛泽东,中共历任最高领导人办报思想的差异,主导了中共党报理论和办报模式的多次整体转型。在毛泽东尚未担任中共最高领袖之前,已形成了报刊版面编排"由近及远"的思想,未能得到全党报刊的普遍呼应,一旦毛泽东在党内的领袖地位得到确立,其办报思想很快通过《解放日报》改版的示范作用与普发文件的行政手段推向全党,促使全党报刊版面编排摒弃"由远及近"而改为"由近及远"。而此前陈独秀的"同人办报"实践、瞿秋白提出"喉舌论"与"罗针论"、王明对于苏联经验的推崇,都在很大程度上影响了中共党报理论的走向,进而导引中共办报模式的整体转型。

中共创立之初,虽有"一切书籍、日报、标语和传单的出版工作,均应受中央执行委员会或临时中央执行委员会的监督。不论中央或地方出版的一切出版物,其出版工作均应受党员的领导。任何出版物,无论中央的或地方的,均不得刊登违背党的原则、政策和决议的文章""党的一切机关报,均须由已经证实为忠于无产阶级利益的忠实共产党编辑。一切定期的或其他的报纸与出版物,须完全服从党的中央委员会,无论他是合法的或违法的,决不许出版机关任意自主,以致引出违反本党的政策"等原则性规定②,但并未在操作层面对办报活动予以指导和约束。此时,中共党

---

① 方汉奇:《中国新闻事业通史》第2卷,中国人民大学出版社2000年版,第125页。
② 《中国共产党第一个决议》(1921年7月)、《中国共产党加入第三国际决议案》(1922年7月),载中央档案馆编《中共中央文件选集》第1册,中共中央党校出版社1989年版,第67、68页。

第一章　中国共产党办报模式的初步探索

报理论主要源于其领袖在办报实践中积累的经验，在各自论著中阐发，以文件的形式确立和传递。

一　延续与奠基：陈独秀对中共党报理论的贡献

在中共创立之前，中国马克思主义者大多已有创办报刊或报界从业经历，都或多或少受到"文人办报"传统的浸润，对于报刊的认识尚未脱出"耳目喉舌"的范畴。由于中共党人"学习马列主义知识太少了，多数同志几乎是当了共产党员才学习马列主义"①，尚不能系统地将无产阶级党报理论运用于办报实践，难免对此前"非党"的办报经验形成路径依赖。加之我国报业处于企业化探索前夕，多数报人都是因陋就简办报纸，重内容而不重形式。这种"手工业工作方式的落后习惯，使我们有些同志醉心于油印机，醉心于'个人谈话方式'，醉心于'办个独立刊物'"②，是早期中共未能形成系统的党报理论与办报模式的关键原因，导致大革命时期中共报刊自由散漫，未能展示"铁的纪律"之风貌。在中共创立初期，陈独秀描绘了中共党报理论的基本轮廓，不仅缘于1921年到1927年他是中共的最高领导人，在此期间指导和参与《向导》等中央机关刊物的创办，也因为其主办的《新青年》是凝聚早期中共党人和共产主义组织的精神核心，最终促成了中国共产党的创立，为中共党人的办报实践提供了初始范本。

在63年的人生旅程中，陈独秀有40载时光与报刊有着密切关系。从1903年初涉报业到1921年中共创立时，陈独秀已在报界耕耘十余年。真正可谓其办报事业巅峰的，应属1915年到1920年创办《新青年》时期，此后他更多的是履行职业革命家的职任。胡适这样评价："二十五年来，只有三个杂志可代表三个时代，可以说是创造了三个时代：一个是《时务报》，一个是《新民丛报》，一个是《新青年》。而《民报》和《甲寅》还

---

① 包惠僧：《共产党第一次全国代表会议前后的回忆》，载《包惠僧回忆录》，人民出版社1983年版，第18页。
② 《党与党报》（1942年9月22日），载中国社会科学院新闻研究所编《中国共产党新闻工作文件汇编》（下），新华出版社1980年版，第57页。

算不上。"① 这种"至坚至高"的评价②，体现了智识界对陈独秀办报成就的高度认可，也冀望其沿着已然成功的道路继续前行。这种"盛名之下"的压力，对陈独秀执掌中共后的办报实践难免发生影响。

在中共创立前，陈独秀的办报思想有两个重要组成部分：一是"文人办报"，继承资产阶级革命派办报传统，希望通过"办报立言"来"唤醒国民"。他认为"国人而欲脱蒙昧时代，羞为浅化之民也，则急起直追，当以科学与人权并重"③，而不像商业性报刊追求经济收入。故陈独秀只见"同人"不见"报社"，并不注重报刊的经营管理，而是将主要精力用于撰稿与编务，发行与经营交由出版机构代办。强烈的办报使命感，使他形成了"思想言论，事实之母"的思想，其创办的报刊更多的是"意见纸"而非"消息纸"，虽颇合知识分子的脾胃，却难以满足下层民众的需求④，不能真正成为大众传播的媒介。故陈独秀在办报实践中呈现出一种复杂而又矛盾的倾向，他尊重文人，但"看轻群众"⑤，支持言论自由，又反抗舆论，这与其办报思想尚未超出感性经验阶段并形成体系不无关系。

作为高级知识分子，陈独秀能够超脱自身的阶级立场，指出："学术思想之专制，其湮塞人智，为祸之烈，远在政界帝王之上"⑥，为《新青年》定下"各抒己见、自由讨论"的原则，赋予编辑和撰稿人极高的自主性，并前所未有地重视"通信"栏目，让读者参与报刊内容生产过程，产生了"群众办报"思想的萌芽。但其心底又认为"群众心理不用理性做感情的基础"⑦，

---

① 胡适：《与高一涵等四位的信》（1923年10月），载中国社会科学院近代史研究所中华民国史组编《胡适往来书信选》，中华书局1979年版，第217页。
② 《张昆弟记毛泽东的两次谈话》，载中共中央文献研究室等编《毛泽东早期文稿》，湖南人民出版社2008年版，第575页。
③ 陈独秀：《敬告青年》，《青年杂志》1915年9月5日。
④ 李达认为，报纸的主旨"乃在尽力把日日发生的事实，迅速的而且精确的报告出来，使读报纸的人们，得些娱乐、教益与知识"。参见《报与史》，《顺天时报》1923年8月30日。此时中共报刊的主要内容是政论和理论文章，显然难以满足普通读者的信息与娱乐需求。
⑤ 中共中央书记处编：《六大以前——党的历史资料》，人民出版社1980年版，第724—725页。
⑥ 陈独秀：《宪法与孔教》（1916年11月1日），载任建树主编《陈独秀著作选编》第1卷，上海人民出版社2009年版，第249页。
⑦ 陈独秀：《我之爱国主义》（1916年10月1日），载《陈独秀文章选编》（上），生活·读书·新知三联书店，1984年，第419页。

第一章　中国共产党办报模式的初步探索

"舆论就是群众心理底表现，群众心理是盲目的，所以舆论也是盲目的。古今来这种盲目的舆论，合理的固然成就过事功，不合理的也造成过许多罪恶"①，只是巧借舆论为己方立论，导致"通信"本质上只是《新青年》创造的"另一种文章"②。这种"一切形式与内容为报刊主张服务"的举措，成为中共报刊的重要传统。

二是"集体办报"，陈独秀认为："凡是一种杂志，必须是一个人一团体有一种主张不得不发表，才有发行底必要；若是没有一定的个人或团体负责任，东拉人做文章，西请人投稿，像这种'百衲'杂志，实在是没有办的必要，不如拿这人力财力办别的急于要办的事。"③ 早期中共领袖在回忆陈独秀时，都或多或少提到其"家长作风"。从第4卷第1期开始，《新青年》却能去掉"陈独秀先生主撰"字样，而采取"编辑集议制"，此后中共形成的"集体办报"观念与此不无关联。

在中共上海发起组刊物《劳动界》创刊时，陈独秀在出版告白中指出要将该报办为"一个中国劳动阶级有力的言论机关"④，此后报刊作为党派的"喉舌"与"机关"的思想为中共党人所普遍接受。大革命时期中共历次代表大会议决案中，中央报刊都被明确定义为"机关"，决定了其基本职能与运作方式。此外，陈独秀重编务轻经营、重宣传轻新闻、重智识阶级轻工农群众、重言论自由轻组织纪律的办报思想对中共办报实践产生了重要影响，成为大革命时期中共办报模式的内核。

二　谋划与运筹：早期中共党报理论的主要内涵

自古以来，文书都是中国政治活动的重要媒介与载体。古语有云：

---

① 陈独秀：《反抗舆论的勇气》（1921年6月），载《陈独秀文章选编》（中），生活·读书·新知三联书店，1984年，第126页。
② 陈平原：《思想史视野中的文学——〈新青年〉研究》（下），《中国现代文学研究丛刊》2003年第1期。
③ 独秀：《随感录七十五——新出版物》，《新青年》1920年1月1日。
④ 《〈劳动界〉出版告白》（1920年8月17日），载中国社会科学院现代史研究室、中国革命博物馆党史研究室选编《"一大"前后》（二），人民出版社1980年版，第66页。

"汉所以能制九州者，文书之力也。（汉）以文书御天下。"① 今人认为，"文书是人们在社会实践活动中为了凭证、记载、公布和传递的需要，以文字的方式在一定书写材料上表达思想意图的一种书面记录"②，充分表明了文书的"御天下"之用及"表达并记录思想意图"之质。就中共而言，文书是其集体意志的具象，也是组织运作的媒介，是思想与权力之表征。共产国际执行委员会远东局成员盖利斯发现："中央的领导方法常常是发发公文，表现出公式化作风，写得很多，争论得很多，反复交谈……起草一些冗长的指示，执行某种别的文牍主义"③，侧面反映了文书对中共运转的重要性。自1921年到1927年，中共发布了涉及报刊工作的文书13份，其中专涉报刊发行的有5份，揭示了中共报刊工作的重心所在。

建党伊始，中共在借鉴第三国际及苏联报刊管理条例的同时，对于党与报刊的关系、报刊的运作方式进行了自主探索。对于政党报刊而言，党与报刊的关系决定了报刊的导向，体现了党对报刊性质与职能的基本认识。早期中共党员理论修养较为薄弱，无产阶级党报理论尚未在党内形成广泛影响，建党过程中积累的经验与教训成为中共认识党与报刊关系的主要源流。在中共创立过程中，报刊是凝聚党组织的精神核心④，其社址是党员的集聚中心⑤，实际是党组织所在地⑥。基于党与报刊血肉相连、水乳交融的关系，

---

① （汉）王充：《论衡·别通》，上海人民出版社1974年版，第206页。
② 梁毓阶：《文书学》，档案出版社1985年版，第2页。
③ 《盖利斯给别尔津的信》（1931年2月10日），载中共中央党史研究室第一研究部译《共产国际、联共（布）与中国革命档案资料丛书》第10卷，中央文献出版社2002年版，第69页。
④ 张化冰认为："与清末相比，民初的知识群体有很大不同。从知识分子聚集的方式而言，清末的知识群体多是以派系或社团等组织为中心的，而民初的知识群体则更多的以杂志（报刊）为中心。"参见张化冰《浅论〈新青年〉作者群的形成》，《新闻与传播研究》2005年第4期。中共无疑是"以报建党"的典型代表。
⑤ 上海共产主义组织"中国共产党"就是在上海法租界老渔阳里《新青年》编辑部成立。
⑥ 据李达回忆："（'二大'以前）中央工作除了出版《新青年》、《共产党》和人民出版社的书籍以外，就是阅看各地组织的文件，并给予适当的指示……党的集会，一直是在老渔阳里2号……第一次代表大会以后成立的中央工作部（中央局），确定为老渔阳里2号……李达一直住在南成都路辅德里625号，他主编《中国共产党》月刊和《人民出版社》丛书。各地组织的信件都寄到这里，各地同志的接洽也先到这里。"参见李达《回忆老渔阳里二号和党的"一大""二大"》，《联合时报》2016年7月1日。

第一章 中国共产党办报模式的初步探索

中共将报刊视作党的"机关"①，认定党与报刊之间是领导与被领导、监督与被监督的关系，党领导与监督报刊，报刊服从党的纲领与政策。②但对于党如何领导与监督报刊，中共并未提出具体举措，只是笼统提及报刊出版要受党员的领导。"二大"召开后，对照《加入第三国际的条件》关于报刊工作的条款，中共将党对报刊的领导从出版延伸到编辑工作③，并设置报刊管理机构。1923年10月，中共设立中央教育宣传委员会，各中央机关刊物被纳入其管理范畴。1925年1月，中共设立中央机关报编辑委员会，明确了其对中央机关刊物的指导职能，中共报刊工作纪律有了执行机构。

既然报刊是党的"机关"，就应当依托党组织来举办，充分调动党组织与党员的力量，这种实践最早体现在报刊的发行方面。1924年，中共决意从"思想之团体"向"行动之团体"转变，扩大政党影响、增加党员数量的强烈愿望促使其在1924年到1925年连续发布5份专涉报刊发行工作的文件，提出发行对于报刊而言"等于人身上的血脉，血脉之流滞，影响于人的生死"，反复强调"凡属本党党员，不但有购阅本党中央机关报之义务，并有努力向党外推销之义务"④。"全党办发行"的初步施行，使"共产党巩固了自己的政治基础，并作为真正的政党开始在民族革命运动中产生作用"⑤。在

---

① 1923年10月15日公布的《教育宣传委员会组织法》规定：《新青年》是"学理的马克思主义的研究宣传机关"，《前锋》是"中国及世界的政治经济的研究宣传机关"，《向导》是"国内外时事的批评宣传机关"，《党报》是讨论党内问题及"发表正式的议决案报告等之机关"，《中国青年》周刊是"一般青年运动的机关"，《青年工人》月刊是"青年工人运动的机关"，《团镌》是"团内问题及发表正式文件（议决案及报告）的机关"。在1925年1月中共"四大"通过的《对于宣传工作之议决案》中，再次明确《向导》是"党政策之指导机关"，《中国工人》应成为"党在职工运动中简单明了地解释理论策略描写各地工农状况的唯一机关"。参见中国社会科学院新闻研究所编《中国共产党新闻工作文件汇编》（上），新华出版社1980年版，第7、20页。

② 《中国共产党第一个决议》（1921年7月），载中央档案馆编《中共中央文件选集》第1册，中共中央党校出版社1989年版，第67页。

③ 《中国共产党加入第三国际决议案》（1922年7月），载中央档案馆编《中共中央文件选集》第1册，中共中央党校出版社1989年版，第67—68页。

④ 《各地方分配及推销中央机关报办法》（1924年9月25日），载中国社会科学院新闻研究所编《中国共产党新闻工作文件汇编》（上），新华出版社1980年版，第15页。

⑤ 《中央通告第二十八号——关于建立和健全党内交通问题》（1925年4月30日），载中共中央组织部、中共中央党史研究室、中央档案馆编《中国共产党组织史资料》第8卷，中共党史出版社2000年版，第59页。

编辑方面，则并未发动全体党员的力量，主要依靠党的领导人撰写稿件，办报成为少数编辑的责任，导致"直接参加实际工作的同志没有把自己的经验，整顿起来，以供献党报，来教育全党，结果，党报的工作完全落到党报的编辑身上（这些编辑又脱离群众工作）使党报不能回答一切实际工作中的问题，使理论问题的文章不能很好的联系到实际工作"①。依托党组织办报实践的不完整、不彻底，是大革命时期中共报刊"脱离实际"的症结所在。

中共对于报刊受众的最初设想是"一切劳动者，一切工人，一切农人"，并在"军队中传播共产主义的理想"②，此后扩大为"工人、农民、兵士、小商人、学生、国民党员"③，其中工农阶级始终被中共视作核心受众。由于工农阶级普遍"不识不知"，要提升他们的文化水平与政治觉悟，需要经过一个漫长的、潜移默化的过程。梁启超、严复、孙中山等人的实践证明唤醒民众不可能一蹴而就，即便是石破天惊的辛亥革命与"五四运动"也不能立即改变民众的面貌。在民众尚未觉醒之前，若要求报刊俯就工农，势必消解中共报刊在智识阶级中的"新潮"印象，陷入智识阶级与工农阶级"两不讨好"的尴尬境地。民族危机的日益深重与革命形势的日新月异，也不允许中共以"水滴石穿"的宣传方式提升工农阶级觉悟。

若继续以智识阶级为目标受众，则中共报刊可保持"急进"姿态，持续扩大在知识界的影响，通过思想上层建筑影响政治上层建筑，以知识分子唤醒工农群众，循序渐进地转变风气、开启民智，为直接向工农阶级传播创造条件。故中共报刊的实际受众定位是"《向导》每个同学都必须阅看，《中青》可以自由；工人同学限于知识程度，看《向导》

---

① 《中共中央政治局关于党报的决议》（1931年1月27日），载中国社会科学院新闻研究所编《中国共产党新闻工作文件汇编》（上），新华出版社1980年版，第71页。

② 《中国共产党加入第三国际决议案》（1922年7月），载中央档案馆编《中共中央文件选集》第1册，中共中央党校出版社1989年版，第68页。

③ 《中共中央通告第五十五号》（1928年6月30日），载中国社会科学院新闻研究所编《中国共产党新闻工作文件汇编》（上），新华出版社1980年版，第39页。

第一章　中国共产党办报模式的初步探索

可以自由,学生同学《向导》《中青》两种都要看"①。在实际操作过程中,知识分子才是早期中共报刊的主要宣传对象。同时中共认识到,要弥补报刊目标受众与实际受众分离的问题,宜采用上层宣传、下层鼓动的策略②,在主导革命议程设置、唤醒工农阶级意识方面取得了显著成效。到土地革命时期,中共工作重心逐渐由城市转向农村,苏维埃政权的建立为中共的政治整合创造了条件,一种以媒介传播开展上层宣传、人际传播推进下层鼓动的大众动员体制得以形成,成为中共巩固和赢得政权的关键所在。

大革命时期,中共对报刊的认识可概括为三个关键词:"党的机关""宣传品""出版品"。"党的机关"的性质,决定了中共报刊作为"宣传品"和"出版品"的面貌。③"党的机关"意指中共将报刊视为行使特定职能的机构,必须接受党的领导与监督,与党的路线、方针、政策保持高度一致,接受党的人员派遣与经费支持,而非独立的公益事业或盈利单位。在"编印分离"的运作模式下,报刊既是"宣传品",也是"出版品",报刊编辑部只负责内容生产与版面编排,出版发行工作由党的专门机关负责。从"宣传品"的定位来看,中共报刊以宣传为根本职能,其内容取决于党的目标与任务,更倾向于"观点纸"而非"新闻纸";报刊的内容与形式都为宣传服务,而非以新闻或盈利为导向。从"出版品"的定位来看,中共视出版为报刊实现职能的基本保障,并不注重经费核算,而是在经费允许的情况下最大限度地扩大报刊发行量,这导致中共报刊普遍缺乏经济意识,为20世纪30年代中共报刊游离于报业企业化改革之外埋下了伏笔。

---

① 《上海区委组织部关于七月份上海工作报告》(1925年8月),载中央档案馆、上海市档案馆编《上海革命历史文件汇集——中共上海区委宣传部组织部等文件(1925年8月—1927年4月)》,上海市档案馆,1986年,第3页。

② 列宁在宣传问题上就曾提出两个重要的观念:一是通过宣传建立党组织的设想,将思想的统一视为建立党的精英组织的重要手段;二是针对大众提出了将革命意识从外部灌输给他们的观点。参见刘海龙《宣传:观念、话语及其正当化》,中国大百科全书出版社2013年版,第93页。

③ "机关说""出版品"最早都见于1923年10月15日颁布的《教育宣传委员会组织法》。

第三节 《新青年》：中国共产党办报的初始范本

> 没有政治机关报，在现代欧洲就不能有配称为政治运动的运动。①
> ——列宁

马克思主义的引入，本是"五四"风潮中的一朵浪花。"十月革命一声炮响，给我们送来了马克思列宁主义"②，苏俄宣布取消帝俄时代与中国订立的一切不平等条约，加深了国人对其的好感与向往，这朵浪花逐渐泛起惊天波澜。在资产主义救国方案多次宣告破产的困局下，一批知识青年认定共产主义道路才能救中国，将其盛赞为人类社会的希望，"历史上残余的东西——什么皇帝咧，贵族咧，军阀咧，官僚咧，军国主义咧，资本主义咧——凡可以障阻这新运动的进路的，必挟雷霆万钧的力量摧拉他们。他们遇见这种不可当的潮流，都像枯黄的树叶遇见凛冽的秋风一般，一个一个的飞落在地。由今而后，到处所见的，都是 Bolshevism 战胜的旗。人道的警钟响了！自由的曙光现了！试看将来的环球，必是赤旗的世界！"③

作为共产主义宣传的主要阵地，报刊率先举起布尔什维克的赤旗，使一批知识青年转化为马克思主义者，为中国共产党的诞生做好了思想准备与人才储备。列宁指出，政党内部应当存在四种角色：理论家、宣传员、鼓动员、组织者。前两者负责创造和宣传理论，后两者负责鼓动和组织民众。④

---

① 中共中央编译局编：《列宁全集》第5卷，人民出版社1986年版，第7页。
② 毛泽东：《论人民民主专政》（1949年6月30日），载《毛泽东选集》第4卷，人民出版社1991年版，第1470—1471页。
③ 李大钊：《Bolshevism 的胜利》，载中国李大钊研究会编注《李大钊全集》第2卷，人民出版社2006年版，第263页。
④ "我们应当既以理论家的身份，又以宣传员的身份，又以鼓动员的身份，又以组织者的身份，'到居民的一切阶级中去'。"参见列宁《怎么办》，载中共中央编译局编《列宁选集》第1卷，人民出版社1995年版，第100页。

第一章　中国共产党办报模式的初步探索

中国首批马克思主义者各有侧重①，一种以陈独秀、李大钊等为代表，创办或借助报刊，研究和宣传马克思主义，扮演"理论家"和"宣传员"的角色；另一种以张国焘、罗章龙等为代表，深入工人之中开展运动，扮演"鼓动员"和"组织者"的角色。这两种路径，成为早期共产党人积累声誉与威望的主要途径。由于"中国工业不发达，工人数量甚少，文化落后，因此一般工人还谈不上阶级觉悟，还不能成为共产运动的骨干"②，第一种路径渐成主流，"中国共产主义者"一度被视作"宣传家的小集团"，"只向智识阶级作学理的宣传，而不向无产阶级作实际的运动"③。

对于无产阶级革命党而言，宣传是建党的主要路径，报刊是理想的建党中介。④ 早期马克思主义者因宣传而生，假报刊神交。以报刊为媒介的虚拟交流与实地的人际交往相交织，形成了"以杂志为中心"的知识群体，演化出共产主义组织的雏形。⑤ 陈望道曾追忆："'五四'后宣传工作一般通过报刊来进行。报刊影响很大，对青年有启发、教育作用。我们一边写文章，一面在许多地方组织书报贩卖部，挨门推销进步书报。通过推销书报，找订阅者谈话，发展组织。"⑥ 毛泽东回忆道："那个时候有《新青年》杂志，是陈独秀主编的。被这个杂志和五四运动警醒起来的人，后

---

① 李大钊倡导："我们惟有一面认定我们的主义，用他作材料，作工具，以为实际的运动；一面宣传我们的主义，使社会上多数人都能用他作材料，作工具，以解决具体的社会问题。"参见李大钊《李大钊选集》，人民出版社1978年版，第233页。据李达回忆："当时党的上海小组的工作分两部分：一是宣传工作，一是工运工作。"参见李达《中国共产党的发起和第一次、第二次代表大会经过的回忆》，载《"一大"回忆录》，知识出版社1980年版，第14页。

② 张国焘：《我的回忆》第1册，香港：明报月刊出版社1973年版，第95页。

③ 《劳动运动的新生命》，《劳动者》1920年11月7日。

④ 列宁提出：全俄机关报把合法斗争和不合法斗争结合在了一起，办报是一个合法的活动，但是通过报纸的网络，还可以联络非法的革命起义。通过全俄报纸建立的职业革命家组织进可攻，退可守。全俄政治报既从各方面立即开始准备起义，又不忘自己日常迫切工作的最切实的计划，既可适应革命的高潮，也可适应革命的低潮，是一个理想的建党中介。参见刘海龙《宣传：观念、话语及其正当化》，中国大百科全书出版社2013年版，第102—103页。

⑤ 陈平原：《思想史视野中的文学——〈新青年〉研究》（上），《中国现代文学研究丛刊》2002年第3期。

⑥ 陈望道：《回忆党成立时期的一些情况》，载中国社会科学院现代史研究室、中国革命博物馆党史研究室选编《"一大"前后》（二），人民出版社1985年版，第20页。

来有一部分进了共产党。这些人受陈独秀和他周围一群人的影响很大,可以说由他们集合起来,这才成立了党。"① 李立三也坦言:"共产主义思想运动,在组党的历史有重大的意义……这一思想运动使倾向于社会主义的分子,都走到党内来,这在组党历史上有重大的作用。"②

通过创办报刊撒播思想,引发受者思想上的服膺,往往转化为政治上的追随。李大钊这样比喻:"你今出狱了……却不见了你和我们手创的报纸!可是你不必感慨,不必叹息,我们现在有了很多的化身,同时奋起;好像花草的种子,被风吹散在遍地。"③ "手创"《新青年》与《每周评论》的经历,使陈独秀与李大钊声名大噪,成为知识分子和共产党人的"意见领袖",以至向往革命的青年,无不视陈独秀为自己的导师,连共产国际代表都称其为"中国的卢那察尔斯基"。④ 彭述之盛赞这两个刊物:"最让我激动,从灵魂深处扣动我心弦的是一些《新青年》,以及几乎全部的《每周评论》……很难设想我将不会成为他文章的最狂热的追随者。"⑤ 纵观"五四"青年的心路历程,大多都有类似感悟,毛泽东也不讳言:"陈独秀对我发展在这方面的兴趣也大有帮助。我第二次去上海,曾与陈独秀讨论了我读过的马克思主义著作,亲聆他谈自己的信仰。这在我一生中也许是最关键性的时期,深深地影响了我。"⑥ "他(陈独秀)是五四运动时期的总司令,整个运动实际上是他领导的。他与周围的一群人,如李大钊同志等,是起了大作用的……我们是他们那一代人的学生。"⑦

陈独秀与李大钊的声望源于报刊,更归功于通过报刊引入"新青年"

---

① 中共中央文献研究室编:《毛泽东在七大的报告和讲话集》,中央文献出版社1995年版,第9页。
② 李立三:《党史报告》,载中央档案馆编《中共党史报告选编》,中共中央党校出版社1982年版,第212—213页。
③ 李大钊:《欢迎陈独秀出狱》,《新青年》1919年11月1日。
④ 《索科洛夫—斯特拉霍夫关于广州政府的报告》(1921年4月21日),载中共中央党史研究室第一研究部译《共产国际、联共(布)与中国革命档案资料丛书》第1卷,北京图书馆出版社1997年版,第59页。
⑤ 彭述之:《彭述之回忆录》(上),香港:天地图书有限公司2016年版,第113页。
⑥ [美]埃德加·斯诺:《西行漫记》,董乐山译,生活·读书·新知三联书店1979年版,第132—133页。
⑦ 中共中央文献研究室编:《毛泽东在七大的报告和讲话集》,中央文献出版社1995年版,第9页。

第一章　中国共产党办报模式的初步探索

"新文学""民主与科学""马克思主义"等新符号，对已引起广泛不满的旧秩序造成冲击，从而掌握给人们的思想施加以社会区隔的或新或旧的视界的权力，方能"南陈北李，相约建党"。据罗章龙回忆，维经斯基到中国谋求建立共产主义组织时，首先到北大会见李大钊，因为"《新青年》上宣传马克思主义的文章数他的最多"，又"从《新青年》杂志起旁及北大内部教员、学生的思想情况"，专门前往上海会见《新青年》杂志主编陈独秀。① 由此可见，《新青年》无疑是中共建党的重要线索，这条线索的形成缘于《新青年》所传播的符号已开始描绘一种新的社会面貌并深入人心。对此，梅光迪这样评判："彼等既以功利名誉为目的，做其新科举梦，故假学术为进身之阶。昔日科举之权，操于帝王，今日科举之权，操于群众；昔之迎合帝王，今日之迎合群众。其所以迎合者不同，其目的则一也。故彼等以群众运动之法，提倡学术，垄断舆论，号召徒党，无所不用其极，而尤借重于团体机关，以推广其势力。"② 该观点虽不无偏颇，但也道出舆论赋予个人的号召力之强大。

中共创立之初，在思想驳杂、组织散漫、权力尚未以组织形式确立和固化的情形下，党员的地位并非由组织授予，而是与个人的马克思主义理论水平紧密相关。中共"一大"代表刘仁静坦承："在学习马克思主义初期，人们常常把高谈马克思主义当水平高的标志。既然那时我除了会印证或复述马列的话外别无所长，而我又恰恰被选为'一大'代表，这个事实就突出说明当时党内认识水平。"③ 在"宣传立党"铺就的轨道上，早期中共党人都热衷于研究马克思主义著作，提升自身的理论水平，同时通过报刊宣传与人际交流彰示自己的研究成果，以获得名誉与威望，导致早期中共一度成为"少数人研究主义的团体""知识者所组织的马克思学会"④。为保持党组织的凝聚力，中共领袖仍需以报刊为

---

① 罗章龙：《椿园载记》，生活·读书·新知三联书店1984年版，第76页。
② 梅光迪：《评今人提倡学术之方法》，《学衡》1922年第2期。
③ 刘仁静：《回忆我在北大马克思学说研究会的情况》，《党史研究资料》1979年第16期。
④ 中央档案馆编：《中共中央文件选集》第3册，中共中央党校出版社1983年版，第39页。

载体，进行内容生产与传播，与广大党员经常"见面"，维系其间的"思想脐带"，保持党派的整体性。蔡和森敏锐地发现："(《向导》)用共产党的政治观念……打破了同志们的地方观念，改变了非党观念……是统一我党的思想工具和组织工具。"① 彭述之回顾："中共党'中央'在它最初几年内，能够保持继续性和稳定，无疑的是由于陈独秀的个人威信。作为党总书记，他监督宣传部门，同时又是党出版刊物最勤奋的供稿人；他与省城和国外干部和党员维持联系，他就是党四面八方转盘的轴心。"② 故中央局成员各掌一刊且以此为主业（李达主办了《共产党》，张国焘主办了《劳动周刊》），使得创办报刊成为早期中共活动的重要内容和维系中共组织的精神核心。

作为建党初期中共发行量与影响力最大的刊物③，《新青年》在建党过程中的核心作用及其作为党总书记主办的中央刊物之重要地位，主导了中共党人对于政党报刊及办报实践的共同想象，可谓中共报刊的最初范本，甚至共产党人都被称为"《新青年》杂志派"④。在陈独秀的巨大影响下，脱胎于"同人办报"的《新青年》奠定了建党初期中共报刊的基本面貌，为中共迅速构建覆盖全国的报刊网络提供了范本，但也使"手工业的办报方式"在党内风行，导致早期中共报刊知识气息过于浓厚，稿件基本文责自负而非经过组织审查，未能旗帜鲜明地打出中国共产党的旗帜。纵观大革命时期，中共报刊基本未能脱出《新青年》的影响范畴。

---

① 蔡和森：《蔡和森的十二篇文章》，人民出版社 1983 年版，第 33 页。
② 彭述之：《彭述之回忆录》（下），香港：天地图书有限公司 2016 年版，第 113 页。
③ 共产国际派驻中国从事地下工作的索科洛夫·斯特拉霍夫观察后甚至认为："党的实际领导权在中央机关刊物《新青年》杂志编辑部手里。"参见《索科洛夫—斯特拉霍夫关于广州政府的报告》（1921 年 4 月 21 日），载中共中央党史研究室第一研究部译《共产国际、联共（布）与中国革命档案资料丛书》第 1 卷，北京图书馆出版社 1997 年版，第 59 页。
④ 包惠僧：《包惠僧回忆录》，人民出版社 1983 年版，第 18—19 页。

第四节 上海模式:中国共产党对城市办报的探索

据统计,从1921年中国共产党创立到1949年中华人民共和国成立近30年间,中共各级党组织及其领导下的各机关、部队、团体及个人创办的报刊不下4500余种。① 对于这段时期,学界普遍按照"革命史"的标准,划分为大革命时期、土地革命时期、全面抗战时期、解放战争时期。中共报刊的根本使命,是实现党的路线、纲领与政策,服务党的阶段性中心工作,在不同的历史时期必然会呈现出不同的面貌。要揭示中共报刊事业发展的整体脉络,须超越一报一刊的个案研究,挖掘不同时期中共办报的主流与差异。对于这种史实基础上开展的学术思辨,"模式"无疑是可供借鉴的学术研究与创新工具,可以服务于研究者的特定意图,借助一定理论,以思辨的方式将复杂事物的构成要素及其相互关联予以符号化和图像化描述,通过符号指代事物,根据图式描绘轮廓,使复杂事物抽象化。

所谓"办报模式",可理解为以符号化或图式化的方式描述办报活动的基本要素与环节及其相互关联的研究工具。由于办报本质上是一种传播活动,应包含传播主体、客体、媒介、内容、效果等要素②,这些要素相互关联、相互作用构成了传播活动的全过程。就中共办报活动而言,主体与客体之间存在影响与反馈的关系,主体通过不同内容与策略的组合追求不同的传播效果,而客体通过选择性接触、理解与接受以及借助主体创办

---

① 钱承军:《建国前中国共产党报刊研究》,中国文联出版社2009年版,"前言"第3页。
② 从过程来看,传播活动应包括传播者、受传者、讯息、媒介、反馈这五个要素,但是其中许多要素可以进一步进行分解。如传播者可分解为传播主体的预期目的与传播思想、传播体系的构建与运作;受传者可按照阶级、地域、职业、性别等标准进行细分;媒介在本研究中可分为报和刊,也可分为机关报刊、工人报刊、农民报刊、妇女报刊等;讯息往往还包含与之相匹配的传播策略。中华人民共和国成立前中共的办报活动基本是"以我为主"、偏单向的传播活动,其线性特征更加明显。

的媒介表达观点,对主体的传播行为进行反馈①,进而影响主体的办报活动;主体与媒介之间存在管理与被管理、监督与被监督或者"道义上影响、形式上独立"的关系,这种关系的选择其实就是政党报刊管理政策或体制的缩影。因此,办报模式在内涵上应当以尽量简洁的方式描述办报活动的五要素及其相互关系。对于中共的办报模式,黄旦曾提出"延安范式"的概念②,其主要目的在于揭示《解放日报》改版过程中形成的办报模式对其他中共报刊及此后中共办报活动的典范作用。从这个角度来看,办报模式应在中共办报活动中处于主流地位,无论其影响力是党派赋予还是自然生成,都应当是中共办报活动的基本遵循。此外,李金铨提出了"红区策略"与"白区策略"的概念③,陈晓静则进一步提出中共办报存在"延安范式"和"重庆范式"④,这些研究主要关注的是中共办报模式的差异、冲突与转化,即中共办报模式应当能够揭示和测量不同办报模式的差异。

就中共的办报模式而言,其最突出的特征在于中共的办报活动具有"党性"的特质。媒介作为现实的载体,同时运作在四个层面:作为一种技术,作为一种社会制度,作为一种组织的机器和在一个场景中组合内容的方式,以及作为接收体验的空间。⑤ 从外延来看,中共报刊作为一种特殊的报刊类型,受到技术、组织、场景、制度等多种因素的影响。"作为一种技术",报刊的定义决定了中共报刊的传播特性与技术形态;"作为一种组织的机器",党报的类型限定了中共报刊的政治属性与价值取向;"作为一个场景中组合内容的方式",中共报刊应根据不同的"场景"选择不同的内容与策略;作为"一种社会制度",中共报刊既有上层建筑的性质,也有经济基础的性质,上层建筑影响中共报刊的政治导

---

① 这种反馈行为常为主体通过有选择的筛选表达自身的意图,巧借他人观点为己方立言。
② 黄旦:《从"不完全党报"到"完全党报"——延安〈解放日报〉改版再审视》,载李金铨主编《文人论政——知识分子与报刊》,广西师范大学出版社 2008 年版,第 279 页。
③ 李金铨主编:《文人论政——知识分子与报刊》,广西师范大学出版社 2008 年版,第 20 页。
④ 陈晓静:《延安办报与重庆办报——〈解放日报〉〈新华日报〉政治动员比较研究(1942—1945)》,硕士学位论文,安徽大学,2016 年。
⑤ Knut Lundby, *Mediatization: Concept, Changes, Consequences*, New York: Peter Lang, 2009, p.23.

第一章 中国共产党办报模式的初步探索

向与斗争策略,而经济体制影响中共报刊的管理与经营;"作为接收体验的空间",中共报刊营造的舆论空间包裹于社会的"制度"与"场景"之中,必然受到这两方面因素的影响。在中共报刊的发展过程中,"作为一种技术"和"作为一种组织的机器"起着主导作用,"制度"与"场景"作为中共报刊营造舆论"空间"的"容器",影响着技术与组织层面对中共报刊形塑作用的调和。这四个层面因素的共同作用,是不同时期中共报刊出现差异的主要原因。据此,中共办报模式可视作以学术理论与方法为指导,以符号化和图式化的方式描述中共办报活动的主体、客体、媒介、内容、效果及其相互关联的内涵,以及在此基础上延展而成的党性原则、内容策略、技术形态、经营管理的外延这五大要素、四大方面的研究工具,为组织史料提供主题与范畴,在揭示不同时期中共办报活动主流的同时,为区分不同时期的中共办报活动提供标准,测量中共办报模式的演变过程,激发中共办报史研究的想象与创新。

对于1942年毛泽东主导下《解放日报》改版形成的办报模式,国内学界普遍称之为"延安范式"。"延安"作为抗日战争时期中共的核心所在,在全国层面代表了与国民党统治区域迥异的政治地理环境,体现了中共作为区域执政党的政治地位;在中共内部代表了与"白区路线"迥异的"红区路线",隐喻了以毛泽东为主导的政党状态,指代了中共办报"延安模式"的政治背景与基本路线。按此思路,在1921年到1927年的多数时间,上海都是中共的核心所在,作为中国首屈一指的国际大都市,其指征的政治地理环境与"延安"迥异,激发了关于"城市"与"农村"差异的想象,揭示了在华洋混杂的多种政治力量博弈下中共作为革命党的复杂处境。同时,就中共的革命实践而言,大革命时期也常常被称为上海时期[①],

---

① 大革命时期,中共中央绝大多数时期都在上海,除1922年10月至1923年2月期曾迁往北京,"三大"召开期间迁往广州,1927年4月至10月期间迁往武汉,不在上海的时间不到一年。参见中共中央组织部、中共中央党史研究室、中央档案馆编《中国共产党组织史资料》第1卷,中共党史出版社2000年版。具体到办报活动而言,这一时期中国共产党共创办了近30份报刊,其中11份报刊(包括几乎所有中央报刊)在上海创办。参见钱承军《建国前中国共产党报刊研究》,中国文联出版社2009年版。

作为党总书记的陈独秀对中共的发展起到了主导作用,中共办报实践基本是以陈独秀手创的《新青年》为范本,沿着陈独秀的办报思想与经验展开。故1921年到1927年中共的办报模式称为"上海模式"。

大革命时期,中共尚未以行政手段向全党推广特定的办报模式,但中共报刊在诸多方面已呈现出鲜明的共同特征,勾勒了"上海模式"的内涵与外延:党性原则方面,报刊作为党的机关,是党的"喉舌"与"罗针",由党员创办与编辑,受党的领导、管理与监督;内容策略方面,以无产阶级为目标受众,以知识分子为实际受众,采取"两级传播"的传播策略,内容重时政轻理论、重上层轻下层、重视国际事务;技术形态方面,普遍采用"刊"的形态,以"全党办发行"和"编印分离"为运作方式;经营管理方面,办报主要依赖组织拨款,不注重经济核算、追求经济收入。

一 党性原则:一人之报到一党之报

> 有一人之报,有一党之报,有一国之报,有世界之报。以一人或一公司之利益为目的者,一人之报也;以一党之利益为目的者,一党之报也;以国民之利益为目的者,一国之报也;以全世界人类之利益为目的者,世界之报也。中国昔虽有一人报,而无一党报、一国报、世界报。①
>
> ——梁启超

"党性"是党报的立身之本,但起初中共报刊的"机关"性质、"喉舌"与"罗针"功能并不明显。由于党员数量稀少,多数报刊可谓"一人之报",如中共中央刊物《新青年》《共产党》《劳动周刊》就分别由中央局成员陈独秀、李达、张国焘编辑,基本无其他固定人员参与。此时其他

---

① 梁启超:《〈清议报〉第一百册祝辞并论报馆之责任及本馆之经历》,《清议报》1901年12月21日。

第一章 中国共产党办报模式的初步探索

中共报刊的创办大多是自由生长而成,而非遵循党的指令;其创办者通常不是由党组织指派,而是谁主办、谁负责,普遍存在较强的人身依附关系;其言论由撰稿者各自署名,无须经党组织审查,更像"一家之言"而非党的集体意志。蔡铭泽提出,所谓机关报,应有三个特征:其一,党报是党组织的一个有机部分,党报必须服从党的领导,宣传党的纲领;其二,党报是革命信息的交流中心和革命活动的联络中心;其三,办好党报不仅仅是党报编纂人员的事,而是全党的事。[①] 据此标准,中共创立初期的《新青年》显然不能称为机关报。

"二大"后,中共改"个人办报"为"集体办报",指派党员创办并编辑中央机关报《向导》,委任蔡和森主编,陈独秀、李大钊、瞿秋白、罗章龙、张国焘、赵世炎、彭述之等参与撰稿,郑超麟负责编务,《向导》方能宣称是"中国共产党的政治机关报"。[②] 在创办过程中,《向导》共刊载中共(含共产主义青年团)文书44篇,其中1922年0篇、1923年5篇、1924年2篇、1925年15篇、1926年8篇、1927年14篇,共计占《向导》刊文总数的3.3%,彰示中共真正拥有了"一党之报"。1923年5月,《新青年之新宣言》声明:"《新青年》是无产阶级的思想机关,《新青年》曾为中国真革命思想的先驱,《新青年》今更为中国无产阶级革命的罗针"[③],曾为"一人之报"的《新青年》也迎来新生,改组为"一党之报",在《向导》的基础上将"喉舌论"发展为"罗针论",其愿景由代表党派立言转为引领党派前进,表明了对自身责任的更高认识,成为中共报刊由"一人之报"向"一党之报"转变的关键特征。

四个月后,中共成立中央教育宣传委员会,首次将中央报刊纳入管理范畴,并对其进行差异化定位,以构筑立体化的宣传攻势,开启了中

---

① 蔡铭泽:《中国国民党党报历史研究》,团结出版社1989年版,第22—23页。
② 事实上,直到第20期,《向导》才首次刊载以中国共产党名义发表的文章。
③ 瞿秋白:《〈新青年〉之新宣言》(1923年5月),载《瞿秋白文集:政治理论编》第2卷,人民出版社1988年版,第10页。

共报刊由"一人之报"向"一党之报"转变的组织推动。1924年5月，中共模仿苏联体制，以极高规格设立中央机关报编辑委员会，统一领导中央报刊。1926年9月，"为使中央各出版物能有定期的审查，为使我们所主持的工会、农民协会、妇女团体、青年团体的机关报能与党有密切的关系并能适当的运用策略，为使中央对于各地方的种种出版物能有周到的指导"，中共设立了"由《向导》、《新青年》、《劳农》、《党报》、《中国青年》（C.Y.）、《中国工人》（全国总工会机关报）、《中国妇女》（妇女联合会机关报）等之主任编辑组织"的中央编辑委员会，并明确"这委员会至少每月开会一次，报告中央及各地党的、工会的……机关报状况，加以审查"①。对报刊工作的管理由中央推向地方，对各级报刊予以定期审查，加速了中共报刊从"一人之报"向"一党之报"的转化进程。②

然而，刊载党的文书只是"党报姓党"的"貌合"阶段，只有报刊与党"同呼吸、共命运"，才不再代表个人观点而是党的集体意志。1926年7月前，中共仅顾及对中央报刊的管理，导致地方党组织报刊普遍处于"乌合"状态，在理论与方向上不能得到指导，未能普遍完成"一人之报"向"一党之报"的转化，难免会产生一些错误观念，少数报刊上非党的内容时有出现，甚至与中央机关报公然发生冲突。③

二　内容策略：知识气质与两级传播

无论是维新派领袖梁启超还是国民党领袖孙中山，都认为在"千年专制"的荼毒下④，"唤醒民众"是中国革命的关键问题。梁启超提出"欲

---

① 《中国共产党第三次中央扩大执行委员会议决案》（1926年9月），载中国社会科学院新闻研究所编《中国共产党新闻工作文件汇编》（上），新华出版社1980年版，第30页。

② 1924年之后，《向导》刊载中国共产党的文件数量相较之前明显上升，可见中央机关报编辑委员会确实起到了应有作用。

③ 《广东群报》就因主编陈公博与陈炯明的关系，发表与《向导》不同的观点。见中央档案馆编《中共中央报告选编》，中共中央党校出版社1980年版，第26、27、43、44、215、219页。

④ 广东省社会科学院历史研究室等合编：《孙中山全集》第1卷，中华书局1981年版，第254页。

第一章 中国共产党办报模式的初步探索

维新吾国,当先维新吾民"①,"苟有新民,何患无新制度、无新政府、无新国家",故"新民为今日中国第一急务"②。孙中山临终前反思:"余致力国民革命凡四十年,其目的在求中国之自由平等,积四十年之经验,深知欲达此目的,必须唤起民众。"③ 中共充分吸取了资产阶级革命的经验与教训,在创立伊始就运用阶级分析法,分解了笼统的"民众"概念,更为深刻地认识到,"小工小农不识不知,以穷乏惨苦归之命"④,对于工人、农民的所处境遇作出了具体分析。

中共提出:"工人在世界上已经是最苦的,而我们中国的工人比外国的工人还要苦。这是什么道理呢?就因为外国工人略微晓得他们应该晓得的事情,我们中国工人不晓得他们应该晓得的事情。"⑤ "农村的纯无产阶级对于田主资本家的敌视,是很深的。不过没有人来唤醒和挑拨,故而尚潜伏着尚沉默着,未能形成为阶级意识发为阶级斗争。"⑥ 对于革命与反革命势力的力量对比,也形成了清晰认识,"军阀武人的专横不是他们的力量强大,实是我们国民的力量薄弱,实由国民还未觉悟的结果"⑦。

据此,中共认为宣传在无产阶级革命中作用重大,"共产党的任务是要组织和集中这阶级斗争的势力,使那攻打资本主义的势力日增雄厚……这一定要向工人、农人、兵士、水手和学生宣传,才成功"⑧。基于"共产

---

① 梁启超特别发现,现存的中文报纸报道范围局限于政府和商业信息,其功效不是为了"唤醒"而是助人"入睡"。参见[美]费约翰《唤醒中国:国民革命中的政治、文化与阶级》,李霞等译,生活·读书·新知三联书店1996年版,第56页。这也是"唤醒民众"成为革命党报刊主题的重要原因之一。

② 李华兴、吴嘉勋编:《梁启超选集》,上海人民出版社1984年版,第206、207页。

③ 广东省社会科学院历史研究室等合编:《孙中山全集》第11卷,中华书局1985年版,第639页。

④ 蔡和森:《关于中国革命问题致毛泽东同志的两封信》(1920年8月13日、9月16日),载中共中央宣传部办公厅、中央档案馆编研部编《中国共产党宣传工作文献选编(1915—1937)》,学习出版社1996年版,第169页。

⑤ 《〈劳动界〉发刊词》(1920年8月15日),载中共中央宣传部办公厅、中央档案馆编研部编《中国共产党宣传工作文献选编(1915—1937)》,学习出版社1996年版,第178、179页。

⑥ 刘林松、蔡洛:《回忆彭湃》,人民出版社1992年版,第11页。

⑦ 《〈先驱〉发刊词》(1922年1月15日),载中共中央宣传部办公厅、中央档案馆编研部编《中国共产党宣传工作文献选编(1915—1937)》,学习出版社1996年版,第354页。

⑧ 《中国共产党宣言》(1920年11月),载中共中央宣传部办公厅、中央档案馆编研部编《中国共产党宣传工作文献选编(1915—1937)》,学习出版社1996年版,第197页。

党是工人的政党,他的基础应该完全建筑在工人阶级上面,他的力量应该集中在工人宣传及组织上面"的认识①,中共报刊将工人阶级作为主要目标受众,专门创办了《劳动周刊》、武汉《劳动周报》、广州《劳动周报》、《青年工人》、《中国工人》、《工人之路》、《工人导报》、《平民日报》、《上海工人》等刊物。

在封建统治者施行数千年的愚民政策下,国内文盲率高达80%以上,即便在国家文化中心北京,"工人群众没有知识,不认识字,十人当中只有一人能看报"②。中共要唤醒工农阶级,尚需经过一个长期的"培养"过程。③ 要加快该进程,当务之急是寻找一个理想的传播中介打破知识壁垒、推动文化普及。中共认识到:"在支那实行社会革命,最有力量的人,是无产阶级和兵士……连自己的名字都不认识,怎么样叫他们能看各种宣传品呢!所以在支那用文字宣传社会革命,只能宣传到一般学生,多数无产阶级还是宣传不到的。"要使"(无产阶级)有觉悟,相信社会主义,就非有觉悟的学生跑进他们团体里去宣传不可"④,"没有学生诸君,社会革命是绝不会成功的"⑤,最终选择了以青年学生为主力的智识阶级。

---

① 《中国共产党对于目前实际问题之计划》(1922年11月),载中央档案馆编《中共中央文件选集》第1册,中共中央党校出版社1989年版,第122页。

② 《北京共产主义组织的报告》(1921年7月),载中央档案馆编《中共中央文件选集》第1册,中共中央党校出版社1989年版,第15页。

③ 时人已敏锐地意识到,向下传授知识可以打破束缚平民的枷锁:"在这官僚社会中,一般普通的人民只能蠢蠢地跟那些大人先生们做牛做马;所以只有听差、洋车夫、苦力,从没听说有个平民的团体出现。原来社会的不进步,只是一般人的知识不进步;那知识不进步的原因,固然是在教育不普及,但是少数有知识的人,从来保守他那阶级的制度,不肯拿他的知识灌输人民。"参见许德珩《讲演团开第二次大会并欢送会纪事》,载张允侯等《五四时期的社团》第2册,生活·读书·新知三联书店1979年版,第155、156页。

④ 学生能够跑进"无产阶级"的团体,缘于知识分子是"自由漂浮"的:"知识分子是没有或几乎没有根的阶层,对这个阶层来说,任何阶级或等级地位都不能明白无误地横加在它身上。在很大程度上,它是不附属于任何社会阶级的。"即是说,"(知识分子)可以归附到本不属于他们自己的那些阶级中去",也"可以持有任何阶级的观念"或"综合所有阶级的观念"。参见黄平《知识分子:在漂泊中寻求归宿》,载许纪霖编《20世纪的中国知识分子史论》,新星出版社2005年版,第4页。知识分子可以营造对工农阶级的亲和力,是中共"两次传播"策略能够产生作用的关键原因。

⑤ 施存统:《我们要怎么样干社会革命?》(1921年5月16日),载中共中央宣传部办公厅、中央档案馆编研部编《中国共产党宣传工作文献选编(1915—1937)》,学习出版社1996年版,第311—313页。

第一章 中国共产党办报模式的初步探索

这种选择不仅是基于外界分析形成的方案,也是中共基于自身情况的考量。"五卅"前,知识分子在中共党员中占据多数,形塑了政党气质与工作方式。"五四"风潮下"宣传立党"的历史进程,"使得一批脱胎于知识分子的学者型领袖成为中共领导核心,他们从书斋走向工农大众,成为了出色的理论家和鼓动家。但是,面对远比书本理论复杂得多的现实的政治斗争,却不可避免地带有书生气"①。曾担任陈独秀秘书的黄玠然认为:"陈独秀是一个政治宣传家和革命鼓动家,但不是一个成熟的政治家,在他身上学者气太浓。"② 学者型领袖对于小知识分子的吸引,将"知识气质"蔓延到整个党派,导致中共上层"学者气",钟情马克思主义研究多于组织运动;下层"学生气",对马克思主义的服膺缘于对"主义"潮流的追随。③

马克思主义作为舶来品,且不说语言障碍,以其之新颖深奥,李大钊、陈独秀等高级知识分子尚能理解,要大行于中国,必须予以通俗化和本土化转换。李大钊深切感受到:"五十岁以下的人说他能了解马克思的学说,定是欺人之谈。因为马克思的书卷帙浩繁,学理晦涩。"④ 即便陈望道、李大钊等人进行了平易畅白的译介,马克思主义的传播对象仍需具备相当的文化水平和参与政治的兴趣,并能打破宗法社会中地域和身份观念的束缚,成为一个无根的、标准化、原子化的政治行动者,某种现代意识形态的信仰者和实践者。⑤ 按此标准,"五四"之后以信奉"主义"为潮流而又难觅政治参与途径的知识青年,才可能成为中共报刊的真实受众。

---

① 李颖:《陈独秀与共产国际》,湖南人民出版社 2005 年版,第 322 页。
② 辛平:《陈独秀秘书黄玠然谈大革命前夜的陈独秀》,《炎黄春秋》1997 年第 1 期。
③ 据李一氓回忆,直到北伐前后,整个中国共产党都还很"学生气"。党中暗语:党自称我校,CP 为大学,CY 为中学,KMT 为民校,"共产党员间互称'大学同学',而把青年团员称作'中学同学',中央通告正文前的称呼,不写'同志们',而写成'各级同学们'。团中央转发党中央的通告时,写作'转发大学讲义'(某某号)"。参见李一氓《李一氓回忆录》,人民出版社 1992 年版,第 45 页。
④ 李大钊:《我的马克思主义观》,载《李大钊文集》第 3 卷,人民出版社 1999 年版,第 15 页。
⑤ 刘海龙:《宣传:观念、话语及其正当化》,中国大百科全书出版社 2013 年版,第 125—126 页。

基于以上两方面的原因，中共选择了"两级传播"的策略，前期通过理论宣传提升党员政治素养，增强党组织凝聚力，同时争取智识阶级支持，扩大党组织影响力，争夺"主义之争"与国民革命的语话权，将革命导入反帝反封之轨辙；后期通过广大党员和智识阶级唤醒民众，以"先知觉后知、先觉觉后觉"，扩大党组织的群众基础，形成强大的社会动员力。中共成立前夕，维经斯基就已注意到早期共产主义组织宣传的"两级传播"特征，指出"（上海'革命局'）忙于在学生中间做宣传工作，并派遣他们去同工人和士兵建立联系"①。中共成立后，"两级传播"已成为中共开展工作的惯常手段，中共第一个决议就提出要设立工人学校，聘请教员"提高工人的觉悟"，为组织工会做好准备；要求在拥有工人二百人以上的产业或工厂成立工会，并"至少派出我党的两名党员到该工会去工作……在工会灌输阶级斗争的精神"②。可见，中共十分重视"教员"和"党员"的中介作用，期望通过"以点带面、散播种子"来打开局面，这也成为早期中共发展组织的主要方式。

"三大"的《中央局报告》第四条"劳动运动"表明，中共采取了先派遣党员从工人中发展积极分子，再由积极分子构建工会组织的工作模式，其中报刊无疑是最具时效性的学习与宣讲材料。为此，中共特别要求"共产党员人人都应是一个宣传者，平常口语之中须时时留意宣传……至于材料，可以取之于 C.P.、S.Y. 之出版物"③，"凡能与工人接触之党员当尽力运用《前锋》《新青年》《向导》《社会科学讲义》等之材料，使用口语，求其通俗化"④，党内教育方面亦以《向导》《前锋》《工人周刊》

---

① 《维经斯基给俄共（布）中央西伯利亚局东方民族处的信》（1920年8月17日），载中共中央党史研究室第一研究部译《共产国际、联共（布）与中国革命档案资料丛书》第1卷，北京图书馆出版社1997年版，第32—35页。

② 《中国共产党第一个决议》（1921年7月），载中央档案馆编《中共中央文件选集》第1册，中共中央党校出版社1989年版，第67页。

③ "共产党员人人都应是一个宣传者"是一个很好的构想，如果真的能够产生"一传十、十传百"的效果，中共的组织无疑能够实现爆炸式发展。

④ 《教育宣传问题议决案》（1922年），载中国社会科学院新闻研究所编《中国共产党新闻工作文件汇编》（上），新华出版社1980年版，第3、4页。

第一章 中国共产党办报模式的初步探索

《中国青年》《青年工人》为材料。在社会动员力有限的情况下，早期中共必须借助宣传进行组织，通过派遣党员或在工人阶级中培养"意见领袖"，通过宣讲报刊材料获得他们的支持与拥护，敦促他们将中共报刊的意旨付诸行动，将中共报刊构建的语话体系转化为语话的共同体，"以点带面"地不断扩大党的影响，让中共组织在各地生根发芽。这一过程，无疑具有鲜明的"两级传播"特征。

在"两级传播"的过程中，"意见领袖"能否充分发挥中介作用至关重要。要达到预期的传播效果，"意见领袖"不仅要拉近与受众的距离，融入受众群体，激发"自己人"效应；还要对传播内容加以转化与重构，使其契合受众需求，引发受众的注意与兴趣，进而为受众所接受。①受历史社会条件制约，中共党员与知识分子未能充分发挥"意见领袖"的应有作用，制约了"两级传播"策略的效果。在封建专制统治的长期威压下，中国社会未能组织化，更谈不上政治化。"日出而作，日入为息，凿井而饮，耕田而食，帝力于我何有哉"②，离散型的社会结构导致政治动员存在较大难度。孙中山在革命实践中就深感国人缺乏组织纪律性，"如果一片散沙是中国人的本质，中国人的自由老早是很充分了"③。在愚民政策的作用下，下层民众普遍缺乏政治意识与权利意识，认为搞"政治不是下等人的事"④。要唤醒民众，中共需跨越思想上与组织上的双重障碍。由于无法借助国家机器的力量，即便中共以宣传为首要工作，取得的效果仍相当有限。1924年，上海党组织提出，"照中国现在多数工人的知识程度，现在不能使他们觉悟，那要使他们觉悟，自然非多做教育

---

① 一个典型的例子就是，最初澎湃"穿着学生洋服，戴着白通帽，讲着文雅的话到农村中来。农民以为他是做官的，来收税，看见他，连忙躲避，或不答话"，直到他"脱掉学生装，穿上粗布衣，用群众的语言，宣传地主霸占农民的土地，靠剥削为生的道理，用阶级观点消除'天命'思想，才逐渐地得到农民的赞成"。参见张江明《历史拾贝：广东近代史与青年运动史研究》，学术研究杂志社1998年版，第138页。

② 徐宗元辑：《帝王世纪辑存》，中华书局1964年版，第32—33页。

③ 孙中山：《孙中山选集》，人民出版社1961年版，第712页。

④ 《北京共产主义组织的报告》（1921年7月），载中央档案馆编《中共中央文件选集》第1册，中共中央党校出版社1989年版，第11页。

功夫不可"①，上海作为中共的核心所在，"工人为全国最多的地方，尤其是新式机器下的工人比别处特别多"②，尚且存在宣传上的困难，其他地区的难度可想而知。

　　近代以来，中国农耕经济与乡土社会的转型加速了阶层分化，其割裂效应导致知识分子脱胎于工农群众，又逐渐游离工农群众。在这种"断裂社会"中，社会各阶层之间由于缺乏公共的价值观与制度基础，无法形成有序的联系，也缺乏稳定的制度化分层结构，而是呈现出一种无中心、无规范、无秩序的离散化状况③，"工学界限"问题由此而生。陈独秀发现"工人表现出脱离知识分子的倾向，常常缺乏求知的愿望"④。知识分子与国家和社会的制度化联系被切断，与社会的关系变得象征性与符号化，只能以知识的符号形态影响社会，通过抽象的话语方式启蒙民众⑤，"主义"的风行就是这种趋向的典型表现。只有知识分子有机地成为那些群众的有机知识分子，只有在知识分子把群众在其实践活动中提出的问题研究和整理成融贯一致的原则的时候，他们才和群众组成一个文化的和社会的集团。⑥

　　随着报刊日益成为社会关注的焦点，广大知识分子"咸以姓名得缀报尾为荣"⑦，尚不明白宣传应当是"到你那熟悉的或不熟悉的乡村中间去，夏天晒着酷热的太阳，冬天冒着严寒的风雪，搀着农民的手，问他们痛苦些什么，问他们要些什么。从他们的痛苦与需要中，引导他们组织起来，引导

---

　　① 《上海地方报告》（1924 年 5 月），载中央档案馆编《中共中央文件选集》第 1 册，中共中央党校出版社 1989 年版，第 256、257 页。
　　② 《上海地方报告》（1924 年 5 月），载中央档案馆编《中共中央文件选集》第 1 册，中共中央党校出版社 1989 年版，第 258 页。
　　③ 许纪霖编：《20 世纪中国知识分子史论》，新星出版社 2005 年版，"序言"第 3 页。
　　④ 《陈独秀在中国共产党第三次全国代表大会上的报告》（1923 年 6 月），载中央档案馆编《中共中央文件选集》第 1 册，中共中央党校出版社 1989 年版，第 168 页。
　　⑤ 许纪霖编：《20 世纪中国知识分子史论》，新星出版社 2005 年版，"序言"第 3 页。
　　⑥ ［意］安东尼奥·葛兰西：《狱中札记》，曹雷雨、姜丽、张跃译，中国社会科学出版社 2000 年版，第 240 页。
　　⑦ 雷琦：《申报馆过去之现状》，载沈云龙主编《近代中国史料丛刊》三编第 90 辑下，香港：文海出版社 1966 年版，第 27 页。

第一章 中国共产党办报模式的初步探索

他们向土豪劣绅争斗,引导他们与城市的工人、学生、中小商人合作建立起联合战线,引导他们参与反帝国主义反军阀的国民革命运动"①。尤其是中共宣传人员多为学生,普遍缺乏宣传经验和理论修养,往往"开口共产主义,闭口阶级斗争,一句反对资本主义,二句主张马克思主义"②,普遍存在脱离实际的问题。在专制统治下,下层民众"莫谈国事"、明哲保身无可厚非,如知识分子无法融入工农群众,让民众理解马克思主义的精髓、认识到自身利益与中共奋斗目标的一致性,发自心底地认同中共党员是自己人、共产党是穷苦民众的党,那么他们对中共宣传的漠视与疑虑是难以避免的。

中共坦承,"实在说宣传这些,完全是笑话。他们一天忙衣食,哪里管你这些不相干的事,而且未读过书根本不懂"③。这种"鸡同鸭讲"的场景在当时并不鲜见:社会主义青年团派贺其颖第一次找工人孙云程谈话,宣传社会主义革命的道理,云程聆毕问道:"小伙计,你们卖的是哪一号膏药?"其颖连忙解释:"我们决不是哄人的江湖医生,我们是诚心诚意来同你谈造福工人的革命问题……"云程不待对方答毕,把话岔开说:"这些话我也听得不少了,卖瓜的都是夸自己的瓜甜,究竟怎样,我们工人脑筋简单,实在闹不清楚。"随后他就提出一连串的疑问,其颖虽加以讲解,但云程总是半信半疑。其颖废然而返。④ 无独有偶,最初彭湃向农民做宣传时,许多农民认为他"神经上出了毛病",对他敬而远之。

受"知识分子"气质影响与敌对势力挑拨,中共与工人阶级之间还存在着一些误解。中共认为,自身与工农阶级的关系是"头脑"之于"身体",

---

① 毛泽东:《国民革命与农民运动》(1926年9月1日),载中共中央文献研究室编《毛泽东文集》第1卷,人民出版社1993年版,第39页。
② 《苏维埃政权湖南省委宣传部讨论大纲第二号》(1927年12月3日),载中央档案馆、湖南省档案馆编《湖南革命历史文件汇集(1927年)》,湖南档案馆,2007年,第422页。
③ 《苏维埃政权湖南省委宣传部讨论大纲第二号》(1927年12月3日),载中央档案馆、湖南省档案馆编《湖南革命历史文件汇集(1927年)》,湖南档案馆,2007年,第422页。
④ 罗章龙:《记北方劳动组合书记部》,《社会科学战线》1980年第3期。

暗含了将中共党员视为"劳心者"、将自身作为"智识集团"的定位。① 而工人们则认为，工人是命运安排受苦受难的，大学生是金枝玉叶，将来为官做宦，是统治工人的候补者，工人的事还是让工人自己管，莫让学生们插手为好。中共的这种定位，可能会激发工人"劳心者治人，劳力者治于人"的想象，引起他们的警惕。这种本就薄弱的联系，还受到政客、官僚们的离间，他们向工人散布"学生是危险人物，是过激派，穷党。他们是专门来煽动工潮，藉此捣乱的，你们千万不要上当"②。加剧了工人对学生的猜忌，"卖膏药"的说法与此不无关系。

早期中共的浓厚"知识气质"，也影响了报刊的内容选择，使其呈现出重时政轻理论、重上层轻下层、重视国际事务的特征，进一步提高了工农阶级接受中共报刊宣传的门槛。作为"党报"，自然不能出现"非党"的内容，"不得刊登违背党的原则、政策和决议的文章"是中共报刊内容选择的基本原则。③ 建党初期，党员的理论修养都较为薄弱，马克思主义在社会被接受的范围与程度不高，在报刊上进行理论宣传是必要的。1921年到1927年，中共中央先后创办了《共产党》《新青年》《党报》这3份理论刊物，但这些报刊主要面向党内发行，社会影响有限，而其他报刊登载的理论文章偏少，以马克思主义分析中国问题的文章更少。对此，尹宽总结道，"过去我们党因犯有机会主义的错误，差不多不注重理论的问题，只偏重一些简单的政治的煽动，仿佛以为马克思主义的方法和理论与革命运动更没有多大关系

---

① 中国知识分子自古都以教化民众为己任，以"知识者"为主体的中共也未脱窠臼，将自身与工会的关系定位为"头脑"之于"身体"。中共"二大"指出："共产党与工会的分别是，共产党是所有阶级觉悟的无产阶级分子的组合，是无产阶级的先锋军……工会是所有工人的组合（不管政治见解怎样），工人们在工会里，去接受'怎样用社会主义和共产主义精神去奋斗'的教育，与共产党向同一目的进行……共产党也可说是一个人的头脑，全体工人便是人的身体。"参见《关于"工会运动与共产党"的决议案》（1922年7月），载中央档案馆编《中共中央文件选集》第1册，中共中央党校出版社1989年版，第80页。

② 罗章龙：《记北方劳动组合书记部》，《社会科学战线》1980年第3期。

③ 《中国共产党第一个决议》（1921年7月），载中央档案馆编《中共中央文件选集》第1册，中共中央党校出版社1989年版，第67页。

第一章 中国共产党办报模式的初步探索

一样"①。

从表1-1可以看出,《向导》的聚焦内容主要是国内外革命形势的变化,对于理论宣传并未予以应有重视,与理论宣传相关的关键词"列宁"排在第42位,"马克思"未进入前100位,"理论"未出现在篇目中。其刊载的文章可划为理论文章的仅有83篇,占刊文总数的6.18%,主要来自独秀、和森、秋白、孙铎、萨发洛夫、季诺维埃夫6位作者。1926年7月7日,《向导》刊出的读者来信提到:"我常阅贵社所出版之向导周报,对于实行共产主义的途径手段,阶级斗争的原因与实质,略知其概念而已,若再进一步的追求,即就无书可看了……不过贵刊立于共产主义上而宣传,单靠贵刊一种就能成功,这是未必的事。我想贵刊应继续做翻译的工作,对马克思列宁等学说的书,重新翻译,以应宣传,使一般从古墓内钻出来的古董先生,略知一二,免在旁肆口漫骂。"②

表1-1　　　《向导》周报篇目关键词词频表（前100）　　　单位：次

关键词	词频	关键词	词频	关键词	词频	关键词	词频
中国	198	广州	33	侵略	19	中俄	13
国民	164	全国	32	列宁	19	政策	13
主义	150	纪念	31	中山	19	失败	13
帝国	120	宣言	29	联合	18	势力	13
帝国主义	117	民族	29	国民革命	18	南通	12
革命	112	美国	27	外国	18	时局	12
运动	110	政局	27	主义者	18	苏俄	12
上海	84	大会	27	人民	17	长沙	12
国民党	77	屠杀	27	对华	17	反对	12
读者	67	通讯	27	反抗	16	压迫	12
共产	66	工会	25	河南	16	状况	12

---

① 尹宽:《对于〈布尔塞维克〉的希望》,载《红藏·布尔塞维克》第1册,湘潭大学出版社2014年版,第123页。

② 海帆:《介绍马克思主义著作之重要》,《向导》1926年7月7日。

续表

关键词	词频	关键词	词频	关键词	词频	关键词	词频
北京	65	学生	25	总工会	16	铁路	12
工人	57	战争	25	资产阶级	15	命运	12
会议	56	为人	25	孙中山	15	国民会议	12
共产党	56	农民	24	反革命	15	国民政府	12
英国	54	世界	23	中国国民党	15	态度	11
问题	50	政治	22	代表	15	德国	11
中国共产党	47	吴佩孚	22	北伐	15	责任	11
军阀	46	劳动	22	北方	15	武汉	11
日本	45	湖南	22	帝国主义者	14	斗争	11
阶级	45	政变	21	青年	14	军事	11
政府	41	广东	21	右派	14	解放	11
国际	40	国人	20	青岛	14	蒙古	10
民众	40	外交	20	统一	13	英美	10
罢工	34	意义	20	反动	13	资本家	10

《向导》未能用足够篇幅对共产主义进行透辟的宣介，导致读者产生了"一知半解"的不满，更谈不上拥护和实践共产主义了。对于文化层次本就不高的工农阶级而言，理解起来就更是难上加难。《向导》在答复中坦承："自然，如海帆先生和德连先生所说，薄薄的十六页的本报是不能满足此种需要的，因为有系统地介绍马克思主义，有系统地应用马克思主义研究中国社会生活之各方面，这种任务当然非每周印行十六页如本报者，所能负担的起。"[①] 1927年，尹宽这样评价大革命时期中共的报刊工作："'向导'中的文字简直是宣言和传单式的，没有政策和策略的讨论。新青年虽是理论的机关报，但那里的理论都是专门著作式的理论，可以说是'死的'。"[②] 正如此后中共所认识到的"没有革命的理论，便不

---

① 海帆：《介绍马克思主义著作之重要》，《向导》1926年7月7日。
② 尹宽：《对于〈布尔塞维克〉的希望》，载《红藏·布尔塞维克》第1册，湘潭大学出版社2014年版，第123页。

第一章 中国共产党办报模式的初步探索

能有革命的运动"①，理论宣传的滞后导致党员理论修养难以跟上革命形势变化，成为此后中共内部"左"与"右"的错误交替出现的诱因，也限制了共产主义大行于中国的可能，导致中共难以形成左右中国走向的社会动员力。

"二大"召开后，中共成为共产国际的支部，按照《中国共产党加入第三国际决议案》和《第三国际的加入条件》，应做到"每日的宣传和运动须具真实的共产主义的性质，并遵守第三国际的纲领和决议。党的一切机关报，均须由已经证实为忠于无产阶级利益的忠实共产党员编辑，不要空空洞洞说成'无产阶级专政'为一种流行的烂熟的公式，应当用实际的宣传方法，把每日的生活事实系统的清解于我们报纸上面，使一切劳动者，一切工人，一切农人，都觉得有无产阶级专政出现之必要。不仅要系统的，严刻的攻击资产阶级，并且要攻击与他通气的各色改良派，必须严厉告发凶恶帝国主义者在殖民地的威压……必须以全力拥护苏维埃共和国与反革命作战"②。由于党员构成与理论修养方面的缺陷，中共未能将根基深植于工农群众之中、将马克思列宁主义与中国革命的实际紧密结合，对于"系统清解""每日的生活事实"心有余而力不足，但其他条款都被中共切实执行。

《向导》专涉国际事务的文章共260篇，占比19.38%，在篇目关键词中，英国出现54次、日本45次、美国27次、世界23次、外国18次、苏俄12次、德国11次、英美10次、法国10次、苏联8次，在词频前100位的关键词中占据10位。涉及国内地名的关键词词频为，上海84次、北京65次、广州33次、湖南22次、广东21次、河南16次、青岛14次、南通12次、长沙12次、武汉11次，在词频前100位的关键词中占据10位，外国国名关键词词频几乎与国内地名关键词平分秋色。从中共作为共产国际支部的角度来看，中国无产阶级革命是世界无产阶级革命的一部

---

① 《红藏·布尔塞维克》第1册，湘潭大学出版社2014年版，第64页。
② 《中国共产党加入第三国际决议案》（1922年7月），载中央档案馆编《中共中央文件选集》第1册，中共中央党校出版社1989年版，第67—72页。

分，应与后者血脉相连，这种内容安排无可厚非。但就中共面临的形势与承担的任务来看，在中国共产党成立之初将大量篇幅用于介绍国际共产主义运动情况，易造成民众对于中共的隔阂，也延缓了中国民众觉醒的过程。

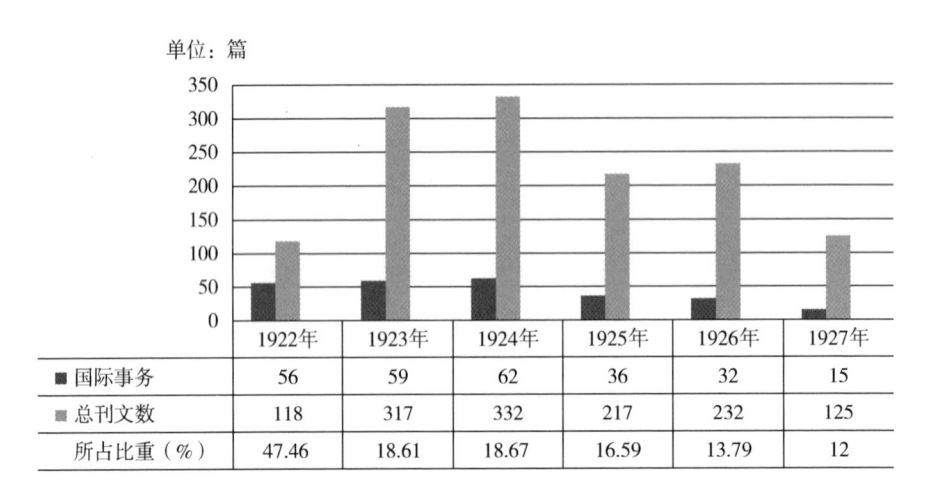

单位：篇

	1922年	1923年	1924年	1925年	1926年	1927年
国际事务	56	59	62	36	32	15
总刊文数	118	317	332	217	232	125
所占比重（%）	47.46	18.61	18.67	16.59	13.79	12

图1-1 《向导》载文内容分析图（专涉国际事务文章数）

在中共看来，其报刊要真正以工农阶级为核心受众，尚需经过以知识分子为核心受众、以工农群众为次级受众的"两级传播"阶段，故其理想的受众定位与实际执行情况有所偏差。1925年，广州团地委反映："(《向导》)在广州只给知识者看，一般工农群众一因国语白话，一因意义深奥，很少看得明白。"[1] 对此，中共的理解是："中国革命的基础群众是三万万以上的农民。但若把上诉的道理……用极通俗的言辞，无代价的向农民去说，他们也不愿来听，即来听也亦难使他们了解。……可知，革命的理论是一回事，革命思想的通俗化是一回事。""马克思的资本论是共产主义的经典，然而一般工人又何尝能够看得懂呢？"[2]

---

[1] 广东省档案馆等编：《广东青年运动历史资料》第1辑，广东省供销学校印刷厂，1986年，第409—414页。
[2] 冬原、记者：《读者之声——豆腐涨价与向导周报》，《向导》1926年8月6日。

第一章 中国共产党办报模式的初步探索

从《向导》的篇目关键词词频来看,"帝国主义、运动、革命、国民、军阀"这类"怪名词"均位前列,其中一些词汇连胡适都称为"海外奇谈",对于广大工农群众而言更是不知所云。"五卅"后,中共的群众基础有了较为显著的提升,但中共报刊未能及时转向,推动报刊内容通俗化。有地方党组织提出:"中央对外的刊物如《布报》等,尤其最近几期,内容在文字方面不太通俗。不消说工人阶级读了困难,即使没有政治常识的中学学生也要读了吃力。这一点颇足以减少宣传作用。希望中央在文字技术方面加以改良,以扩大在一般群众中的影响。"① 事实上,当中共选择"两级传播"策略,已注定了报刊内容不能通俗化。知识分子与工农群众采用的是不同语话体系,故中共坦承:"在中国这整个的'贵族文学'的制度下,我们没有办法将我们的话说得更通俗,没有办法写得使每一个苦力都懂。"② 此外,"握笔杆"的知识分子也很难切身体会到"卖劳力"的遭遇与感受,"俯下身"去了解中国革命在基层开展的实际情况,导致中共难以与工农阶级紧密结合,获得足够的党力和声威。

1926年4月,中共编印了名为"我们今后应该怎样工作"的小册子,对中共报刊"知识气质"与"两级传播"问题作了系统总结,指出此前"我们未能深入群众,获得群众,巩固群众的联合战线",有"非常严重"的"主观上的原因",包括:"不注意当地的群众日常生活的要求,而只有全国政治运动的总口号和全国的普泛的政治煽动……群众对于这种宣传感觉空远不能唤起他很深的注意,习久且生厌恶心理摈而不看。但凭主观的理论,不顾群众的心理,把口号提得过高,完全不懂斗争的战术……使群众畏避,自己陷于孤立,甚或群众反被反动方而吸收过去。不懂得联合战线必须是群众的,必须努力获得各派(反动派也在内)的群众,和他们的领袖联合是不够的。在群众中,外观上表现色彩太浓,有些同志,在各方

---

① 《徐海蚌特委致中央的信》(1929年3月2日),载中央档案馆、江苏省档案馆编《江苏革命历史文件汇集:特委县委文件(1926年3月—1934年6月)》,江苏省档案馆,1988年,第221、222页。

② 问友:《过去一百期的"红旗"》(1930年5月10日),载中国社会科学院新闻研究所编《中国共产党新闻工作文件汇编》(下),新华出版社1980年版,第137、138页。

面几乎要把C.P.的招牌挂在脸上……对社会一般人的态度太严峻了。"[1]"五卅"后中共工作重心的转变与民众的初步觉醒,要求中共宣传策略也应随之改变,中共报刊必须改变"知识气质",减少"中间环节",努力与工农群众直接关联。

三 技术形态:编印分离与背靠组织

中共报刊作为党报有其特殊性,但也会受业态的影响,须顺应报刊发展的基本规律与潮流。大革命时期,我国报刊普遍因陋就简,采取"编印分离"的运作方式。中共领袖的类似经验与党力有限,使得中共也受到这种潮流的影响。在成为党报前,《新青年》由群益书社代办出版发行业务,让陈独秀深感受制于人,最终决定自办印行。或许由于这段经历,中共很早就意识到发行工作的重要性,指出报刊的发行网络"等于人身上的血脉,血脉之流滞,影响于人的生死"[2]。《新青年》"编印分离"的运作方式,较为契合知识分子青睐的"同人办报"模式。中国知识分子自古有"重义轻利"的传统,将印行业务委托专业机构代办,既可发挥商人的专业优势,也可让自己专心于编撰工作。在多数情况下,知识分子要名不要利,而商人要利不要名,当名与利不可得兼时,二者还是会发生冲突。若能在政党的架构下,既保障"编"与"印"的各自独立,又协调双方朝着同样的目标前进,无疑能充分激发各自优势,构建一种高效的报刊运作形式。

早期中共报刊虽大多在城市创办,但作为党的"机关",并不是一种独立运作的事业,以报馆的形态示人,以独立的面目竞争,而是普遍采取当时比较流行的"编印分离"运作方式,只有"编辑部",没有"报社""报馆"的概念。不同之处在于,中共报刊的"编"与"印"

---

[1] 《介绍每个同志必读的小册子——我们今后应该怎样工作》(1926年5月),载中共中央宣传部办公厅、中央档案馆编研部编《中国共产党宣传工作文献选编(1915—1937)》,学习出版社1996年版,第717—722页。

[2] 《中央通告第二十八号——关于建立和健全党内交通问题》(1925年4月30日),载费云东、潘合定编著《中共文书档案工作简史》,档案出版社1987年版,第19页。

第一章 中国共产党办报模式的初步探索

虽相互独立,但都由党的机构负责,能够朝着共同的目标前进,充分发挥背靠党组织办报的优势。1923年10月,中共设立中央教育宣传委员会,下设编辑部对中央报刊"材料之分配"进行统一管理保障,印行部"经理印刷并发行刊物"①,明确了"中央厨房"的供稿方式和"编印分离"的运作方式。这不仅有利于充分调动全党力量办报刊,使各级组织都成为报刊的发行站、全体党员都成为报刊的推销员,以弥补专业人才不足的缺陷,借助组织的力量将发行网延伸至全国各地,也有助于推动党内资源的整合,以"集团办报"的方式让所有中央报刊共建共享发行网络。此后中央教育宣传委员会的编辑部发展为中央编译委员会、中央党报委员会,印行部发展为中央出版委员会、中央出版部、中央发行部,这种"编印分离"的运作方式一直延续,成为中共报刊工作的重要传统。

在成为中共刊物前,《新青年》的销售网点已经遍布国内各大埠②,这样广泛的发行网络不啻带给中共的一份厚礼,奠定了中共发行网络的最初版图。此后,其他中共报刊与《新青年》的销售网点逐渐呈现相互融合的趋势③,促进了全党发行工作的开展。好景不长,由于北方当局与上海租界对中共报刊的共同迫害,公开发行网络已难以发挥作用,中共决定"设立一能够普遍地传布党的印刷品之机关"④,通过建立秘密发行网弥补公开发行网被破坏的真空,并决定调动全体党员的力量,要求"凡属本党党

---

① 《钟英致各区、地方和小组同志信——颁发教育宣传委员会组织法》(1923年10月15日),载中国社会科学院新闻研究所编《中国共产党新闻工作文件汇编》(上),新华出版社1980年版,第7、8页。

② 包括广州、上海、香港、芜湖等地的商务印书馆、中华书局、伊文思图书公司外埠各特约分售处如保定直隶官方书局、西安公益书局、云南维新书局、常州文化书局、扬州广益书局、松江益智书局等,以及济南齐鲁书社、北京大学出版部、武昌进化书社与时中书社、长沙文化书社、开封文化书社、南京共和书局、厦门新民书社、宁波文明书局、温州日新书局、镇江启润书社、杭州古今图书店等。

③ 如《中国青年》后期在各地的分销处几乎与《向导》一致。参见王晓岚《中国共产党报刊发行史》,中国社会科学出版社2009年版,第9—11页。

④ 《对于组织问题之议决案》(1925年1月),载中央档案馆编《中共中央文件选集》第1册,中共中央党校出版社1989年版,第382页。

员,不但有购阅本党中央机关报之义务,并有努力向党外推销之义务",规定每个党员"必须担任推销(《向导》)五份以上",每组"担任推销(《新青年》)三份以上"①。

在这种制度安排下,党员数量的增加,就意味着报刊发行力量的壮大。"五卅"后,随着中共社会影响的提升与国共合作的深入,中共党员数量迅速增长,党组织覆盖面不断拓展,中共报刊的发行量也有了较大幅度的提升,《向导》起初发行量仅 3000 份左右②,到 1924 年底就猛增到 2 万份以上③,到 1925 年 4 月达到 3 万份④,1926 年 7 月达到 5 万份⑤,最高销量一度达到 10 万份⑥,分销处遍及全国 20 多个城市,甚至远销至法国巴黎、德国柏林。向党员"摊派"发行任务和构建秘密发行网取得了显著效果,也证明了"编印分离"是一种扬长避短、行之有效的政党报刊组织方式。

办好报纸的关键,在于"输入"与"输出"两端,不仅要构建覆盖广泛的发行网络,还要组建稳定可靠的撰稿队伍。由于党员数量尤其是办报人才有限,早期中共报刊大都仅靠几个编辑办报,导致"中央党报有一个很大的缺点,就是他不能反映全国的政治局势及群众斗争的情形,与各地下级党部的实际生活相隔太远"⑦。不过,中共报刊也有背靠党组织的优势,若能发动全党力量撰稿,就能将人才劣势转化为优势。1922 年底,《向导》首次刊载来自香港的"通信",进行扩大撰稿队伍的尝试。1923 年到 1925 年,中共借助中央教育宣传委员会与中央机关报编辑委员会的架构,逐渐将中央全体委员与"地方通信"撰稿人纳入中央报刊的撰稿队

---

① 《各地方分配及推销中央机关报办法》(1924 年 9 月 25 日),载中国社会科学院新闻研究所编《中国共产党新闻工作文件汇编》(上),新华出版社 1980 年版,第 15 页。
② 蔡和森:《中国共产党史的发展(提纲)》,载《蔡和森的十二篇文章》,人民出版社 1980 年版,第 33 页。
③ 《国民必读之向导周报》,《新青年》1924 年 12 月 20 日。
④ 《国民必读之向导周报》,《新青年》1925 年 4 月 22 日。
⑤ 《国民必读之向导周报》,《政治生活》1926 年 7 月 22 日。
⑥ 李立三:《回忆蔡和森》,人民出版社 1980 年版,第 9 页。
⑦ 《中共中央通知第七十二号——中央党报通信员条例》(1929 年 12 月 25 日),载中国社会科学院新闻研究所编《中国共产党新闻工作文件汇编》(上),新华出版社 1980 年版,第 62 页。

第一章 中国共产党办报模式的初步探索

伍。在此过程中,《向导》的编辑队伍从最初的七八人,发展为包括中共中央领导人、共产国际代表、《向导》编辑部成员、《向导》"地方通信"撰稿人在内的近百人队伍。在这支队伍的支持下,自1922年12月23日《向导》首次刊载"地方通信"以来,其刊载的"地方通信"数量不断增多(见图1-2),先后来自香港、长沙、北京、哈尔滨、吉隆坡、四川、湖北、南京、察哈尔、广州、青岛、湖南、开封、西安、伦敦、河南、汉口、三原、郑州、彰德、广东、陕西、杭州、南昌以及缅甸、日本、东京,使得《向导》最初以报道国际政治形势为主,转为广泛反映和分析国内各地政治、经济、文化与工农运动情况,内容更趋充实丰富。

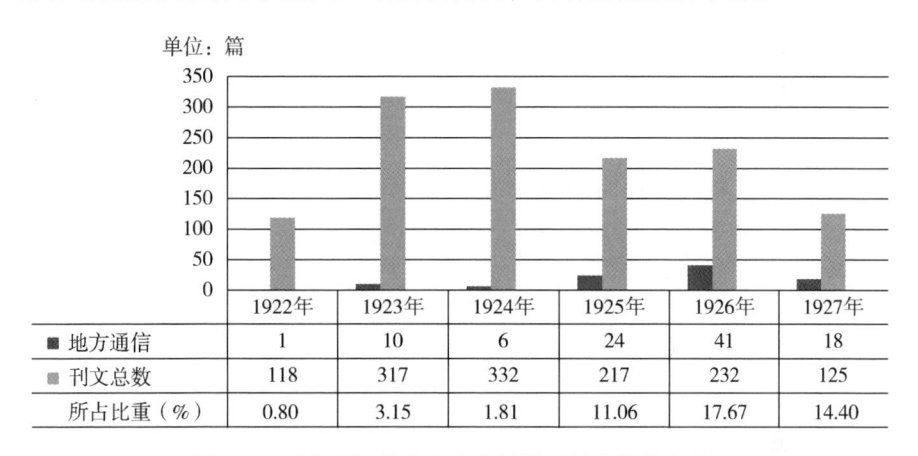

单位:篇	1922年	1923年	1924年	1925年	1926年	1927年
地方通信	1	10	6	24	41	18
刊文总数	118	317	332	217	232	125
所占比重(%)	0.80	3.15	1.81	11.06	17.67	14.40

图1-2 《向导》载文内容分析图(地方通信占比)

通过《向导》等报刊的探索,1926年中共首次提出"工农通信"的工作办法:"我们的党要能知道审查群众的情绪而与以指导,必须在宣传工作上亟亟实行工农通信的决议。组织工农通信员的方法,大约可以有四种:(甲)宣传部在工人中挑选能够写普通信的人,使他们随意写自己的生活情形、工作条件以及家庭状况,说出自己的感想和对问题的认识等等;(乙)宣传部挑送几个学生同志派到工人区或农村中去,笔录工人农民的谈话;(丙)宣传部委托工委农委在群众工农区域的负责人,请他们用种种方法找这种工农通信;(丁)罢工、抗租、抗税事件发生时,宣传部应特别派人到工农区域去,或委托工委农委负责人,用上述方法去找群众对于当时事件的意见感想和通信。各地宣传部应时时注意编制工农通信的问题单子，使工人农民通信员能按照这些问题答复。"① 在该制度的推动下，《向导》刊载的"地方通信"明显增多，平均每期刊载"地方通信"1篇，有时1期刊载2—3篇，占每期刊文数量的一半，为此后"通讯员"制度的出台积累了经验。

在党力尚不发达的状况下，大革命时期中共定期出版物普遍呈现"刊"的形态，其中既有《新青年》的示范效应，也缘于"报"的出版条件较"刊"要更加苛刻。"报"对时效有很高要求，需要稳定的撰稿队伍、专职的编辑人员、高效的发行体系作为支撑，在固定时间内完成报纸的组稿、编辑与印刷，并迅速将报纸投放各地，否则就会新闻变旧闻，消减报纸的使用价值。同时要求报纸能够在覆盖区域公开编辑发行，对于所在地域的政治生态也有一定要求。

对照以上要求，此时中共尚未具备创办"报"的能力。"二大"召开后，中共就决定将秘密出版的《共产党》月刊停刊，在北京筹办一份英文日报《远东日报》，以加强外宣工作，争取其他国家对中国无产阶级革命的同情与支持。但马林认为，中共尚未具备创办大型机关报的能力与条件，人才、机器及印刷、编辑、出版等都成问题，建议创办一种周报。② 从"二大"到"五卅"爆发前期，中共党员数量从195人增长到650人，并未实现突破性增长，但从办周刊到办日报，对中共组织效能的要求则成倍增加。到"五卅"前夕，中共自承："在我们党的力量上说，现时尚不能发行许多定期刊物，故集中我们力量办《新青年》月刊。"③

---

① 《中国共产党第三次中央扩大执行委员议决案》（1926年9月），载中国社会科学院新闻研究所编《中国共产党新闻工作文件汇编》（上），新华出版社1980年版，第33、34页。

② 蔡和森：《中国共产党史的发展（提纲）》（1926年），载《蔡和森的十二篇文章》，人民出版社1980年版，第32页。

③ 《对于宣传工作之议决案——中国共产党第四次全国大会议决案》（1925年1月），载中国社会科学院新闻研究所编《中国共产党新闻工作文件汇编》（上），新华出版社1980年版，第30页。

第一章 中国共产党办报模式的初步探索

"五卅"期间创办的《热血日报》，则是特定政治形势下针对特定议程、特定区域、特定受众的产物。伴随着"五卅"舆论的平息，《热血日报》必然面临转型或停办的抉择。若要成功转型，《热血日报》的内容必须"由点改面"，组稿难度大幅提升。《热血日报》在被查封后并未复办，应是中共根据实际情况作出的抉择。虽然大革命时期中共创办日报的首次尝试未收全功，但是从月刊到周刊、从周刊到区域性日报，这种演进本身就反映了中共的不断壮大。

四 经营管理：拨款制诱发非经济化

枪杆子、笔杆子与钱袋子，可谓革命党之命脉，而枪杆子与笔杆子又须臾离不开钱袋子。要开展革命活动，自然要租房办公、召开会议、发行报刊、印宣传品、组织工会、举办夜校、各地串联，职业革命家也需要基本的生活保障，更不用说组建军队、购置武器、训练士兵、保障后勤、发放军饷，这些都离不开经费。对此，作为中共发起人的陈独秀应深有体会。1920年夏，上海共产党早期组织成立后，即"每月接受（共产国际拨款）宣传费一千元，干部等亦每月接受三十元报酬"，各项工作方能开展。中国共产党的创立，也得益于共产国际给各地代表汇去旅费100元[①]，促使共产党人云集上海，中共"一大"按期召开。

建党时期"拿钱办事"的经历，使陈独秀对"共产国际自居于领导的地位"产生了抵触心理，坚决反对"卢布主义"[②]，主张"一面工作，一面搞革命，党现在还没有什么工作，要钱也没用，革命要靠自己的力量尽力而为，不能要第三国际的钱"，深层原因是"拿人家钱就要跟人家走，一定要独立自主地干，不能受制于人"[③]。但现实情况是"没钱干

---

① [日]石川祯浩：《中国共产党建立史》，袁广泉译，中国社会科学出版社2006年版，第162、254页。

② 从此前《新青年》社与群益书社由紧密合作到分道扬镳不难看出，陈独秀具有强烈的知识分子独立人格，很难接受因经费问题而受制于人。不过，办刊物的经费好筹，维持一党运转不易，这也注定了承担中共最高领袖职任的陈独秀会适当妥协。

③ 包惠僧：《我所知道的陈独秀》，载《包惠僧回忆录》，人民出版社1983年版，第367页。

· 43 ·

不了革命",1920年冬维经斯基回国,"党的经济来源中断,一切工作陷于停顿状态"①,李达回忆:"维经斯基回苏联后,经费颇感困难,每月虽只用二三百元,却是无法筹措。"② 中共创立后,由于陈独秀坚决反对"卢布主义",旋即赴广州就任广东教育委员会委员长,中共经济来源基本断绝,导致代理陈独秀的李汉俊"决定暂时把机关部停止活动……或者把中央搬到广州去"③。早期中共组织难以扩张,经费紧缺是一个重要原因。

经费对中共的制约是多方面的,最突出的是对人的制约。于中共领袖而言,一旦成为职业革命家,若没有组织的定期补助,几乎意味着生活来源的断绝。④ 即便能够心分二用,"一边工作、一边搞革命",只有工作时间、地点较为灵活的笔头工作能较好做到两边兼顾⑤,故"在中共负责的同志中,陈独秀任商务印书馆的特约编辑,李达任中华书局的编辑,都可以独立生活"⑥,在党内也主要从事撰稿、编辑等宣传工作,难以顾及需要投入大量时间、深入实地的组织工作与劳动运动。早期中共党务与劳动运动不发达,显然受制于专职党务人员的缺乏。对于普通党员而言,加入中共非但没有高官厚禄,还要承担交纳党费的义务,不少党员用其他职业的收入补贴党的开支,甚至为了革命毁家纾难,这也从侧面体现了此时中共

---

① 包惠僧:《党的"一大"前后》,载《"一大"回忆录》,知识出版社1980年版,第28页。
② 李达:《党的"一大"前后》,载《李达文集》第4卷,人民出版社1988年版,第3页。
③ 包惠僧:《共产党第一次全国代表会议前后的回忆》,载《包惠僧回忆录》,人民出版社1983年版,第520页。
④ 云浮县委书记在给广东省委的报告中就曾这样写道:"对于各支部的负责同志未有全力的工作,其原因不做工夫饭食,对于经济非常痛苦。"参见《中共云浮县委书记剑夫给省委报告》(1928年5月16日),载中央档案馆、广东省档案馆编《广东革命历史文件汇集》甲32,广东人民出版社1984年版,第431—432页。当然,正如知识分子是"为了思想而不是靠了思想而生活的人",革命者也应当是为了革命而不是靠了革命而生活的人,如果革命是为了喂饭,就容易因为利益而蜕变。
⑤ 中共在上海创立,与上海发达的传媒网络紧密关联。当时,上海拥有许多广有影响且十分活跃的书局如商务印书馆、中华书局、世界书局,这些文化机构受到上海多元文化的熏陶,能够大量纳作为"知识分子团体"成员的中共党人兼职或投稿,成为早期中共党员谋求生计的重要来源和补充。
⑥ 包惠僧:《党的"一大"前后》,载《"一大"回忆录》,知识出版社1980年版,第43页。

第一章 中国共产党办报模式的初步探索

党员对于共产主义的坚定信仰。

上海党组织在维经斯基离开后,"经费是由在上海的党员卖文章维持的"①。北京党组织的情况是,"至于经费问题,李大钊当众宣布,他每月捐出个人薪俸八十元为各项工作之用",张国焘一度靠典卖衣服来应付组织的紧急开支②。广州党组织称:"《社会主义者》日报,该报每月需要七百元,很难维持下去。每月从党员的收入中抽出百分之十来维持《共产党月刊》和负担工人夜校的费用"③,"实际靠陈公博、谭平山、谭植棠在学校担任教职收入的盈余作为党的费用,苦苦支撑了一年"④。作为亟待发展壮大的新生政党,中共似乎陷入了经济命脉日渐枯竭的困局,经费不足导致革命活动不能展开,革命活动不能展开又限制了政党的收入,只能靠外部输血破局。1922年6月30日,中共首次公开承认接受共产国际的拨款⑤,并将"自1921年10月起至1922年6月止"的开销进行了详细说明⑥,即中共接受共产国际的拨款最早可追溯到1921年10月,与陈独秀第三次被捕时间吻合。据此推断,马林对陈独秀的营救,打破了陈独秀接受共产国际领导与拨款的情感障碍⑦,但归根结底仍源于中共尚不具备维

---

① 李达:《中国共产党的发起和第一次、第二次代表大会经过的回忆》,载《"一大"回忆录》,知识出版社1980年版,第15页。
② 张国焘:《我的回忆》第2册,东方出版社1998年版,第106、112、113页。
③ 中共中央党史资料征集委员会:《共产党早期组织》(下),中共党史资料出版社1987年版,第684页。
④ 陈公博:《回忆中国共产党的成立》,中国革命博物馆党史研究室选编《"一大"前后》(二),人民出版社1980年版,第428页。
⑤ 《中共中央执行委员会书记陈独秀给共产国际的报告》(1922年6月30日),载中央档案馆编《中共中央文件选集》第1册,中共中央党校出版社1989年版,第257页。
⑥ 中共对于开支的详细说明,是典型的下级组织向上级拨款组织的经费使用情况汇报,而非上级组织对于下级组织募集经费的使用情况公示,这证明共产国际向中共拨款的机制已基本形成,中共也形成了相应的向下拨款机制和核算机制。
⑦ 对此,张国焘回忆道:"他们两人似都饱受折磨……好像梁山泊上的好汉'不打不相识',他们交换意见,气氛显得十分和谐。马林表示一切完全由中央负责领导,作为共产国际代表的他,只与中共最高负责人保持经常接触,商谈一般政策而已。陈先生表示中共拥护共产国际,对其代表在政策上的建议自应尊重。他们这样相互谅解,弥补了过去争执的痕迹……从此他们经常见面,毫无隔阂地讨论各项问题……并且具体规定了共产国际补助经费的办法。"参见张国焘《我的回忆》(上),东方出版社2004年版,第156—157页。

持党派运作的造血能力。

从1925年以前的开支记录来看，中共自筹的资金可谓微乎其微，主要来自党费收缴与报刊发行两方面的收入。党费方面，以组织最健全的上海地区为例，"合计本地方全数党员的党费每月可收130元，但实际上不能按月收清，上月收到的仅30元"①。联想到1922年代理中央的李汉俊派包惠僧从上海赴广州找陈独秀，由于组织拿不出旅费，包惠僧只得找人借款15元作路费。② 可见，直到1925年整个上海组织的党费收入仅够派人往返沪穗一趟而已，显然难以支撑联络与扩充组织的经费需要。发行方面，在马克思主义传播土壤尚不成熟的情况下，中共报刊为了"一纸风行"，往往采取赠阅与打折订阅的方式扩大销路，导致报刊乃至党在经济上陷入难以维持的困境。《向导》为了迅速扩展销路，前6期并不收费，出至第7期就不得不取消免费发行，改为打折订阅。③ 收入来源有限和发行开支递增，加上邮发部门经常没收刊物的额外经济损失，致使刊物在订费并不低廉的情况下出至14期就"经费日渐困难"④，不得不号召读者自费订阅刊物。出至15期，因1150元的巨额亏损，不得不向读者"要求援助"⑤。

在接受外部拨款后，中共并不看重党费与报费方面的收入。对于党费的核算，只是作为党员是否遵守党章党纪和定期与党组织发生联系的考核指标⑥；为扩大社会影响力，中共报刊在售卖时必须考虑潜在受众的经济承受能力，只得普遍打折或免费发行。中共能够维持运转，是因为经费

---

① 《上海地方报告》（1924年5月），载中央档案馆编《中共中央文件选集》第1册，中共中央党校出版社1989年版，第257页。

② 包惠僧：《我所知道的陈独秀》，载《包惠僧回忆录》，人民出版社1983年版，第366页。

③ 1922年10月25日，《向导》刊出启事："本报为便利工人及学生起见，凡经工人团体和学生团体之介绍、直接向本报订阅全年或半年者，概照定价七折。"

④ 《本报启事》，《向导》1922年12月10日。

⑤ 《敬告本报读者》，《向导》1922年12月27日。

⑥ 广东省委曾指出，收缴党费实际上有两重意义，使党员认识到党是党员的集体，党的生命需由党员来维持；通过按期交党费，培养和训练党员的团体化、纪律化观念。参见《中共广东省委通告》（1929年1月4日），载中央档案馆、广东省档案馆编《广东革命历史文件汇集》甲14，广东人民出版社1984年版，第9页。

第一章 中国共产党办报模式的初步探索

"几乎完全是我们从共产国际得到的"①。在财政依赖外部拨款的体制下，中共工作的力度和成效自然与经费投入息息相关，其中支出条目清晰且可以预期、易于编制有说服力预算的工作往往能够得到稳定投入，而变动较大、经常超预算的工作通常难以得到充分支持。

1922年6月30日，陈独秀向共产国际的报告表明，中共成立一年以来，劳动运动的开支占到全党经费的近2/3。② 劳动运动需扶持工人组织、组织罢工运动，不仅突发性强难以编制预算，而且维持组织运转、补贴罢工工人、抚恤受难者家属的开支十分巨大。据统计，1922—1923年共产国际等组织向中共划拨的劳动运动专项经费有记载的共6笔，金额是共产国际拨付中共全年活动经费12500元的一倍还多。③ 由于拨款机制下追加预算需层层审批，上海与莫斯科的遥远距离与必要的行政程序导致共产国际与赤色职工国际等组织划拨的经费增长速度滞后于中共发展的步伐，经常性的赤字限制了劳动运动的开展。陈独秀感叹："由于我们党做工作，职工运动和国民运动在日益发展，因此我们党的组织工作也在不断发展。但由于工作人员和物质力量不足，我们失去了许多有利的发展机会。"④ 维经斯基再三呼吁："因为工作确实广泛地开展起来了，在这里感觉到非常需要经费。不应让我们的工作由于缺少共产国际执委会的必要帮助而被迫收缩。"⑤ 相较而言，宣传工作预见性强且开支较小，故中共对其投入较为充足持续，这也是中共宣传工作能够较好开展的重要原因。

---

① 《陈独秀在中国共产党第三次全国代表大会上的报告》（1923年6月），载中央档案馆编《中共中央文件选集》第1册，中共中央党校出版社1989年版，第168页。
② 《中共中央执行委员会书记陈独秀给共产国际的报告》（1922年6月30日），载中央档案馆编《中共中央文件选集》第1册，中共中央党校出版社1989年版，第47页。
③ 杨奎松：《共产国际为中共提供财政援助情况之考察》，《社会科学论坛》2004年第4期。
④ 《陈独秀给共产国际执委会的第2号报告》（1925年3月20日），载中共中央党史研究室第一研究部译《共产国际、联共（布）与中国革命档案资料丛书》第1卷，北京图书馆出版社1997年版，第593页。
⑤ 《维经斯基给皮亚特尼茨基和联共（布）驻共产国际执行委员会代表团成员的信》（1926年6月7日，6月11日），载中共中央党史研究室第一研究部译《共产国际、联共（布）与中国革命档案资料丛书》第3卷，北京图书馆出版社1998年版，第300、303—304页。

表1-2　　1921—1927年中国共产党宣传经费投入及其比重统计表

统计时间	中共经费总额（元）	宣传经费总投入（元）	中共月均经费（元）	宣传经费月投入（元）	宣传经费占比（%）
1921年10月—1922年6月	17655	≈4600	1961.67	≈511.11	≈26.05
1922年7月—1922年12月	≈12180	7200	≈2030	1200	≈59.11
1923年1月—1923年12月	≈15000	≈4733.95	≈1250	≈394.5	≈31.56
1924年1月—1924年6月	11540.07	337.01	1923.35	56.17	2.9
1924年7月—1924年10月	14510.01	388	3627.5	97	2.67
1924年11月—1924年12月	9504.98	598.7	4702.49	299.35	6.3
1925年1月—1925年3月	6750	≈1464.8	2250	≈488.27	≈21.7
1925年4月—1926年6月	32850	21000	2190	1400	38.36
1927年1月—1927年12月	187700	不详	15642	不详	不详

资料来源：杨奎松：《共产国际为中共提供财政援助情况之考察》，《社会科学论坛》2004年第4期；朱洪：《大革命时期苏联和共产国际对国共两党经济援助之比较》，《党的文献》2007年第2期。

说明：1921—1925年中国共产党经费各项支出用途并不具体，部分时期只能将"印刷"开支统计为用于宣传方面的开支，事实上"机关开支""专项开支"中均可能含有宣传工作支出，故实际投入比例可能超出统计数据。早期中共收到的各类专项经费、紧急拨款目前尚难以统计完全，故本表数据只统计共产国际对中共的定期拨款预算。

中国共产党成立初期，中共对宣传工作的投入在预算中占据较大比重，但共产国际下拨经费总额有限[1]，《新青年》《共产党》等刊物仍经常受到经费问题的困扰。就《新青年》的印行成本来看，前七卷由群益书社

---

[1] 蔡和森在1926年给共产国际的报告中说："共产国际对中共的物资支援太少，给共产党的经费与给国民党的经费根本无法相比。仅给国民党的机关报《民国日报》的经费就超过了给整个中国共产党的全部经费，如果算上共产国际给国民党军事方面特别是军火上的支持，那么两党获得的拨款对比可谓'九牛'之于'一毛'。"据统计，1924年至1927年6月，莫斯科对国民党的经济援助总额高达1400万卢布，而1923年6月至1927年7月对中共的经济援助才26万卢布左右。参见朱洪《大革命时期苏联和共产国际对国共两党经济援助之比较》，《党的文献》2007年第2期。

第一章 中国共产党办报模式的初步探索

承担出版发行业务并每月支付"编辑费和稿费二百元",尚不存在经费问题,在经营方面也无须投入太多精力。① 但第七卷第六号因页数猛增,群益书社欲将定价提至六角,引起陈独秀的激烈反对,导致双方合作破裂。从1920年5月19日陈独秀致胡适函可知,在成为中共刊物前,《新青年》每月除发行费用,仅"垫付印刷纸张费,也非有八百元不可"②。据此估算,其每期成本至少为编辑费、稿费、印刷费、纸张费合计一千元,不包括发行费用。随着《新青年》日益倾向马克思主义,加之与群益书社合作的破裂,读者群体收缩与办刊成本提升导致其难以为继。有学者认为,钱袋子问题使《新青年》接收共产国际的援助,是其政治转向的关键因素。③ 早期中共报刊大多创刊于城市,钱袋子对于笔杆子的影响不容小觑。

对民营报刊而言,发行与广告可谓"养命之源",经理部与编辑部的地位往往不分轩轾。于政党报刊来说,有党组织作为依靠,在经营管理上无须像民营报刊那样锱铢必较、苦心经营,为实现特定目的可以不惜代价、不计盈亏。革命是对现有秩序的颠覆,必然受到统治阶级的压制,故革命党报刊的发行必须采取非常手段,如若像民营报刊一样待价而沽,原本狭小的读者群体非但不能得到培育与扩充,反而可能因经济负担而萎缩。在中共成为区域执政党前,经济上没有税赋等固定财源支持,只能依赖共产国际等组织拨款,其报刊的"非经济化"也就顺理成章。

中国共产党成立伊始,中共就明确了报刊的"机关"性质与拨款机制。中共最早制定的两份党章都明确规定:"本党一切经费收支,均由中

---

① 汪原放:《亚东图书馆与陈独秀》,学林出版社2006年版,第33页。
② 欧阳哲生:《新发现的一组关于〈新青年〉的同人来往书信》,《北京大学学报》(哲学社会科学版)2009年第4期。
③ 罗志田指出:"既与群益书社脱钩,又没有固定的经费来源,恐怕也是导致《新青年》后来成为中共刊物的一个原因。原本与思想倾向无关的技术性环节,也可能发酵成为一个起作用的因素。"参见罗志田《陈独秀与"五四"后〈新青年〉的转向》,《天津社会科学》2013年第3期。欧阳哲生认为:"产生这些变化的一个主要推动力是共产国际已与中共建立联系,并在经费上给予支持。"参见欧阳哲生《〈新青年〉编辑演变之历史考辨——以1920—1921年同人书信为中心的探讨》,《历史研究》2009年第3期。

央执行委员会支配之。"① 联系 1922 年 6 月 30 日《中共中央执行委员会书记陈独秀给共产国际的报告》的内容,以及"此种内部发行办法首先当有各地方组织之确定人数,按此人数发出后即向两中央收回书价(由中央再于津贴地方费中扣去)"的规定②,可见中央机关与地方组织经费是由中央执行委员会统一下拨,党报作为党的"机关",其财政也应为拨款制。在共产国际拨款"很大一部分都用在出版报刊上"的条件下③,中共报刊无须像民营报刊"二次售卖",而是由中央拨款补齐发行收入与编印成本的差额。以 1923 年为例,共产国际提供给《向导》的预算为每月 210 个金卢布④,约等于中国货币 193 元,相当于每期支持 50 元左右,故《向导》得以订阅打折为主、免费赠阅为辅的方式扩展销路。

　　起初,中共也考虑以发行收入负担办报成本,结果是中共报刊定价普遍超出工农阶级的承受能力。《向导》一直仅售铜元 4 枚,但仍有读者呼吁:"向导这个刊物要想做到刷新一般青年的混乱思想,除非设法多多地传入在青年中间去;要想多多传入在青年中间去,则非将报价减低不可。"⑤ 另有读者声称:"如贵刊者,实在是给资产阶级看的东西,我们苦人不但看不懂,买也买不起了……他们买一块豆腐要吃惊,更说不到买《向导》了。"⑥ 对于工农群众来说,中共报刊既看不懂,又买不起,要深入群众可谓难上加难。鉴于有偿发行的种种困难,中共视报刊为宣传品而非新闻纸,自 1924 年 9 月起中共中央刊物普遍向各类社会团体、国民党党员与群众、本党党员与组织大量赠阅,导致党内"从来不切实考核此项刊物推销

---

① 《中国共产党章程》(1922 年 7 月)、《中国共产党第一次修正章程》(1923 年 7 月),载中央档案馆编《中共中央文件选集》第 1 册,中共中央党校出版社 1989 年版,第 93、163 页。
② 《钟英致各区地方和小组同志信——颁发教育宣传委员会组织法》(1923 年 10 月 15 日),载中国社会科学院新闻研究所编《中国共产党新闻工作文件汇编》(上),新华出版社 1980 年版,第 9 页。
③ 《陈独秀在中国共产党第三次全国代表大会上的报告》,载中央档案馆编《中共中央文件选集》第 1 册,中共中央党校出版社 1989 年版,第 168 页。
④ 《中国共产党 1923 年支出预算》(1922 年 12 月),载中共中央党史研究室第一研究部译《共产国际、联共(布)与中国革命档案资料丛书》第 1 卷,北京图书馆出版社 1997 年版,第 185 页。
⑤ 《读者之声》,《向导》1924 年 12 月 10 日。
⑥ 冬原:《豆腐涨价与向导周报》,《向导》1926 年 8 月 6 日。

第一章 中国共产党办报模式的初步探索

的数量,及其在群众的影响,刊物亦无定价只作非卖品分送"①,其报刊普遍呈现鲜明的"非经济化"特征。

由于长期依赖组织拨款,中共报刊普遍缺少经济核算意识与自我造血能力,导致两方面的缺陷。一方面,共产国际等组织拨款的不充足或不及时,抑或者临时性开支的挤占,势必影响中共对报刊工作的投入;另一方面,中共报刊普遍采取赠阅或打折订阅的方式扩大销路,一旦共产国际拨款的增长跟不上中共报刊发行的增幅,报刊乃至党组织将陷入入不敷出的困境。《向导》创刊初期每期仅发行3000份②,到1924年达到2万余份,到1926年7月增长到5万份以上③,迁至革命中心武汉以后,每期销数近10万份④。该报并不以营利为目的,售价应与成本相当,按照《向导》每份售价铜元4枚估算⑤,1924年《向导》每期成本为388元,1926年攀升为970元,最高时达到1940元,已远远超过同期共产国际定下的中共宣传工作月预算。

在这种情况下,就不难理解《向导》提出:"价钱问题,那是读者和我们应该共同负责解决的,中国共产党——穷党,又处在秘密的状况,像现在每份六个铜子的向导定价,已经很难支持,无代价的赠送自然更加做不到。"⑥中共也意识到:"《向导》夙来经济独立,自实行赠送同志加印以后,经济很受影响;同时,各地同志均不能照中央规定推销,致使经费不能周转,长此以往,前途难于支持。"⑦共青团中央机关刊物《先

---

① 《中共六届二中全会宣传工作决议案》(1929年6月25日),载中国社会科学院新闻研究所编《中国共产党新闻工作文件汇编》(上),新华出版社1980年版,第56页。
② 蔡和森:《中国共产党史的发展(提纲)》(1926年),载《蔡和森的十二篇文章》,人民出版社1980年版,第33页。
③ 《国民必读之向导周报》,《政治生活》1926年7月22日。
④ 李立三:《回忆蔡和森》,人民出版社1980年版,第9页。
⑤ 《向导》出至15期就出现了1150元的巨额亏损,每期亏损76.66元左右,此时该刊物每期销量大约为3000份。由于《向导》主要采取赠阅的方式发行,其亏损额基本等于发行成本,按此估算《向导》每份成本应略低于大洋2.55分,与其售价铜元4枚约大洋1.94分基本吻合。
⑥ 冬原:《豆腐涨价与向导周报》,《向导》1926年8月6日。
⑦ 《中共中央出版部通告第四号——党内停止赠送〈向导〉和〈新青年〉》(1925年1月10日),载中国社会科学院新闻研究所编《中国共产党新闻工作文件汇编》(上),新华出版社1980年版,第22页。

驱》的情况与之相似，最初 16 期的损失就高达 700 元，"弄得我们最近竟连印刷费都无着落了！"① 1923 年《新青年》（季刊）复刊时，主编瞿秋白痛陈："本志自与读者诸君相见以来，与种种魔难战，死而复苏者数次；去年以来又以政治的经济的两重压迫，未能继续出版，同人对于爱读诸君，极为抱歉。"② "政治的压迫"自不必说，"经济的压迫"也事关生死。

由于缺乏充足的经费保障，中共报刊经常不能按原定计划出版，许多报刊由定期发行变为不定期发行，甚至被迫停刊。③ 1924 年 1 月到 10 月，中共用于宣传的经费大幅下降，导致维经斯基都呼吁："请从国民党经费中拨给我们一定的数额来为实现国共两党提出的口号开展强大的宣传运动……我们能具体做些什么呢？把《向导》周报的印数增加一到二倍……我请求为了整个这项工作给我拨 1 万卢布，由我负全责报账。"④ 在各方面的不断呼吁下，1925 年到 1926 年，中共宣传经费翻倍增长，有力支撑了《向导》等报刊发行量的不断提高。但这种"非经济化"的运作方式，为中共报刊的长远发展埋下了隐患。

五 "上海模式"的开创意义与不足

大革命时期，是我国报刊企业化经营全面铺开的前夕，也是政党报刊开始登上中国政治舞台的时期，此时报界的竞争更多的是观点之争而非规模之争，在仅有一两百元就可创办一份小报的情况下，政论文章几成报刊竞争的拳头产品，几乎所有报刊都在显要位置刊发政论，其篇幅往往占到整个报刊版面的三分之一。中共报刊在此时诞生，无疑顺应了历史发展的

---

① 《本报特别启事》，载《先驱》第 16 期，人民出版社 1954 年版，第 4 页。
② 瞿秋白：《本志启事》，《新青年》1923 年 6 月 15 日。
③ 如"（《广东群报》）每月需要 700 元，很难坚持下去。""《仁声》，但在第三期以后，由于缺乏经费，只能停刊。"参见中央档案馆编《中共中央文件选集》第 1 册，中共中央党校出版社 1989 年版，第 24、19 页。
④ 《维经斯基给加拉罕的信》（1924 年 12 月 7 日），载中共中央党史研究室第一研究部译《共产国际、联共（布）与中国革命档案资料丛书》第 1 卷，北京图书馆出版社 1997 年版，第 558、559 页。

第一章 中国共产党办报模式的初步探索

潮流,也因此有了较大的发展空间,为其在条件并不优越的情况下一纸风行埋下了伏笔。受益于以"知识者"为主的党员结构和共产主义成为智识界追捧的潮流,中共塑造了报刊的"急进"姿态,对于社会风气造成了较大影响,形成了对于国民党报刊的舆论优势,甚至在一定程度上将革命导入"反帝反封建"的轨辙。

在这一阶段的探索过程中,中共以共产国际文件为指导,融汇中国"文人办报"传统,将报刊的性质定义为"机关",功能明确为"喉舌"与"罗针",这是其对于报刊性质与功能的最初认定,初步塑造了中共报刊的党性特征。中共延续了建党前共产党人"报为主业"的工作路径,将办报作为建党后的主要工作,迅速建立了广泛覆盖的报刊网络。受制于组织工作的相对滞后,中共未能构建如臂使指的报刊工作体系,对报刊进行统一管理与监督,导致报刊未能普遍完成由"一人之报"向"一党之报"的转变,难免因"自说自话"导致"众声喧哗",在一定程度上消解了中共的舆论优势。

中共报刊将工农阶级作为目标受众、知识分子作为实际受众,采取上层宣传、下层鼓动的"两级传播"策略。受制于"工学界限"的阶级隔阂以及"知识气质"的相对缺陷,未能实现在短期内"唤醒民众"的目标,造成中共的社会动员力滞后于社会影响力,诱发能力结构相反的国民党凭借强大的社会动员力对其进行打压,成为国共第一次合作破裂的重要根源之一。虽然中共已意识到"不要空空洞洞说成'无产阶级专政'为一种流行的烂熟的公式,应当用实际的宣传方法,把每日的生活事实系统的清解于我们报纸上面,使一切劳动者,一切工人,一切农人,都觉得有无产阶级专政出现之必要"[①],但"知识分子团体"的实际状况与党员理论修养的普遍缺乏,使中共报刊在理论联系实际方面难以知行合一,普遍出现了"脱离实际"的问题,导致"党员群众认为党报是'空谈理论'的刊物"。

---

① 《中国共产党加入第三国际决议案》(1922年7月),载中央档案馆编《中共中央文件选集》第1册,中共中央党校出版社1989年版,第67—68页。

此后，中共也认识到："过去中央党报并不能反映着全国范围内的政治事变，并没有充分传播全国革命斗争的具体消息，这表示中央党报与各地群众并没有密切的联系。党报不仅要传播各地斗争的消息，并且要具体的指导各地的斗争，在这个问题上我们党报过去所表现的作用是非常微弱的。"①"过去党报对于各种工作未曾给与指示，没有整顿各种斗争的经验，没有发展党内的讨论（自然在站在国际与党的路线上的讨论）。同时，文章偏于理论问题和策略问题，而不能带有最大限度的具体性，来指示实际工作尤其是关于党的组织问题、党的建设问题，差不多完全没有注意到。"②

对此，瞿秋白有着切身体会："革命的理论必须和革命实践密切结合起来，否则理论便成空谈。然而实行革命运动而没有理论，也就要变成盲目的妄动。"③ 马克思主义理论与中国革命实际相脱离，导致中共报刊难以发挥指导各地革命实践的"罗针"作用，也埋下了过于重视国际报道的隐患。特别是自 1922 年成为第三国际的支部后，在共产国际的要求与指导下，中共以"共产国际分支机构"的定位开展宣传工作④，将报刊内容编排的优先级确定为"反对英美帝国、中俄亲善、国民党改组、国内各政治派系情况、世界革命形势""经济斗争及其与政治、外交之关系、科学常识、共产主义解析""农民与政治的关系""新文化与思想"。对于"不知泰西各国为何物"的工农阶级而言，这种内容排序无疑阻碍了他们对于中共报刊发生兴趣，在土地革命时期发展为长期困扰中共报刊工作的路线问题。

中共定期出版物普遍采用"刊"的形态，符合中共的现实情况，适宜刊载篇幅较长、具有思想深度的政论文章，也降低了编辑工作的难度。"编印分离"的运作方式顺应了国内报界业态，并依靠发动组织与党员的

---

① 《提高我们党报的作用》（1930 年 3 月 16 日），载中国社会科学院新闻研究所编《中国共产党新闻工作文件汇编》（下），新华出版社 1980 年版，第 36 页。
② 《中共中央政治局关于党报的决议》（1931 年 1 月 27 日），载中国社会科学院新闻研究所编《中国共产党新闻工作文件汇编》（上），新华出版社 1980 年版，第 71 页。
③ 瞿秋白：《列宁主义概论》，《新青年》1926 年 6 月 1 日。
④ 刘海龙：《宣传：观念、话语及其正当化》，中国大百科全书出版社 2013 年版，第 5 页。

第一章 中国共产党办报模式的初步探索

力量对民营报刊形成比较优势,达到了扬长避短的效果。这种路径依赖的惯性与办报条件的制约,导致此后中共报刊并未对业界的企业化经营探索予以积极响应,在报刊党性不断增强的同时,削弱了报刊的独立性与自主性,经常伴随组织发展的起伏而陷入"旋起旋落"的境地。有偿发行的种种困难与国际组织的稳定拨款使中共将报刊定义为"机关"的同时否定了其经济属性,报刊经营业务不受重视,陷入普遍损耗的困境。但在外部拨款的支持下,这种困难尚未触动中共改变对报刊性质的认识。

"上海模式"的形成,是中共根据自身的实际情况与目标任务,以及所处的地理环境与政治生态,最大限度发挥组织优势的一种高效办报模式。在此过程中,谋求中国的"统一与和平","把中国打造成为一个完全的真正独立的国家"[①],"为中华民族得到解放,实现人民的统治,使人民得到经济的幸福"成为中共报刊的初心与使命[②]。虽然此后中共报刊对此表述存在差异,但是"为民族、为人民"始终是中共报刊的主题,直到现在仍然是中共报刊的出发点,这是"上海模式"对于中共办报事业不可磨灭的贡献。当然,由于中共政治理论修养与报刊工作经验不足,"上海模式"存在较为明显的脱离实际问题,成为土地革命时期中共办报模式的主要改进方向。

---

① 《"向导"发刊词——本报宣言》(1922年9月13日),载中国社会科学院新闻研究所编《中国共产党新闻工作文件汇编》(下),新华出版社1980年版,第3—5页。

② 《〈政治周报〉发刊理由》(1925年12月5日),载中国社会科学院新闻研究所编《中国共产党新闻工作文件汇编》(下),新华出版社1980年版,第13页。

第二章　中国共产党办报模式的基本成型

国共第一次合作破裂，使中国共产党意识到"中国革命要取得胜利，必须是武装的革命反对武装的反革命"①，报刊由"批判的武器"转为"武器的批判"之辅翼，其"机关"性质、"喉舌"与"罗针"功能随之发生改变。国民党的暴力"清党"与武力"围剿"，导致中共各级组织"支离破碎"，在组织力量严重削弱的情况下，报刊作为"阶级斗争的工具"为中共所重新审视，再次成为凝聚组织的精神核心，被定位为"集体的宣传员、鼓动员和组织者"和"党的工作及群众工作的领导者"，党内地位空前提升。与此同时，党对报刊的介入不断深化，两者日趋"同频共振"。党内路线斗争的出现与革命根据地的开辟，以及工作中心由城市转向农村，中共报刊的"建设性"与"斗争性"特征日益凸显，形成了由"城市办报"向"农村办报"过渡的"瑞金模式"。在"战争思维"的影响下，"工具论"日益成为中共报刊工作的核心观念，奠定了中共作为区域执政党办报的基调，并在此后的《解放日报》改版过程中被进一步强化。

第一节　中国共产党办报实践的环境剧变

绝美的风景，多在奇险的山川。绝壮的音乐，多是悲凉的韵调。

---

① 毛泽东：《〈共产党人〉发刊词》（1939年10月4日），载《毛泽东选集》第1卷，人民出版社1991年版，第63页。

第二章　中国共产党办报模式的基本成型

高尚的生活，常在壮烈的牺牲中。①

——李大钊

大革命失败后，中国革命形势急转直下。随着北伐的推进，国民党内军权坐大，形成"枪指挥党"的局面，这个曾经引领辛亥革命、推翻封建专制的革命集团，迅速蜕化变质、丧失意志，堕为代表大地主、大资产阶级利益的反革命集团，彻底宣告了中国资产阶级革命路线的破产。大革命失败后创刊的《布尔塞维克》开篇就提出："国民革命因为国民党领袖的背叛革命而受着非常严重的打击——国民党，中国最早的革命政党已经因此而灭亡了……此后民众所看见的国民党，已经不是从前的革命的国民党，而是屠杀工农民众，压迫革命思想，维护地主资本家剥削，滥发钞券紊乱金融，延长祸乱荼毒民生，屈服甚至于勾结帝国主义的国民党！"② 起初携手并进的革命者相继成为革命之敌，中国的反革命势力变得前所未有的强大。在"清党运动"中崛起的蒋介石看来，国共两党的斗争已是不死不休，杀气腾腾地提出："现在我们的生命，已经操在共产党的手里，共产党的刀镰子，已经架在我们的头上了，这个时候，如果我们再不用决绝手段把他赶走，还想用什么和平法子来解决，那不啻是我们自杀，要晓得共产党是非打不走的，非我们去消灭他，他就要来消灭我们；非我们去杀他，他就要来杀我们！"③ 随着国民党的政治"清党"加剧为武力"清共"，双方的斗争手段不断升级，演变为国民党的武力围剿与共产党的武装割据相对峙，中国革命再度步入武力之途。

一　中共组织遭受严重破坏

大革命的失败，是中共前所未遇的重大挫折，七年来苦心经营的革命

---

① 李大钊：《李大钊选集》，人民出版社1978年版，第247页。
② 《发刊露布》，《布尔塞维克》1927年10月24日。
③ 蒋介石：《在国民政府建都南京阅兵典礼训话》（1927年4月18日），载《蒋胡最近言论集》，黄埔中央军事政治学校特别党部，1927年。

成果损失殆尽。据统计，仅1927年4月到1928年6月5日，死难的工人、农民和党员就达25万人之多①，其中中共党员2.6万余人，加上大量党员脱党、叛变，近6万人的党员队伍一度锐减到1万多人，中共领导的工会、农会系统支离破碎，组织系统严重萎缩。《布尔塞维克》用血淋淋的文字记录了这段历史：

> 本年（1927年）四月十二日以后，中国要算是全世界最悲惨的白色恐怖的国家了。中国的工人农民及共产党员，整千整万的受南北新旧军阀所屠杀，整千整万的被通缉逮捕拘禁及失业！黄巢闯献杀人虽多，恐怕没有像现在那样有计划有系统；震动全世界的巴黎公社失败后之屠杀，我想也不过如是。这几个月以来，中国革命的领袖及群众死于南北军阀刽子手之下的，连数也数不清。我们且约略举几个例来看：三月三十一日刘湘在重庆屠杀游行群众数百人，四月十三日蒋介石在上海屠杀游行的工人亦数百人，四月十五日以后李济深在广州以中山舰运载"赤化分子"数千人生沉海底，五月十七是夏斗寅在鄂南屠杀农民群众数千人，五月二十一日许克祥在湖南各处屠杀工农亦至数千人，七月间冯玉祥在河南焚洗数县村，死农民七千余人……至于零星的枪毙杀头腰斩则尤不可胜数，举其最著者，如北京之李大钊等十七人被张作霖绞杀，上海之赵世英陈延年等被蒋介石严刑酷打然后枪毙等等……其他死者及现仍禁锢或被通缉及失业者之苦痛，我们简直没有那样忍心为之叙述了。中国近数千年来革命努力的成绩便这样随着数万工农及其领袖的血漂流而去。②

"六大"后，中共被杀被捕的党员人数继续增加，新中央工作不到半

---

① 《向忠发和苏兆征给共产国际执行委员会的信》（1928年6月5日），载中共中央党史研究室第一研究部译《共产国际、联共（布）与中国革命档案资料丛书》第7卷，中央文献出版社2002年版，第469—470页。

② 超麟：《惨无人道之中国白色恐怖》，《布尔塞维克》1927年11月7日。

第二章 中国共产党办报模式的基本成型

年时间,其组成人员就有三分之一多被杀被捕。①汪寿华、萧楚女、熊雄、陈延年、赵世炎、夏明翰、郭亮、罗亦农、向警予、陈乔年、周文雍等党的著名活动家和领导人英勇牺牲。②

在严峻形势下,中共组织被迫转入秘密状态,曾在社会上"稍有影响"的中共报刊一时万马齐喑,几乎全部被查封停刊。对此,中共痛心疾首:"自从第五次大会以后,中央宣传和鼓动更陷入停顿的状态,近来……全党的宣传和鼓动尤其减少,几乎等于零;到处只见反革命派攻击和污蔑本党的宣传和鼓动,而不看见本党的答复,更加谈不上党的主义和政策的宣传和鼓动了。这当然是本党很重大的损失之一。"③惨烈的牺牲与革命的低潮,引发了党内悲愤苦痛的情绪,继《向导》被迫停刊后出版的中共中央机关刊物《布尔塞维克》在1927年10月24日到1928年7月10日共出版23期,其中刊载的悼文多达15篇,几乎每期都要宣告一位同志生命的消逝,一批曾在《向导》等刊物上挥斥方遒的作者如T.C.L、士炎、罗敬、施英、楚女、警予、春木、大雷陆续消失,相继成为"我们的死者",让人切身体会到这种无声呐喊的悲痛。

在"白色恐怖"的持续压迫下,中共许多重要机关相继被破获,重建后又被破获。中共六大召开后两个月,就"有满洲、直隶、河南、山西、陕西、山东、湖北、福建、浙江、广东、湖南等总共21个省的省委被摧毁"④。据此时国民党中央执行委员会调查统计局实际负责人、调查科长徐恩曾披露:"中共上海领导机关被破获14次,江苏省委被破获4次,山东省委被破

---

① 《中共中央给斯大林和共产国际执行委员会的信》(1929年2月27日),载中共中央党史研究室第一研究部译《共产国际、联共(布)与中国革命档案资料丛书》第8卷,中央文献出版社2002年版,第84页。

② 中共中央党史研究室:《中国共产党的九十年(新民主主义时期)》,中共党史出版社、党建读物出版社2016年版,第101页。

③ 《中共中央通告第四号——关于宣传鼓动工作》(1927年8月21日),载中国社会科学院新闻研究所编《中国共产党新闻工作文件汇编》(上),新华出版社1980年版,第35页。

④ 《中共中央给斯大林和共产国际执行委员会的信》(1929年2月27日),载中共中央党史研究室第一研究部译《共产国际、联共(布)与中国革命档案资料丛书》第8卷,中央文献出版社2002年版,第84页。

获 3 次，陕西省委被破获 2 次，河北、河南、贵州省委和南京市委各被破获 1 次，共青团中央被破获 3 次。逮捕的中共党员和干部有 24000 多人，其中包括中共三任最高领袖陈独秀、瞿秋白、向忠发，并导致向忠发叛变革命，给中共造成了巨大损失。被捕者中有中共中央委员 40 多人、省市委干部 829 人、县市级干部 8000 多人。"① 共产国际执委会远东局（以下简称"远东局"）委员盖利斯、秘书雷利斯基的报告也反映出情况的严重性："中央本身只剩下 9 名同志……从在中国的现有同志中挑不出担任省委书记和中央各部部长的负责同志"②，"在汉口、广州、长沙、厦门、汕头等地，每个城市的党员人数只有几十人"③。

为保存革命火种，中共中央及各省委、市委被迫在城市转入地下开展革命活动。与此同时，南昌起义、秋收起义、广州起义的相继打响，标志着中共武装反抗国民党路线的形成。通过红军的艰苦斗争，中共相继开辟 14 个"工农武装割据"的农村革命根据地④，在此基础上创立了中华苏维埃共和国。革命党与区域执政党的双重性质，白区与红区的迥异政治社会环境，地下与公开的两种工作方式，催生了"白区路线"与"红区路线"的分化。为维护党的整体性与统一性，中共必须尽快明确党的主体思想，推动不同路线下党组织与党员的交流与调和。中共很快意识到该工作的重要性，在"六大"上将"保证中国党为数众多的派别在党的六大的统一政治路线基础上进行合作"作为党的"基本组织路线"⑤。

---

① 范小方：《蒋家天下陈家党》，团结出版社 2010 年版，第 116、117 页。
② 《雷利斯基给共产国际执行委员会东方书记处的信》（1930 年 3 月 20 日），载中共中央党史研究室第一研究部译《共产国际、联共（布）与中国革命档案资料丛书》第 9 卷，中央文献出版社 2002 年版，第 77 页。
③ 《盖利斯给别尔津的信》（1930 年 12 月 3 日），载中共中央党史研究室第一研究部译《共产国际、联共（布）与中国革命档案资料丛书》第 9 卷，中央文献出版社 2002 年版，第 519 页。
④ 《共产国际执行委员会远东局给共产国际执行委员会的信》（1931 年 3 月 28 日），载中共中央党史研究室第一研究部译《共产国际、联共（布）与中国革命档案资料丛书》第 10 卷，中央文献出版社 2002 年版，第 200 页。
⑤ 《共产国际执行委员会东方书记处远东部给斯大林、莫洛托夫、布哈林和皮亚特尼茨基的信》（1928 年 12 月 10 日），载中共中央党史研究室第一研究部译《共产国际、联共（布）与中国革命档案资料丛书》第 8 卷，中央文献出版社 2002 年版，第 48 页。

第二章　中国共产党办报模式的基本成型

二　中共集体意志出现分歧

"一场伟大的革命很难在发动第一次冲击时就赢得最后的胜利"[1]，大革命失败使得中共对于此前革命的路线进行了审视，并对未来革命的方向进行了探讨。在国民党的"清党"与"围剿"下，中共的各级组织"支离破碎"，原本足以维系组织运转的党员力量锐减，增加了党内政治整合的难度。同时，党内存在的愤怒与迷茫的情绪，需要有人为大革命的失败负起责任。[2] 面对接踵而来的打击，原本党力不占优势的中共难以组织及时有效的应对，甚至有时"不知所措，在经受着遭受严重失败后所特有的那种失望和摇摆不定"[3]，影响了领导层的威信，导致党的领导人及指导路线的数次调整，对于党的集体意志凝聚造成了较大困难[4]。1927 年 10 月，红色工会国际驻华代表米特凯维奇认为中共出现了"上层领导的分裂问题"[5]，"（中共新的领导人）是在从似乎有可能实现激进方针但失去了机会的角度对陈独秀'右倾机会主义'进行批判的浪潮中进入党的领导层的"[6]，但"被免去领导职务的那一批人也会抓住各种不满情绪"[7]。批判者与被批判

---

[1] 中共中央党史研究室：《中国共产党的九十年（新民主主义时期）》，中共党史出版社、党建读物出版社 2016 年版，第 95 页。

[2] 有观点认为：联共（布）领导存在一种意向，经过 1927 年对华政策的一系列失败以后，它不愿保留自己行为的文献证据，以防遭到新的挫折。见中共中央党史研究室第一研究部译《共产国际、联共（布）与中国革命档案资料丛书》第 7 卷，中央文献出版社 2002 年版，"前言"第 4、5 页。为过去的失败负责，意味着将承受众多党员与群众的怒火，这是共产国际领导人和中共领导人都不愿面对的。

[3] 《米特凯维奇给共产国际执行委员会的信》（不早于 1927 年 12 月 5 日），载中共中央党史研究室第一研究部译《共产国际、联共（布）与中国革命档案资料丛书》第 7 卷，中央文献出版社 2002 年版，第 165 页。

[4] 共产国际执委会东方书记处观察到"由于中国党明显缺乏有威信的（个人和集体）领导，在中共内会出现一些内部困难"。见《共产国际执行委员会东方书记处给斯大林、莫洛托夫、布哈林和皮亚特尼茨基的信》（1928 年 9 月 4 日），载中共中央党史研究室第一研究部译《共产国际、联共（布）与中国革命档案资料丛书》第 8 卷，中央文献出版社 2002 年版，第 21、22 页。

[5] 《米特凯维奇给共产国际执行委员会的信》（1928 年 1 月），载中共中央党史研究室第一研究部译《共产国际、联共（布）与中国革命档案资料丛书》第 7 卷，中央文献出版社 2002 年版，第 301 页。

[6] 中共中央党史研究室第一研究部译：《共产国际、联共（布）与中国革命档案资料丛书》第 7 卷，中央文献出版社 2002 年版，"前言"第 11 页。

[7] 《米特凯维奇给共产国际执行委员会的信》（1928 年 1 月），载中共中央党史研究室第一研究部译《共产国际、联共（布）与中国革命档案资料丛书》第 7 卷，中央文献出版社 2002 年版，第 301 页。

者都誓死捍卫自己说话的权利，导致"一批中共领导人由于对中共中央现领导的最近政策不满，公开号召成立新的似乎是真正共产主义的政党"①，党难以形成一个强有力的领导核心，就会"损害党的健康发展和削弱党在争取群众斗争中的阵地"②。

在生死存亡的关头，中共内部对于革命道路出现激烈争论，"在重大转折关头党已几次变成了争论俱乐部"③。起初，瞿秋白、李立三坚持认为全国革命形势仍处于高潮，导致中共相继执行"左"倾盲动主义和冒险主义的错误路线，加剧了在"白色恐怖"中的损失。此后，随着陈绍禹（王明）、沈泽民、秦邦宪（博古）等"东方劳动者共产主义大学军政训练班中国毕业生中最坚定的28名党员同志"回国④，以其为核心的中国劳动者共产主义大学学生自称共产国际的坚定支持者和瞿秋白路线、李立三路线的坚决反对者，在党内自成一派。⑤ 他们借助与共产国际的密切联系，"绕过中共同共产国际的通常联络渠道同米夫和共产国际执委会东方书记处其他领导人"进行书信交流，提供有关中共的情报，传达共产国际的指示，从而得以共产国际代表自居并获得东方书记处的特别器重，逐渐地被"提拔到中共和共青团领导机构的各种岗位上"，最终在中共中

---

① 《索洛维耶夫给布哈林的信》（1928年2月6日），载中共中央党史研究室第一研究部译《共产国际、联共（布）与中国革命档案资料丛书》第7卷，中央文献出版社2002年版，第164页。

② 《共产国际执行委员会东方书记处远东部给斯大林、莫洛托夫、布哈林和皮亚特尼茨基的信》（1928年12月10日），载中共中央党史研究室第一研究部译《共产国际、联共（布）与中国革命档案资料丛书》第8卷，中央文献出版社2002年版，第50页。

③ 《共产国际执行委员会东方书记处给共产国际执行委员会远东局的信》（1931年3月6日），载中共中央党史研究室第一研究部译《共产国际、联共（布）与中国革命档案资料丛书》第10卷，中央文献出版社2002年版，第167页。

④ 《苏兆征给联共（布）中央政治局的信》（1928年8月18日），载中共中央党史研究室第一研究部译《共产国际、联共（布）与中国革命档案资料丛书》第7卷，中央文献出版社2002年版，第538页。

⑤ 主要包括陈绍禹、王稼祥、沈泽民、夏曦、陈原道、秦邦宪等。他们被毛泽东称为"国际派"，也被称为"莫斯科派"，远东局称之为"青年共产国际派"。王明则称之为"以某人为首的巴黎派"，"某人"显然就是王明自己。见《共产国际执行委员会远东局给共产国际的信》（1931年2月22、23、25、28日）、《陈绍禹给米夫的信》（1930年8月1日），载中共中央党史研究室第一研究部译《共产国际、联共（布）与中国革命档案资料丛书》第9卷，中央文献出版社2002年版，第116、253页。

第二章　中国共产党办报模式的基本成型

央政治局与共产国际执委会的冲突中，凭借对共产国际的忠诚进入中共高层。① 由于其权威来自对共产国际指示的垄断与解释权，难免会毫无保留地执行共产国际的路线与指示，逐渐发展为王明"教条主义"路线。与此同时，离开中共领导岗位的陈独秀、彭述之产生了中国革命形势已是"向下落"的悲观观念，认为离开城市这个工运中心到农村搞农民运动，会导致党的蜕化，反对建立红军，反对开展农村武装斗争和建立苏维埃政权，被称作"取消派"，视为"阶级敌人"。②

这一时期，中共内部"白区路线"、"红区路线"与"国际路线"并存，"左"与"右"的支持者各执一端，其中左倾分化为瞿秋白的"盲动主义"、李立三的"冒险主义"与王明的"教条主义"，右倾则是陈独秀的"取消主义"。对此，维经斯基感叹："中国的解放斗争是多么的与众不同，在这种斗争中保持真正的革命策略又是多么的困难，一方面要冒陷入机会主义的危险，另一方面又要冒过左和破坏必要的民族革命统一战线的危险……中共需要在何等令人难以置信的矛盾条件下进行工作。"③ 1937年，张闻天在总结中共革命十年经验时也提出："中国共产党是在两条战线的斗争中发展与巩固起来的。一方面反对各种各式的右倾机会主义，另一方面反对各种各式的左倾机会主义。"④ 很显然，中国革命是在不断探索与试错中前进的，正如毛泽东所说："过去那么多年的革命工作，是带着很大的盲目性的。如果有人说，有哪一位同志，比如说中央的任何同志，比如说我自己，对于中国革命的规律，在一开始的时候就完全认识了，那是吹

---

① 中共中央党史研究室第一研究部译：《共产国际、联共（布）与中国革命档案资料丛书》第7卷，中央文献出版社2002年版，"前言"第25页。
② 《中共中央给共产国际执行委员会主席团的信》（1929年12月），载中共中央党史研究室第一研究部译《共产国际、联共（布）与中国革命档案资料丛书》第8卷，中央文献出版社2002年版，第331页。
③ 《维经斯基给联共（布）驻共产国际执行委员会代表团的信》（1926年11月6日），载中共中央党史研究室第一研究部译《共产国际、联共（布）与中国革命档案资料丛书》第3卷，中央文献出版社2002年版，第617—619页。
④ 洛甫：《白区党目前中心任务》（1937年6月6日），载中央档案馆编《中共中央文件选集》第11册，中共中央党校出版社1991年版，第257页。

牛，你们切记不要信，没有那回事。过去，特别是开始时期，我们只是一股劲儿要革命，至于怎么革法，革些什么，哪些先革，哪些后革，哪些要到下一个阶段才革，在一个相当长的时间内，都没有弄清楚，或者说没有完全弄清楚。"① 土地革命时期，中共遭受的许多挫折主观上缘于幼年的党缺乏应付如此复杂环境的政治经验，缺乏对中国社会和中国革命基本问题的深刻认识，客观上要求中共将马克思列宁主义基本原理与中国实践紧密结合，从中探索适合中国的革命道路，形成成熟统一的革命指导思想，承担起领导中国革命的历史任务。

第二节　中国共产党党报理论的系统建构

由于1925年到1927年对宣传教育工作的重视与投入不足，随着党员数量的快速提升，中共党员的整体素质有所下降，"党员数量虽然增加而质量确是退化了……同志都缺乏理论及确定的人生观"②，导致"清党"过程中一些党员自行脱党甚至叛变，让中共对于宣传教育工作的重要性产生了新认识。"八七会议"后，中共立即发出通告，要求各级党组织加强宣传工作，以应对"全国一切反动的势力由实际上和理论上联合向本党猛烈的进攻"③。一年后，中共再次提出要"加强党的独立的政治宣传"，强调这项工作"异常重要"，指出"不敢在群众前提出党的独立的政治主张，那么我们将回复机会主义的错误，而永远不能领导群众到最后胜利之路"，严厉批评"经年以来，党内教育训练工作，各级党部都做得异常之少"④，重新明确将宣传教

---

① 毛泽东：《在扩大的中央工作会议上的讲话》（1962年1月30日），载《毛泽东文集》第8卷，人民出版社1999年版，第300页。
② 《关于宣传部工作议决案》（1926年7月），载中央档案馆编《中共中央文件选集》第2册，中共中央党校出版社1983年版，第122页。
③ 《中共中央通告第四号——关于宣传鼓动工作》（1927年8月21日），载中国社会科学院新闻研究所编《中国共产党新闻工作文件汇编》（上），新华出版社1980年版，第35页。
④ 《中央通告第六十一号——目前政治情形和我们的责任》（1928年8月1日），载中央档案馆编《中共中央文件选集》第4册，中共中央党校出版社1989年版，第547页。

第二章 中国共产党办报模式的基本成型

育作为党的基本工作。在此过程中，经中共领导人瞿秋白、李立三等人的引导，列宁的无产阶级党报理论为中共所广泛接受。在其指导下，中共党报思想在理论化建构过程中，呈现出"向上走"与"向下走"的鲜明特征。

一 继承与突破：瞿秋白之于陈独秀的党报思想

1927 年到 1929 年，瞿秋白接替陈独秀成为中共最高领导人，如果说陈独秀奠定了早期中共办报模式的框架，瞿秋白则丰富了中共办报模式的内涵。瞿秋白具有十分丰富的报刊工作经历，其指导、创办与主编的报刊数量在中共领袖中首屈一指，仅 1923 年到 1935 年就有《新青年》《向导》《布尔塞维克》《红旗日报》《红旗周报》《红色中华》等 11 份报刊，贯穿了早期中共城市办报的全过程。瞿秋白还有担任特派记者的经历，撰有《饿乡纪程》《赤都心史》，这种经历使他不满足于"隔着纱窗看晓雾"，注重通过调查研究了解实际情况，形成了"如实报道真实情况"的观念[1]，认为"事实本身就是最有力量的宣传"[2]，体现了作为新闻从业者的专业素养。瞿秋白具有深厚的理论功底，建党之初多数中共党人"以日解马""以法解马""以美释马"[3]，瞿秋白是为数不多的"以俄传马"者，被誉为"马克思主义理论家"[4]，"唯一真正懂得马克思主义理论的人、唯一能按马克思主义的方法分析实际情况的同志"[5]。这种人生经历与理论修养，使瞿秋白对中共办报实践形成了系统的理论性思考，从其归国伊始就在《〈新青年〉之新宣言》中提出"罗针论"、"思想机关论"以及《新青年》复刊的"五个应当"

---

[1] 瞿秋白：《致俄国工人和新闻工作者呼吁书》（1921 年 1 月 25 日），载《瞿秋白文集：政治理论编》第 1 卷，人民出版社 1991 年版，第 704 页。

[2] 瞿秋白：《铁流在巴黎》（1931 年 12 月 17 日），载《瞿秋白文集》第 1 卷，人民文学出版社 1985 年版，第 147 页。

[3] 王永乐：《瞿秋白与马克思主义中国化早期历史进程研究》，博士学位论文，上海社会科学院，2013 年。

[4] 瞿秋白：《我和马克思主义》，载《瞿秋白文集：政治理论编》第 7 卷，人民出版社 1991 年版，第 705 页。

[5] 马林：《致共产国际执行委员会的信》（1923 年 6 月 20 日），载中共中央党史研究室第一研究部译《共产国际、联共（布）与中国革命档案资料丛书》第 2 卷，北京图书馆出版社 1997 年版，第 480 页。

中可见一斑①，这些理念与举措考虑了中国革命的实际，又与列宁的党报理论不谋而合，对中共党报思想的理论化建构作出了重要贡献。

瞿秋白对陈独秀的办报思想既有继承也有突破，在"喉舌论"的基础上进一步提出"罗针论"与"思想机关论"。1923年5月，瞿秋白在《新青年》改版宣言中提出："《新青年》是无产阶级的思想机关，《新青年》曾为中国真革命思想的先驱，《新青年》今更为中国无产阶级革命的罗针。"②"罗针论"的提出，使列宁提出的"报纸不仅是集体的宣传员和集体的鼓动员，而且是集体的组织者"③ 在中国革命的语境下得到诠释并付诸实践。而"思想机关论"深化了中共关于报刊是无产阶级政党"机关"的认识，旗帜鲜明地提出"无产阶级的思想机关，不期然而然突现极鲜明的革命色彩"④，必须积极宣传党的路线、方针与政策，"必须使当前最主要的事实和运动，都有明晰的叙述"，"党的建设——各级党部的情形，各级党部在苏维埃地方政府之中的作用，各级党部的发展，各级党部的优点和错误等等——必须反映在这个报纸上"⑤。不仅明确了中共报刊的党性原则，在内容上对党报如何彰显"党性"也作出了具体指导，加速了《向导》等报刊向"一党之报"的方向转变。

针对中共报刊不重理论、脱离实践的情况，瞿秋白提出"理论之研究、事实之探访并重"的方法论，指出"革命的理论永不能和革命的实践相离"，

---

① 1923年6月15日，瞿秋白对于复刊的《新青年》寄予了热情洋溢的期望，郑重宣告《新青年》"当为社会科学的杂志；当研究中国现实的政治经济状况；当表现社会思想之渊源，兴起革命情绪的情感；当开广中国社会之世界观综合分析世界的社会现象；当为改造社会真理而与各种社会思想的流派辩论"。参见中共中央宣传部办公厅、中央档案馆编研部编《中国共产党宣传工作文献选编（1915—1937）》，学习出版社1996年版，第504—506页。
② 瞿秋白：《〈新青年〉之新宣言》（1923年5月），载《瞿秋白文集：政治理论编》第2卷，人民出版社1988年版，第10页。
③ 列宁：《怎么办》，载中共中央编译局译《列宁选集》第1卷，人民出版社1972年版，第372页。
④ 瞿秋白：《〈新青年〉之新宣言》（1923年5月），载《瞿秋白文集：政治理论编》第2卷，人民出版社1988年版，第9页。
⑤ 瞿秋白：《关于〈红色中华〉报的意见》（1933年8月7日），载《瞿秋白选集》，人民出版社1985年版，第564—565页。

第二章　中国共产党办报模式的基本成型

报刊不宜"只知求所谓高深邃远的学问,以至于厌恶实际运动",而应当"解决现实的社会问题,分析现实的社会运动"①。毛泽东在深入农村调查之后写成的《湖南农民运动考察报告》在《向导》发表一半即被阻止,在武汉忙于中共五大筹备工作的瞿秋白得知此事后力排众议,将其改名为《湖南农民革命》,作为单行本全文出版,并为之作长篇序言,提出"中国的革命者个个都应当读一读毛泽东这本书",身体力行了"共产主义人间化"的志向。

瞿秋白超越了知识分子的思维定式,突破了陈独秀的"英雄史观",率先提出"依靠群众办报"的思想,实践了"党的宣传,首先是要'脸向着群众'"的观念②,为中共改进"两级传播"策略提供了指导。瞿秋白认识到"许多革命的公开发行的刊物(杂志或者小报),都是给知识分子看的,我们必须来创办给群众看的报纸"③。他提出办报要深入群众,不仅要"用报馆特派记者到各个重要战线,各个重要区域",而且"必须依靠群众办报,吸收群众来稿","组织每个地方、每个战线的工农兵通讯协会,帮助能够开始写些通讯(关于当地的事实和批评的通讯)的兵士、贫农、工人组织起来,有系统地'发稿'给各种小报……加以编撰而使得新闻栏更加丰富起来"④。为实现报刊内容的通俗化,"可以吸收大众文艺的作品"⑤。这些思想与十年后毛泽东要求《解放日报》改版"联系群众"的观念不谋而合。瞿秋白还注意到报刊的经营问题,认识到广告作为报刊"养命之源"的作用,提出中共报刊"不能刊登广告,所以收入有限"⑥。

---

① 瞿秋白:《〈新青年〉之新宣言》(1923年5月),载《瞿秋白文集:政治理论编》第2卷,人民出版社1988年版,第9页。
② 瞿秋白:《谈谈工厂小报和群众报纸》(1932年3月11日),载《瞿秋白文集:政治理论编》第7卷,人民出版社1991年版,第400页。
③ 瞿秋白:《谈谈工厂小报和群众报纸》(1932年3月11日),载《瞿秋白文集:政治理论编》第7卷,人民出版社1991年版,第402页。
④ 瞿秋白:《关于〈红色中华〉报的意见》(1933年8月7日),载《瞿秋白选集》,人民出版社1985年版,第564、565页。
⑤ 瞿秋白:《谈谈工厂小报和群众报纸》(1932年3月11日),载《瞿秋白文集:政治理论编》第7卷,人民出版社1991年版,第402页。
⑥ 瞿秋白:《致鲍罗廷的信》(1924年10月21日),载《瞿秋白文集:政治理论编》第2卷,人民出版社1988年版,第603—604页。

瞿秋白的这些思想直指中共办报"上海模式"的缺陷所在，为土地革命时期中共改进报刊工作提供了指南。

李立三、张闻天等中共领袖对于中共党报理论也作出了重要贡献。1930年5月，实际领导中央政治局的李立三将党报的作用总结为三个方面：推动政治整合、指导实际工作、广泛动员群众。他指出：

> 党报的作用就在阐明党的纲领与政治路线，聚集广泛的同一政治主张、拥护同一政治路线的分子，结合成为统一的党，以整齐的阵线，进行一致的斗争。因此，党报，是党的生命的所寄托，没有党报，便不能有党的存在。
>
> 党报的任务，便要精密分析革命的环境，解释党的战略与战术，以统一全体党员在一致的战略之下活动，而且能活泼的、适当的运用战术。如果党报不能尽到这样的任务，如果党的组织与每个组织的份子不注意战术的了解，那么党会成为一种原始的秘密结社，决不能有有组织的、有计划的、有策略的行动。
>
> 党报的第三个任务就是要异常敏锐的抓住一切日常进行极广泛的政治宣传与鼓动。如果没有这样经常的宣传鼓动工作，便无法动员广大群众在党的政治口号之下行动起来！[①]

这些观点突破了报刊应当发挥"喉舌"与"罗针"作用的认识，强调了动员群众的极端重要性。他还形成了"全党办报"的初步构想，提出要办好党报，"必须全体党员都来参加党报工作。党报是整个党的组织来办的，单靠分配办党报的少数同志来做，不只是做不好，而且失掉了党报的意义！所以每个党的组织以及每个党员都有他对于党报的严重的任务：第一读党报，第二发行党报，第三替党报做文章，特别是供给党

[①] 李立三：《党报》（1930年5月10日），载中国社会科学院新闻研究所编《中国共产党新闻工作文件汇编》（下），新华出版社1980年版，第126页。

第二章 中国共产党办报模式的基本成型

报以群众斗争的实际情形和教训……如果那一党员不参加党报的工作，便缺乏了他做党员的主要条件"。反复强调："读党报，发行党报，替党报做文章，通信，参加一切党报工作，这是每个党员必须尽的义务！"① 与此后毛泽东的"全党办报"思想可谓一脉相承。李立三的这些观念，很快得到中共中央机关报《红旗》的响应，成为其办报理念的组成部分。1930年5月，《红旗》自我剖白："我们的'红旗'报，是整个中国共产党及整个中国革命的政治机关报，他绝不是象普通刊物杂志一样，绝不能只凭几个负责编辑去充实他的内容。假使只凭少数负责编辑，无论这些编辑有多大的革命干才，但总是不能使报办好的。"② 指出每个党员都有担任工农通讯员、参与发行工作和读党报的义务，充分展示了中共领袖办报思想对于政党办报实践的影响。

1931年2月，负责中共宣传工作的张闻天反思了此前报刊工作的不足，指出"我们党的工作的负责同志，一直到现在还觉得党报只是'空谈理论'的刊物，党报文章的供给是'党报编辑者的事'，同他们没有关系的。这种态度的结果，就是党报的文章，不能不由编辑者自己去关在房间内写，不能不由编辑者自己到处跑，用'拉夫式'的方法请求不肯写文章的同志去'随便写点东西'。结果党报的文章不能不是空泛的，一般理论与策略的。当然这类文章不能完成党报对于实际工作的领导作用"③，揭示了党内"手工业办报"问题产生的根源。中共党人对于"全党办报"思想的集中表述，推动了该意志向下传递为全党共识。

1933年8月，李一氓还初步提出了"群众办报"的构想："现在经过党和政府去指派来的通讯员是不会有好大作用的，'红中'应建立自己能够指挥和训练的通讯员，及自己整个的通讯网。从农村中从工厂中和作坊中，从街道上，再可从各种机关中，渐次的寻觅着自己的通讯员，要他们

---

① 李立三：《党报》（1930年5月10日），载中国社会科学院新闻研究所编《中国共产党新闻工作文件汇编》（下），新华出版社1980年版，第127页。

② 问友：《过去一百期的"红旗"》（1930年5月10日），载中国社会科学院新闻研究所编《中国共产党新闻工作文件汇编》（下），新华出版社1980年版，第137页。

③ 思美：《怎样完成党报的领导作用》（1931年1月21日），载中国社会科学院新闻研究所编《中国共产党新闻工作文件汇编》（下），新华出版社1980年版，第140页。

经常有稿子寄来，同时做发行工作。"① 这些思想经过岁月的磨砺，在中共工作重心由城市转向农村的过程中逐渐体现，成为中共办报"瑞金模式"的重要组成部分。特别是这一阶段在无产阶级党报理论指导下形成"全党办报"与"群众办报"的初步构想，在此后经由毛泽东思想指导，与中国革命实际进一步调适与融合，发展成为中共办报的两条基本路线，直到现在仍对中共办报实践发挥着重要影响。

二 向上走与向下走：中共党报理论的双向延伸

大革命失败后的"白色恐怖"，很大程度是国民党的暴力侵害与信息不对称造成的系统性恐慌。国民党的暴力"清党"导致中共的组织"支离破碎"，党内交通渠道被切断，各级党组织都迫切需要来自中央的指示与意见，广大党员群众也急需来自组织的激励与指导，而报刊无疑是完成这种使命的最佳媒介。此时已是中共高层领导人的毛泽东，对于中共报刊都"望穿秋水"，可见其他党员对于党组织信息的稀缺程度。1929年4月5日，毛泽东在写给中央的信中提到："三年以来中央的刊物我们一本没有收到，及到汀州才看到《少年先锋》第三、四期，《中国工人》第三期，北京出版的《人言》第二期，汀州留沪同志出的《前响》第二期"，"在湘赣边界时，因敌人封锁，曾两三个月看不到报纸。去年九月以来，可以到吉安、长沙买报了，然亦得到很难，到赣南闽西以来，因邮路极便，天天可以看到南京、上海、福州、厦门、漳州、南昌、赣州的报纸，到瑞金且可看到何键的机关报长沙《民国日报》，真是拨云雾见青天，快乐真不可名状"。他提出："以后望中央每月有一信给我们，我们亦至少每月给中央一信报告，中央的刊物并希设法寄来。"② 为了解中共对于国内时局的主张，加强党内理论教育，他曾多次致函中央："惟党员理论常识太低，须赶急进行教育。除请中央将党内出版物（布报，《红旗》，《列宁主义概论》

---

① 李一氓：《论目前"红中"的任务》，《红色中华》1933年8月10日。
② 《红军第四军前委给中央的信》（1929年4月5日），中共中央文献研究室、中国人民解放军军事科学院编《毛泽东军事文集》第1卷，军事科学出版社1993年版，第53—57页。

第二章 中国共产党办报模式的基本成型

（即《论列宁主义基础》），《俄国革命运动史》等，我们一点都未得到）寄来……我们望得书报如饥如渴，务请勿以事小弃置。"1929年11月28日，毛泽东还写信给中央政治局常委李立三："我知识饥荒到十分，请你时常寄书报给我。"① 1932年1月11日，赣东北省委宣传部也曾致函中央宣传部，要求"中央的布报红旗周报以及其他小册子，望设法寄给我们，如没有办法的话，请用药水择要写来（对于苏联的情形和各种反动派别的政纲和欺骗方法），我们这里最缺乏文字"②。为充分激发报刊的作用，中共以列宁的无产阶级党报理论为指导，从"报纸不仅是集体的宣传员和集体的鼓动员，而且也是集体的组织者"中找到启示，引导报刊实现"向上走"与"向下走"的有机统一，完成了凝聚组织、鼓动群众的阶段性使命。

对于革命党来说，越是生死存亡的关头，就越应该统一思想。"在残酷恐怖阻碍口头宣传与煽动的条件下，各种形式的刊物宣传（报纸、传单、小册子、宣言等等），便获得极重大的意义了。"③ 为此，党报尤其应当牢牢掌握在党的手中，按照党的意志活动。中共不断密切党与报刊的联系，加强对报刊的管理，通过报刊在时空上维系中共的影响与存在。在此过程中，"党报姓党"的思想逐渐形成，"唯物主义本身含有所谓党性，要求在对事变做任何评价时都必须直率而公开地站在一定社会集团的立场上"的观念逐渐为中共所吸纳。④ 1929年6月，中共提出："日报一定要严正地代表党的意见，不能违背修改或掩盖一部分党的主张以迁就工作上的便利。"⑤ 1931年4月，中共进一步强调："党报是党的党纲，党的政策的直接宣传者，是从党的立场来记载一切消息的。"⑥ 在中共看来，报刊的

---

① 中共中央文献研究室编：《毛泽东书信选集》，中央文献出版社2003年版，第22、24页。
② 江西省档案馆编：《闽浙赣革命根据地史料选编》（下），江西人民出版社1987年版，第451页。
③ 《宣传工作目前的任务》（1928年7月10日），载中央档案馆编《中共中央文件选集》第4册，中共中央党校出版社1989年版，第419—420页。
④ 中共中央编译局编：《列宁全集》第1卷，人民出版社1987年版，第363页。
⑤ 《中共六届二中全会宣传工作决议案》（1929年6月），载中国社会科学院新闻研究所编《中国共产党新闻工作文件汇编》（上），新华出版社1980年版，第54—55页。
⑥ 《中央关于苏区宣传鼓动工作的决议》（1931年4月21日），载《红色号角》丛书编委会编《红色号角——中央苏区新闻出版印刷发行工作》，福建人民出版社1993年版，第44页。

党性就是站在党的立场、宣传党的纲领、代表党的意见。

那么，如何让"党报姓党"由观念变为现实？1928年，中共提出："中央在通告上只能指出许多大的原则问题，政治路线问题。至于对于临时发生的事变，则中央只能在党的中央机关报上拿出自己的意见，中央决不能每个问题都去发通告"，以上观点"自然是代表我们党的意见"①。要求党报不再是个体意见的杂糅，而是代表党的集体意志。1930年，中共在《红旗》上首次提出"党报不仅是集体的宣传者与鼓动者，并且同样是一种集体的组织者"②，此后列宁的这一表述在中共各类文献中的出现频率明显上升。1931年，中共中央政治局作出决定："党报必须成为党的工作及群众工作的领导者，成为扩大党在群众中影响的有力的工具，成为群众的组织者。"③ 中央苏区党第一次代表大会也提出："党报是领导全党的斗争、组织广大群众在党的政治主张周围的一种最重要的武器。"④

这些言论的出现，标志着列宁的无产阶级党报理论开始成为中共报刊工作的指导思想，具体表现为中共决定用党报社论来取代此前频繁发布的中央通告。⑤ 过去《向导》刊载的中共文告仅占刊文总量的3.3%，而同期出版的《共产党》首次喊出了"共产党万岁""社会主义万岁"的口号，得到了毛泽东"旗帜鲜明"的评价。⑥ 改版后的《新青年》"焦点不断缩小，

---

① 《中央党报的作用及同志对党报的义务》（1928年），载中国社会科学院新闻研究所编《中国共产党新闻工作文件汇编》（下），新华出版社1980年版，第33页。

② 《提高我们党报的作用》（1930年3月16日），载中国社会科学院新闻研究所编《中国共产党新闻工作文件汇编》（下），新华出版社1980年版，第35页。

③ 《中共中央政治局关于党报的决议》（1931年1月27日），载中国社会科学院新闻研究所编《中国共产党新闻工作文件汇编》（上），新华出版社1980年版，第71页。

④ 《党的建设问题议决案（节选）——中央苏区第一次党代表大会通过》，载中共中央宣传部办公厅、中央档案馆编研部编《中国共产党宣传工作文献选编（1915—1937）》，学习出版社1996年版，第1051页。

⑤ 根据对《中共中央文件选集》的统计，从1923年到1926年7月，中央通报编号至103号，这标志着中共至少发布了103份中央通告。1927年，中共对中央通告进行重新编号，到1931年1月中央通告编号至96号，中央通知编号至204号，中央通告自四中全会后第1号之后再未发布。

⑥ 毛泽东提到："出版物一层，上海出的《共产党》，你处谅可得到，颇不愧'旗帜鲜明'四字。"参见中共一大会址纪念馆编《中共一大代表早期文稿选编1917.11—1923.7》（上），上海人民出版社2011年版，第958页。

第二章 中国共产党办报模式的基本成型

以至其内容几乎无法与中国共产党的计划区别开来",引发广州《国民日报》对其改版后的"那种权威和一致……对所属党派的原则和政策的赤胆忠心"公开表示赞赏①。毛泽东与广州《国民日报》的评价表明,无论对于党内还是党外人士来说,经常性地刊载党的文告、宣示党的主张、阐释党的理论,才能充分彰显报刊的"党性",成为真正意义上的"一党之报"。

除了强化报刊党性方面的考虑之外,以报刊社论取代中央通告指导全党工作,表面上看是传播介质的变化,深层次反映了工作方式的重大变化。地下工作需要极强的应变能力,如若情报传送不及时,后果十分严重。通告作为一种行政文书,印发范围有限且须层层批转,在"白色恐怖"下极易"中梗"。大革命失败后广东地方组织就曾呼吁"有些地方的负责同志都要经过一、两月以后,始能接到党的文件,懂得新的环境和党的新政策。一般同志甚至于完全看不见党的文件"②。远东局成员盖利斯曾描述"过去曾存在过简直是荒唐可笑的局面":"当时在一个苏区——贺龙那里直到去年12月才讨论李立三7月11日的指示。只是过了五个月之后这项指示才到达那里。我们已经在声讨李立三了,而在那里他的指示还被认为是正确的,并且加以贯彻执行。"③而报刊能直接广泛地接触基层及普通党员群众。此时,中共已认识到发行革命报纸本身就是一种群众政治斗争④,也是保持党派完整性的重要手段⑤。中

---

① [美]费约翰:《唤醒中国:国民革命中的政治、文化与阶级》,李霞等译,生活·读书·新知三联书店1996年版,第315页。
② 《中共广东省委通告》(1928年1月),载中央档案馆、广东省档案馆编《广东革命历史文件汇集》甲8,广东人民出版社1984年版,第107页。
③ 《盖利斯在共产国际执行委员会东方书记处处务委员会扩大会议上所作的〈苏区和红军〉的副报告》(1931年5月7日),载中共中央党史研究室第一研究部译《共产国际、联共(布)与中国革命档案资料丛书》第10卷,中央文献出版社2002年版,第281页。
④ 中共提出:"统治阶级对于革命报纸的压迫是与其对革命斗争的压迫不可分离的。因为发行革命报纸的事,他本身便是一种重要的革命活动。当统治阶级对于革命报纸积极进攻的时候,当革命群众极力拥护与极力反抗统治阶级进攻的时候,这时候,发行革命报纸的问题,便是一种非常严重的政治斗争。"参见问友《发行革命报纸是一种群众政治斗争》,《红旗》1930年5月27日。
⑤ 中共提出:"传达工作之经常有效的执行,乃是发行工作严重任务之一。假使不能建立起系统与有计划的发行工作,则很难完成完整的布尔什维克党。我们要强固党,要使党能在党外的斗争中表示布尔什维克的坚定性与顽强性,加强党的发行工作,是刻不容缓的百二十万分的必须。"参见《论发行工作》,《红旗周报》1931年5月27日。

共特别阐述了列宁"发行工作做得好,已经是做了示威与暴动的准备工作之大半"的观点①,要求"最大多数的同志"不仅予以该项工作"技术"上的重视,更要给予政治上的重视,以此"促进革命的高潮"②。

基于这种认识,中共提出"使整个组织直接注意党报,才能使党报真能代表党的正式意见"③,要求"中央常委特别唤起各省委及一切地方党部的注意,必须立即成立发行部或发行员,自省委直到群众建立整个发行网",省委、区委以及工会等群众组织都必须有专人"担负发行责任",支部作为发行网的末梢"发行给各同志,每个党员须担负发行责任",并"使每个下级群众组织亦担负发行工作,发行给所组织的群众"④。一言以蔽之,就是要"运用整个党的组织形成一部发行机器,应当使党的支部成为党在各种群众中的宣传品发行所,刊物的代卖处"⑤,强化了中共报刊较之民营报刊的比较优势。通过"全党办发行"的制度安排,在交通不便的情况下,发行工作仍有较大起色。1934年,毛泽东提到:"苏区群众文化运动的迅速发展,我们看报纸的发行也可以知道。中央苏区已有大小报纸三十四种,其中如《红色中华》,从三千份增到四五万份以上,《青年实话》发行二万八千份,《斗争》只在江西苏区每期至少要销二万七千一百份,《红星》一万七千三百份,证明群众文化水平是迅速地提高了。"⑥

为使报刊如实反映与指导各地工作,中共加大了报刊通讯网的建设力

---

① 《党员对党报的责任》(1930年5月10日),载中国社会科学院新闻研究所编《中国共产党新闻工作文件汇编》(下),新华出版社1980年版,第132页。

② 《提高我们党报的作用》(1930年3月16日),载中国社会科学院新闻研究所编《中国共产党新闻工作文件汇编》(下),新华出版社1980年版,第38页。

③ 《中共六届二中全会宣传工作决议案》(1929年6月25日),载中国社会科学院新闻研究所编《中国共产党新闻工作文件汇编》(上),新华出版社1980年版,第59页。

④ 《中共中央关于建立全国发行工作决议案》(1931年3月5日),载中国社会科学院新闻研究所编《中国共产党新闻工作文件汇编》(上),新华出版社1980年版,第75页。

⑤ 《目前政治形势与党的组织任务》(1930年7月),载中共中央组织部、中共中央党史研究室、中央档案馆编《中国共产党组织史资料》第8卷,中共党史出版社2000年版,第350页。

⑥ 毛泽东:《中华苏维埃共和国中央执行委员会与人民委员会对第二次全国苏维埃代表大会的报告》(1934年1月),载江西省档案馆、中共江西省委党校党史教研室选编《中央革命根据地史料选编》(下),江西人民出版社1982年版,第330页。

第二章 中国共产党办报模式的基本成型

度,层层传导通讯工作的责任。中共提出:"各级党部必须立刻担负起给中央日报建立通讯网的责任。各省委各区委各支部须指定某一同志负责担任通讯网的建立,在各工厂,各矿山,各企业,各学校以至各乡村中训练出工农通讯员(党员或非党员)并组织他们。""各级党部负责同志必须经常的负责给党报担任文章,发表他对于各种问题的意见,他在实际工作中所遇到困难与所得到的经验。各级党部负责同志必须彻底了解,给党报担任做文章,实是他的实际工作中的有机一部分与最重要政治任务之一。""各级党部负通讯责任的同志必须经常搜集并编撰各种通讯交给各自的省委,由省委直转中央日报社。在通讯网没有建立以前,省委通讯员必须于每星期内供给中央二篇关于工农斗争的通讯稿子。"① 为党报供稿成为各级党部及其负责人、通讯工作负责人、工农通讯员的责任,党报的发行成为各级党部、群众组织、每个党员的责任,"全党办报"有了更加丰沛的支撑力量。

"五四"以降,报刊长期处于风口浪尖的地位。新秩序尚未形成而旧秩序被彻底破坏的过渡时期,语话与舆论对于社会风气的导向作用,甚至直接影响社会的走向。在"主义之争"的风起云涌下,戴季陶宣称:"中国确实是一张白纸……把它染成绿色,它就是绿的;把它染成黄色,它就是黄的。"② 北伐尚未打响前,中国的前途似乎取决于革命与反革命势力对于"握笔权"的反复争夺。这就不难理解"言论自由"会成为近代中国的重要议题,以及"主义"的流行和"主义之争"为何而起。建党伊始,作为意识形态强于组织形态的政党,中共已体会到"掌握画笔"的重要性,创办的报刊遍地开花,一时间在智识界"共产主义"成为一种"时尚"与"潮流",产生了"席卷而来"之势。但恽代英清醒地认识到:"我们现在努力的对象,不单是智识阶级;光是智识阶级的觉醒,不会做出怎么了不得的成绩的,所谓'秀才造反,三年不成',便是这个意思。我们现在要

---

① 《中共中央关于加强党报领导作用的决议》(1931年3月5日),载中国社会科学院新闻研究所编《中国共产党新闻工作文件汇编》(上),新华出版社1980年版,第76页。

② 戴季陶:《孙文主义之哲学的基础》,中国国民党上海执行部,1925年,第23页。

向田间去，要向农民社会里去，要使一般农民觉醒。"①"两级传播"的宣传策略未起到预期效果，导致中共的影响仅浮于"智识阶级"，未能向下"唤醒民众"，这无疑是大革命失败的关键因素之一。

1928年6月，"六大"提出："党的总路线是争取群众"②，"现时党的工作重心必须移至夺取广大工农兵群众与实施工农群众之政治训育，此种任务需要党的宣传工作之根本变动而增加对于广大群众工作的注意"③，标志着中共宣传指导思想已发生根本性转变。1929年，中共首次对宣传工作作了系统性的总结与阐述，提出"宣传教育是实现党的任务的经常的基本工作，党要实现自己的一切任务，最重要的条件是要能获得广大的工农群众，在党的口号之下，形成伟大的争斗的力量"。指出过去工作的弊端在于"以前宣传工作的对象，非知识分子即一般文化落后的工人，对于这般重要的产业工人并无特殊的注意，实为一个大的缺点，应加以有力的纠正。同时，以前宣传工作，又每偏于注意城市学生工人，缺少对于乡村农民群众的宣传，兵士的宣传亦无经常的工作计划，一般劳苦群众的宣传更有意无意视为不足轻重的问题，党亦必须纠正这些缺点"④。这段话释放出两个信号，一是中共将弃用"两级传播"的宣传策略，决定简化知识分子作为"意见领袖"的中间环节，直接面向工农群众、兵士进行宣传；二是转变重城市轻农村的观念，推动宣传层次的整体下移，将根基深植于乡土社会中，以唤起真正能改变中国面貌的底层力量。

作为宣传工作的载体，中共报刊"向下走"对于"争取群众"具有关键意义，前提是根本变革内容生产方式。在"两级传播"的策略下，即便

---

① 恽代英：《我们现在应该如何努力》，《民国日报》1924年5月7日。
② 《政治议决案》（1928年7月9日），载中央档案馆编《中共中央文件选集》第4册，中共中央党校出版社1989年版，第314页。
③ 《宣传工作的目前任务》（1928年7月10日），载中央档案馆编《中共中央文件选集》第4册，中共中央党校出版社1989年版，第414页。
④ 《中共六届二中全会宣传工作决议案》（1929年6月25日），载中国社会科学院新闻研究所编《中国共产党新闻工作文件汇编》（上），新华出版社1980年版，第41、56页。

第二章 中国共产党办报模式的基本成型

知识分子努力俯就下层,也难以彻底消弭传者与受者阶级立场、语话方式等方面的沟壑。"离开了实际斗争生活,决不会有正确的宣传文字",要真正实现报刊工作"向下走",最优方案无疑是直接发动基层与群众的力量,通过群众参与来强化群众认同。同时"随时抓住每个实际问题去鼓动群众",如果"在编辑的内容上更能注意到群众的文化程度与兴趣,则推销的可能性更大",要"用群众自己的态度,从叙述新闻中宣传主张,这样才可以使日报更加适合于群众的需要与兴趣,使日报的影响能深入广大群众"①。此时,中共对于推动报刊"向下走"已有较为清晰的认识,故中共报刊一改此前等待"读者投书"的被动姿态,主动征集"工农通信",以此推动报刊内容与风格的根本性改变。

经过1926年到1931年的探索与实践,中共逐步形成较为完整的通讯员制度。有《向导》"地方通信"的成功经验珠玉在前,中共将通讯员队伍从基层党员拓展到广大工农群众,提出"为要求使党报能达到极通俗而适合于工农群众的需要,并且能迅速反映各方面工农群众的生活与意识,训练工农通信员是组织党报重要条件之一。地方党部要训练这些工农通信员,使他们不但能迅速而确实的将工农群众中日常发生的问题供给于党报,并且要使他们能够更正确的认识这些问题的实际意义,从这些问题联系到党的政治宣传上来"②。"争取群众"的总目标确立后,中共关于工农通讯的指示、决议、通知越来越多,相继发布了《宣传工作的目前任务》(1928年7月10日)、《宣传工作决议案》(1929年6月25日)、《组织问题决议案》(1930年9月28日)、《中央政治局关于党报的决议》(1931年1月27日)、《中央关于加强党报领导作用的决议》(1931年3月5日)、《中央关于苏区宣传鼓动工作决议》(1931年4月21日)、《中央给湘鄂西党中央分局和省委的信》(1932年1月22日),如此密集地就某项工作作

---

① 《中共六届二中全会宣传工作决议案》(1929年6月25日),载中国社会科学院新闻研究所编《中国共产党新闻工作文件汇编》(上),新华出版社1980年版,第53—55页。

② 《关于宣传部工作议决案》(1926年9月),载中国社会科学院新闻研究所编《中国共产党新闻工作文件汇编》(上),新华出版社1980年版,第29、30页。

出指示与布置实不多见。

　　1929年12月，中共颁布了《中央党报通信员条例》，对于通信员的遴选、职责、工作机制进行了"简单"规定。① 时隔5个月后，又发布《中共中央党报通讯员条例》，再次强调"通讯员的工作非常重要"，不仅要求各省党部委员会必须设中央党报通讯员一名，"若在本省有其他重要产业工人区，或苏维埃区，则在其他各区中，同样必须设立通讯员至少一人"，以进一步提升通讯工作的覆盖面。② 为便于广大通讯员开展工作，中共出版的通俗报纸《上海报》曾给每位通讯员发放一份《采访须知》，对于新闻的概念、需要的新闻类型、如何开展采访工作和组织新闻材料进行详细指引。该报还对通讯员制度的落地提出了意见："真正采访网的建立必须在几个条件下才有可能：第一，通讯员自己能写新闻，至少能写几条简单的事实；第二，每一区有几处集中的地方便于附近的通讯员集中；第三，通讯员中有几个能够担负过去特派员所担负的责任——代问新闻、代写新闻等；第四，特别需要的是，通讯员对于自己的责任之热忱，肯自动地迅速地送稿到附近的收稿处去。"③ 在报刊的中介与桥梁作用下，中央与基层之间开始频繁互动。张闻天对此十分重视，指出："在现在我们党的工作各方面实行转变的时候我们需要党的下级干部，真正能站在布尔什维克的立场上能将党的一切工作，一方面工作的方法与形式加以检阅，真能在实际工作中找出新的工作的方法与形式。而我们党的上层指导的同志必须很敏锐的倾听一切下层工作同志的意见，很敏捷的捉住各种最有价值的新的表现，把它们加以思索加以审查，加以补充，然后公开给全党。能为他们发表意见的机关就是党报。"④

---

　　① 《中共中央通知第七十二号——中央党报通信员条例》（1929年12月25日），载中国社会科学院新闻研究所编《中国共产党新闻工作文件汇编》（上），新华出版社1980年版，第62页。
　　② 《中共中央党报通讯员条例》（1930年5月10日），载中国社会科学院新闻研究所编《中国共产党新闻工作文件汇编》（上），新华出版社1980年版，第64页。
　　③ 李求实：《本报一年工作之回顾》，《〈上海报〉周年纪念册》1930年4月17日。
　　④ 张闻天：《怎样完成党报的领导作用？》（1931年2月21日），载中国社会科学院新闻研究所编《中国共产党新闻工作文件汇编》（下），新华出版社1980年版，第143页。

第二章　中国共产党办报模式的基本成型

中共在成为区域执政党后，社会动员能力大幅增强，对于"群众办报"的高度重视，使中共报刊的通讯员队伍较《向导》更加壮大，《红色中华》通讯员多达数百人，《红星报》一度达到五百多人。此前阻碍中共报刊"向下走"的发行与定价问题也受到关注。1928年到1930年，中共发布的系列文件提出："无论如何必须组织每日出版的销行全中国的工农报纸。报纸的文字，内容，价格要十分适合广大群众的能力，程度。"[①] "最要做到工农群众都能了解，能普遍散发到成千上万的工农群众中去。"[②] "分配党及工会的报纸宣传品给群众看的工作，是取得和准备群众力量之必要的链环。"[③] 中共对于报刊工作的准确认识与针对改进，使中共报刊的面貌发生了根本性变化。

土地革命时期，中共的办报思想在向列宁的无产阶级党报理论靠拢，"党的报刊是无产阶级先锋队的喉舌；党报是全党的舆论机关、宣传机关，并且应在党的纲领范围内进行宣传；党报应是党的事业的一部分，党报必须与党的机关保持一致，并接受党的绝对领导；无产阶级党报应该反映工人的利益，反映广大群众的利益"等理念相继在《提高我们党报的作用》（1930年）、《党报》（1930年）、《党员对党报的责任》（1930年）、《拥护工农阶级自己的报纸啊》（1930年）、《现在全国宣传工作的任务及其特点》（1930年）、《怎么完成党报的领导作用》（1931年）、《怎么建立健全的党报》（1931年）、《列宁主义与党报》（1931年）、《关于我们的报纸》（1933年）等文书中出现，体现了中共党报理论修养的不断提升。

在无产阶级党报理论的指导下，中共一方面推动报刊工作"向上走"，将报刊作为"加强党对实际工作指导"的方式，要求"党报必须成为党的工作及群众工作的领导者"，以发动各级党组织和全体党员力量办报的制

---

① 《宣传工作的目前任务》（1928年7月10日），载中央档案馆编《中共中央文件选集》第4册，中共中央党校出版社1989年版，第420页。
② 《中共六届二中全会宣传工作决议案》（1929年6月25日），载中国社会科学院新闻研究所编《中国共产党新闻工作文件汇编》（上），新华出版社1980年版，第55页。
③ 《组织问题议决案》（1930年9月28日），载中央档案馆编《中共中央文件选集》第6册，中共中央党校出版社1989年版，第323—324页。

度安排使报刊反映并指导各级党组织的工作;通过用党报社论来取代中央通告,要求"论文要带有指示文件的性质",使报刊几乎成为党的领导机关与党员群众定期见面的化身。另一方面推动报刊工作"向下走",要求报刊"成为扩大党在群众中影响的有力的工具,成为群众的组织者",通过依靠群众办报改变报刊的面貌,使其真正成为密切联系群众的媒介,完成"争取群众"的阶段性任务。列宁提出的"报纸不仅是集体的宣传员和集体的鼓动员,而且是集体的组织者"观念为中共所广泛接受[①],1933年8月《红色中华》百期纪念时,相继发表博古的《愿红色中华成为集体的宣传者和组织者》、洛甫的《使〈红中〉更为群众的报纸》、李富春的《〈红中〉百期的战斗纪念》、凯丰的《给〈红色中华〉百期纪念》、邓颖超的《把〈红中〉活跃飞舞在全中国》纪念文章,其中有一句共同的祝词:愿《红色中华》成为集体的宣传者与组织者。这种集体意志的形成与施行,开启了中共党报思想的理论化建构。

第三节　瑞金模式:由城市办报转向农村办报

1933年1月下旬,中共临时中央迁入中央苏区,成为中共整体转型的重要标志。中共在形态上由革命党转为革命和区域执政双重性质的政党,产生了党与政的两种机制,地下与执政的两种形态;路线上由"文主武从"向"武主文从"转化,"批判的武器"成为"武器的批判"之辅翼。随着苏维埃建设的重要性日渐上升,以及"《红旗》《布尔塞维克》对军队建设还没有登过只言片语"[②],中共相继构建政府机关报系统和军报系统,形成党、政、军报网的交错并立,并随着革命形势的变化,轮流成为中共报

[①]《党员对党报的责任》(1930年5月10日),载中国社会科学院新闻研究所编《中国共产党新闻工作文件汇编》(下),新华出版社1980年版,第131页。

[②]《马马耶夫给别尔津的书面报告》(1931年1月7日),载中共中央党史研究室第一研究部译《共产国际、联共(布)与中国革命档案资料丛书》第10卷,中央文献出版社2002年版,第22页。

第二章 中国共产党办报模式的基本成型

刊工作的主流。① 据不完全统计，土地革命时期中共创办了288种报刊，其中上海、江苏和浙江地区53种，广东、广西30种，福建41种，安徽、河南和湖北34种，四川、贵州和云南16种，山东26种，北平、天津、河北、山西地区49种，陕西10种。中国共产主义青年团创办报刊51种，工人、农民和妇女报刊约42种。② 较大革命时期不仅数量增多，分布也更为广泛。

在国民党的高压政策下，中共"白区"报刊逐渐凋零，到1930年只剩下"上海的两家半合法报纸（《白话日报》《上海报》）、香港的一家报纸、天津的一家报纸、哈尔滨的两家报纸、好像武汉还有一家"③。到1933年，中共"白区"组织被破坏殆尽，此前"在火线上与敌人肉搏"的《上海报》主编李求实等一批优秀报刊工作者惨遭杀害④，中共"白区"办报活动逐渐沉寂。中共报刊工作转以"红区"为主要阵地，取得了长足的发展。据不完全统计，从1931年底至1934年10月中央红军撤离中央苏区向西突围、开始长征止，中央革命根据地出版的报刊约有160余种（包括油印的、传单式的小报）⑤，湘赣革命根据地出版报刊约17种、湘鄂赣革命根据地约24种、湘鄂西革命根据地约28种、鄂豫皖革命根据地约33种、川陕革命根据地约12种、闽浙赣革命根据地约16种、广西左右江革命根据地约3种、琼崖革命根据地约5种。⑥

中共报刊工作重心由城市向农村转移，加速了中共办报"向下走"的进程，这些根本性变化要求对中共办报模式进行阶段性区分。瑞金作为中央苏维埃的首府，指征了中共作为区域执政党的状态和"工农武装割据"

---

① 中共临时中央迁入苏区后，中华苏维埃共和国临时中央政府机关报《红色中华》被改为"党、团、政府与工会合办的中央机关报"。参见《特别通知》，《红色中华》1933年2月4日。在1934年10月到1935年8月中国工农红军长征期间，中国工农红军军事委员会机关报《红星》一度代为中共中央机关报。
② 钱承军：《建国前中国共产党报刊研究》，中国文联出版社2009年版，第81页。
③ 《雷利斯基给共产国际执行委员会东方书记处的信》（1930年3月20日），载中共中央党史研究室第一研究部译《共产国际、联共（布）与中国革命档案资料丛书》第9卷，中央文献出版社2002年版，第79页。
④ 李求实：《本报一年工作之回顾》，《〈上海报〉周年纪念册》1930年4月17日。
⑤ 丁淦林：《中国新闻事业史》，高等教育出版社2002年版，第180页。
⑥ 钱承军：《建国前中国共产党报刊研究》，中国文联出版社2009年版，第91页。

的路线，代表了"红区"的政治地理环境和中共工作重心向农村转移的状态，故将土地革命时期中共的办报模式称为"瑞金模式"。其主要内涵为：党性原则方面，初步确立"党报姓党"的原则，要求"党报代表党的正式意见"，成为"党的工作及群众工作的领导者"，成为"组织群众的工具""开展阶级斗争的有力武器"；内容策略方面，改变"两级传播"的策略，广泛征集工农通讯，直接向工农群众传播，内容建设与斗争并存、理论与实际结合、形势与指导结合；技术形态方面，普遍采用"刊"的形态，通过伪装和因陋就简坚持出版，开启"全党办报"探索；经营管理方面，普遍采用拨款制度，发行和广告业务受到限制。

一 党性原则：党报与党同频共振

对于民营报刊而言，名家可谓报馆之台柱。《时报》开报界风气之先，陈冷的"时评"功不可没；《大公报》能够一纸风行，离不开张季鸾的如椽大笔。这些名家为报刊打上了鲜明的个人印记，并以此在竞争中脱颖而出。但对政党报刊来说，其表达的应当是党的集体意志，彰显党性而非个人色彩。中共成立前，"陈独秀先生主撰"的《新青年》在智识界声名鹊起，《湘江评论》几为毛泽东的"一人之报"，都以浓厚的个人色彩在报界立足。大革命时期，中共通过不断强化对报刊的管理以及"集体办报"的架构，着手转变建党初期党内普遍存在的"手工业"办报风气，但未能彻底消除各报刊"自说自话"的现象。

1928年，中共首次明确提出，"中央党报不是几个作者私人所编的杂志，乃是我们整个党对外的刊物"[①]，通过以党报社论取代中央通告，变"社论"为"党论"。如斯大林所说，"报纸是一种最有力的武器，在它的帮助下，党每日每时地、用自己的、党所需要的语言来同工人阶级讲话。在党与阶级之间扩展精神联系的别的工具，别的类似的灵活机关，天地之

---

① 《中央党报的作用及同志对党报的义务》，载中国社会科学院新闻研究所编《中国共产党新闻工作文件汇编》（下），新华出版社1980年版，第33页。

第二章 中国共产党办报模式的基本成型

间还没有"①。中共的这些安排充分发挥了报刊超越时空的特性，使报刊与党"同呼吸、共命运"，从"一人之报"转化为"一党之报"，成为广大党员追随的"旗帜"和党的锋芒所向之"罗针"，实践了"报纸不仅是集体的宣传员和集体的鼓动员，而且是集体的组织者"的理念。

《向导》停刊后，《布尔塞维克》承担起《向导》未竟的使命②，以中共名义发布的文书明显增多，此前《向导》刊载的中共文书仅占刊文总数的3.3%，而《布尔塞维克》上升到26.73%，《红旗周报》则达到30.65%，报刊的党性日益鲜明。尹宽盛赞："仅就已出的第一二两期来说，我觉得现在的《布尔塞维克》已经比《向导》好得多"，主要体现在"从前的《向导》虽名为中国共产党的机关报，实际在政策上只是自处于'左派国民党'的地位的态度，现在的《布尔塞维克》焕然一新，完全拿出共产党独立的政治面貌来。"③

《红色中华》则开宗明义地宣示将刊登中共文书作为主业，提出："《红色中华》是中央政府机关报，除登载中央一级各机关必须发表的重要文件外，兼有日报性质，登载苏区内的苏维埃建设状况。"该报还切实执行了中央关于以党报社论取代中央通报的决议，如在《中共中央关于苏区五一劳动节的决定》的结尾专门标注："此决定在红中发表外不再另印发，各级党部即根据此讨论执行。"④ 由此可见，作为中央政府机关报，政治整合是《红色中华》的首要任务，其作为"报"的媒介属性处于从属地位。媒介属性与政治属性的此消彼长，成为战时环境下红区报刊的基本特征。

---

① 《中央人民政府新闻总署署长胡乔木在全国新闻工作会议上的报告》（1950年3月29日），载中国社会科学院新闻研究所编《中国共产党新闻工作文件汇编》（中），新华出版社1980年版，第45—46页。

② 有学者认为，《布尔塞维克》应为中共中央理论刊物，其根据是1931年1月27日《中共中央政治局关于党报的决议》中将"布报"定性为"中央理论机关报"。实际上《布尔塞维克》就是复刊的《向导》，只是改了个名字而已。据郑超麟回忆："瞿秋白和郑超麟曾商量过，主张不必恢复《向导》，并拟了几个名称，最后采用了《布尔塞维克》。"参见郑超麟《郑超麟回忆录》，东方出版社2004年版，第267—268页。故《布尔塞维克》前28期在版式设计、栏目设置、作者群体方面与《向导》几乎完全相同。作为大革命失败后唯一公开出版的中共中央刊物，在《红旗日报》创刊前，《布尔塞维克》应为中共中央机关刊物。

③ 尹宽：《对于〈布尔塞维克〉的希望》，《布尔塞维克》1927年11月14日。

④ 《中共中央关于苏区五一劳动节的决定》，《红色中华》1934年3月13日。

单位：篇

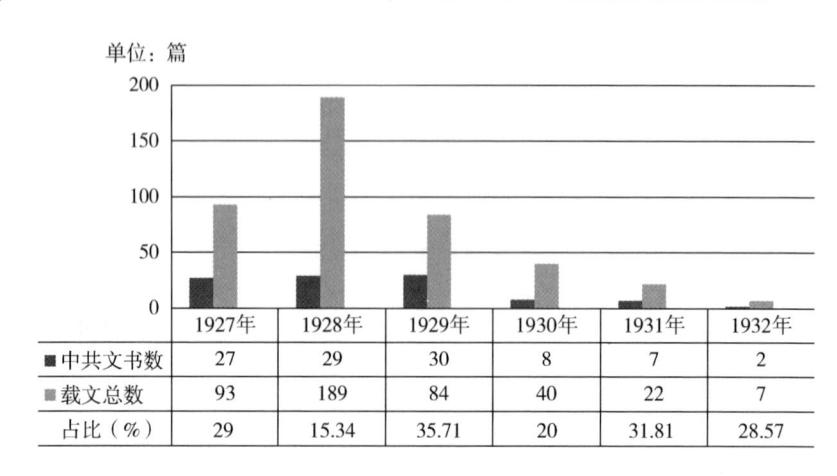

	1927年	1928年	1929年	1930年	1931年	1932年
■ 中共文书数	27	29	30	8	7	2
■ 载文总数	93	189	84	40	22	7
占比（%）	29	15.34	35.71	20	31.81	28.57

图 2-1 《布尔塞维克》载文内容分析图

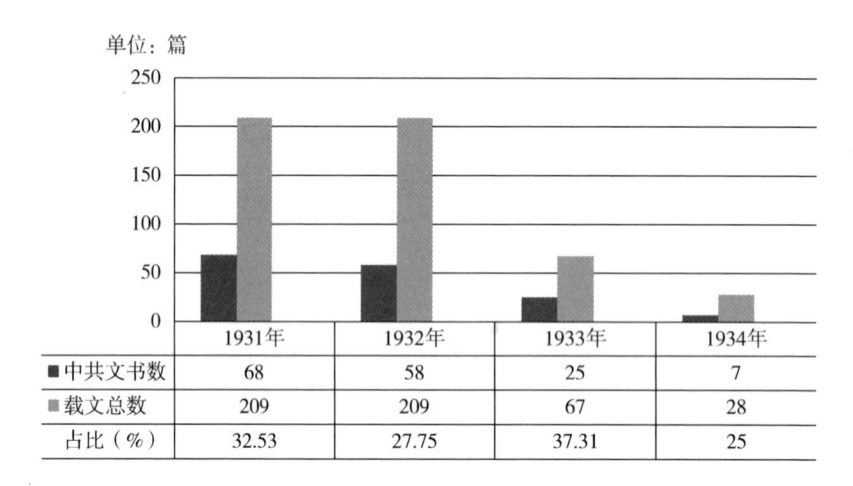

单位：篇

	1931年	1932年	1933年	1934年
■ 中共文书数	68	58	25	7
■ 载文总数	209	209	67	28
占比（%）	32.53	27.75	37.31	25

图 2-2 《红旗周报》载文内容分析图

但是，正因为党报与党的高度同一，当党出现"左"与"右"的错误时，报刊由于其"聚焦"与"放大"的传播特性，往往起到推波助澜的作用。"八七"会议后，瞿秋白主持中央工作并担任中央机关报《布尔塞维克》主编，在其影响下，《布尔塞维克》发表了大量含有"左"倾盲动主义错误观点的文章，如瞿秋白撰写的《军阀混战的中国与工人阶级》《中国革命是什么样的革命》等，误判中国的革命形势，否认大革命失败后中国革命已转入低潮的事实，认为"革命潮流始终并不低落的而是高涨的……而且是无间断的性质"①，要求工农阶级进行"猛烈的斗争"，"爆发而成全国的大暴动"②。1927年11月，《布尔塞维克》全文转载了中共中央临时政治局通过的《中共现状与共产党的任务议决案》，将含有"左"倾盲动主义观点的决议公告全党，导致许多地区在暴动中暴露了组织，刚刚聚集的力量损失殆尽。

李立三在主持中央工作之后，要求中央机关报《红旗日报》在"白色恐怖"下公开发行，他用武力"围剿"下的苏区类比"白色恐怖"中的报刊，不切实际地提出："帝国主义国民党决然没有力量可以打击或者阻止全国工农劳苦群众争取苏维埃的斗争，同样也就决然没有力量可以打击或者阻止本报在广大群众中的发行"，结果其关于罢工、示威的组织活动和群众团体拥护《红旗日报》、组织读报组的活动的公开报道，直接为国民党当局提供了破获中共党组织和群众团体的线索和依据③，《红旗日报》的发行队伍遭到巨大损失，出版不到六个月就被迫停刊。对于党与党报的关系，恩格斯曾提出"道义上影响、形式上独立"的十字原则，如何在"党报姓党""党管党报"的前提下保持党报的相对独立性，发挥报刊的"耳目"与"外脑"作用，瞭望即将发生的危险，发现党内萌芽的问题，初创时期的中共仍需进行大量探索。

二 内容策略：斗争与建设性并存

第一次国共合作的破裂，让中共意识到国内的阶级斗争已不可调和；而国民革命的失败，导致中共内部的路线斗争随之而生。在此背景下，中共报刊的火药味日益浓厚。中央机关报名称由"向导"改为"布尔塞维克"，本身就蕴含了斗争的意味，"布尔什维克"意为"多数派"，与"孟什维克"意指的"少数派"对应。中共"六大"提出，中国革命失败的客

---

① 瞿秋白：《军阀混战的中国与工人阶级》，《布尔塞维克》1927年10月31日。
② 瞿秋白：《中国革命是什么样的革命》，《布尔塞维克》1927年11月21日。
③ 王晓岚：《中国共产党报刊发行史》，中国社会科学出版社2009年版，第110页。

观原因在于"帝国主义的力量强大、民族资产阶级背叛革命、地主领导的军队力量很大、工农发展的不平衡、小资产阶级的动摇"①，总根源在于阶级斗争。故《红旗日报》发刊词提出："本报是中国共产党的机关报，同时在目前革命阶段中必然要成为全国广大工农群众之反帝国主义与国民党的喉舌"，明确提出"统治阶级利用一切新闻报纸的机关，来散布各种欺骗群众的论调"，"在现在阶级社会里，报纸是一种阶级斗争的工具"的观点。②1933年，张闻天也提出："我们的报纸是革命的报纸，是工农民主专政的报纸，是阶级斗争的有力武器。"③

"工具论"的提出，标志着中共报刊职能的根本转变。在中共看来，党外矛盾主要表现为阶级斗争，只能采取"革命"的激烈手段，通过"以破求立"的方式彻底改变国家的面貌；而党内矛盾主要表现为路线斗争，宜用"批评与自我批评"的方式统一党的思想、纯洁党的组织。在公开发行受阻的情况下，内部发行成为中共报刊传播的主渠道，"批评与自我批评"的内容大幅增加。1931年9月，《红旗周报》刊载的《论自我批评》详细回顾了党内批评的发展历程："在立三路线统治时候，党内根本不准有什么自我的批评。谁敢对于党加以批评，谁就是反对党，谁就应受到严重的处罚。瞿秋白在莫斯科中国大学中说过：'自我批评就是攻击'……在四中全会之后，虽是党内的自我批评得到了相当的发展，然而这种发展还很不够。"主要问题在于党内的自我批评存在两个缺点，一是认为自我批评就是"批评人家，而不批评自己"，二是"看到指导机关的工作发生了缺点，就大惊小怪的散布一些不负责任的猜想或不合实际的短语……这种批评不是在巩固党，而是在使党解体"，此外党内还存在着不能容忍自我批评的现象。文章提出："布尔塞维克的自我批评，自然

---

① 《政治议决案》（1928年7月9日），载中央档案馆编《中共中央文件选集》第4册，中共中央党校出版社1989年版，第303—305页。
② 《〈红旗日报〉发刊词》（1931年12月11日），载中国社会科学院新闻研究所编《中国共产党新闻工作文件汇编》（下），新华出版社1980年版，第23页。
③ 张闻天：《怎样完成党报的领导作用？》（1931年2月21日），载中国社会科学院新闻研究所编《中国共产党新闻工作文件汇编》（下），新华出版社1980年版，第143页。

第二章　中国共产党办报模式的基本成型

是从斗争的精神出发",这种批评是为了消减党内的"消极情绪","健全的、积极的,布尔塞维克的自我批评,对于我们党如像清鲜空气对于我们身体一样的需要。只有这种批评,才能发展党与巩固党"①,表达了"批评"是建设之手段的思想,遗憾的是这种思想在党内未能形成广泛共识。中共报刊的"斗争性"不断强化,最终朝着"过火"的方向发展。

随着党内路线斗争的发酵,在"白色恐怖"下大批党员登报退党乃至叛党触动下,中央机关报《布尔塞维克》率先开火,在其第1、2期相继发表《革命叛徒的写真》《欢送已脱离共产党的党员!》,对国民党背叛革命的行为以及中共党员中的投机分子进行了猛烈抨击。1928年1月2日,《布尔塞维克》第12期发表的《苏联共产党中之反对派》,将共产国际内部的路线斗争公之于众。1927年7月,中央政治局改组,陈独秀离开中共中央领导人岗位,在1928年5月30日之前,陈独秀(撒翁)仍坚持每期在《布尔塞维克》为"寸铁"专栏撰写文章,是这份中央机关报刊的重要撰稿人。1929年9月1日,《布尔塞维克》发表《论撒翁同志对中东路问题的意见》一文,批评陈独秀"从共产主义者的观点堕落到社会民主主义者的观点"②,但"撒翁同志"的称谓仍留有一定的余地。

1930年1月15日,《布尔塞维克》刊载《共产国际关于布哈林同志问题的决议案》《论布哈林同志的错误及其恶倾向》,公开共产国际点名批判布哈林、李可夫和托姆斯基为党内右倾机会主义集团,并解除布哈林党内一切职务的决议内容,难免会影响中共对于党内路线斗争是"无情打击"还是"治病救人"的判断。1931年5月10日《布尔塞维克》发表的《是取消派取消中国革命,还是中国革命取消取消派?——评〈中国左派共产主义反对派政纲〉》,旗帜鲜明地批判党内的"取消主义"路线,中共的路线斗争开始激化。两期后,蔡和森撰写的《论陈独秀主义》,点名批评陈独秀,将其思想上升为"主义"。又过两期,范亢撰写的《中国大革命史

---

① 罗平:《论自我批评》,《布尔塞维克》1928年1月30日。
② 韶玉:《论撒翁同志对中东路问题的意见》,《布尔塞维克》1929年9月1日。

应当这样写的么?——对于华岗的〈中国大革命史〉的批评》,点名批评已入狱的中共中央华北巡视员华岗。随着批判性文章的频度与强度不断提升,《布尔塞维克》的火药味已相当明显。

此后创办的中央机关刊物《红旗日报》的发展历程与《布尔塞维克》类似①,1931年《红旗周报》刊载了党内批评文章6篇,其中包括《是革命竞赛?还是赶时髦?——要求上海区委的答复》《中央关于江苏省委宣传部干事张高生同志错误的决议》这两份措辞严厉的文件。1932年开辟"肃反"专栏,刊载党内批评和肃反相关文章19篇,对于"取消主义""机会主义"进行激烈批判,对陈独秀已呼之为"社会法西斯蒂主义者"②。第39、44、51期《红旗周报》撰稿人还就雇农、中农、职员、师傅能否成为苏区工会的会员成员进行公开论辩,其言辞十分激烈,将观点之争上升到"犯了系统的托洛斯基主义的错误"的层面。③ 这证明,中共已经受到共产国际决议措辞与口吻的影响,采用各种"主义"定义党内政见不同者,大幅提高了党内批评的调门与力度。这种将部分党员进行区别划分并贴上标签的处理方式,成为中共内部路线斗争进一步激化的重要原因。从批评与自我批评的方式来看,《布尔塞维克》直到末期才使用"主义"对党内异见者进行批评,而《红旗周报》出至第二年就大量使用"取消派""机会主义"等词汇区隔党内派系。很显然,这种处理方式的日益增多,对于报刊"斗争性"产生了明显的增幅作用。从篇目关键词词频来看,《布尔塞维克》中"斗争"一词排在第20位,而在《红旗周报》中则上升到第6位,充分体现了中共报刊"斗争性"的不断强化。

表2-1　　　　　《布尔塞维克》篇目关键词词频表(前40)　　　　单位:次

关键词	词频	关键词	词频	关键词	词频	关键词	词频
中国	98	会议	32	农民	19	政治	15

---

① 《红旗日报》1930年8月15日创刊,1931年3月9日更名为《红旗周报》。
② 依凡:《社会法西斯蒂主义者陈独秀的"经济理论"》,《红旗周报》1932年4月25日。
③ 仲篾:《再论苏区工会的会员成份并驳锹同志》,《红旗周报》1932年11月1日。

第二章 中国共产党办报模式的基本成型

续表

关键词	词频	关键词	词频	关键词	词频	关键词	词频
革命	94	国民党	31	工农	19	决议	15
共产	88	暴动	31	苏联	19	广州	14
国际	55	同志	25	反对	18	土地	14
共产党	52	任务	24	工人	18	形势	14
主义	49	阶级	23	世界	18	苏维埃	13
国民	39	军阀	21	帝国主义	17	大会	13
问题	35	运动	21	宣言	16	列宁	12
共产国际	34	战争	21	中央	16	最近	11
中国共产党	33	斗争	19	寸铁	15	经济	11

表2-2　　《红旗周报》篇目关键词词频表（前40）　　单位：次

关键词	词频	关键词	词频	关键词	词频	关键词	词频
主义	60	帝国主义	31	问题	23	罢工	17
国民	57	运动	29	工人	23	鄂豫皖	17
苏维埃	54	苏区	28	共产党	22	满洲	17
中国	53	国际	27	全国	22	会议	17
国民党	47	苏联	27	代表大会	22	红军	16
斗争	44	反对	26	上海	21	群众	16
中央	38	任务	26	决议	20	同志	16
革命	37	政府	26	工作	19	民众	16
共产	34	日本	25	工会	19	进攻	15
大会	32	经济	24	战争	18	围剿	15

在中央机关报的带动下，大部分苏区报刊都开辟了批评专栏，批评与自我批评蔚然成风。中华苏维埃共和国临时中央政府机关报《红色中华》明确表示"要引导工农群众对于自己的政权，尽了批评、监督、拥护的责任；指导各级苏维埃的实际工作，纠正各级苏维埃在工作中的缺点和错误；纠正过去土地革命及现时肃反工作的非阶级路线，对于经济政策的忽视与错误成为目前建设苏维埃的急要工作，须经以自我批评的精神，检阅

工作的成功与缺点，找出正确的方法"①，一再强调自身负有的"监督、检阅、批评、纠正"职能，迥异于此前中共报刊强调的"喉舌"与"罗针"功能。中国工农红军军事委员会机关报《〈红星报〉见面话》自我定位为"指导员"与"裁判员"，提出"它要是一个政治工作指导员，可以告诉同志们一些群众工作、本身训练工作的方法，可以告诉哪些工作做的不对，应当怎样去做；它要是红军党的工作指导员……指出来哪些地方做错了和纠正的办法；它要是一个裁判员，红军里消极怠工，官僚腐化和一切反革命分子，都会受到它的处罚"②，也与此前中共将报刊定义为"领导者""组织者"与"宣传者"有所不同。共青团苏区中央局机关刊物《青年实话》的态度稍显和缓，但也提出要"搜集与整理工作的经验与教训，不断的改进工作方法……用教育的态度纠正青年的错误"③。对于纠正工作中的缺点与错误的共同表态，表明继白区报刊之后，红区报刊的批判性也在强化。

据统计，《红色中华》在2年10个月的时间里共发表批评性文章524篇，平均每期2.18篇④，如此密集地刊发批评性文章，为中共报刊所罕见。对于刚刚成为局域执政党的中共而言，为巩固新生政权，鞭挞党和政府中存在的消极怠工、贪污腐化等行为是十分必要的。但通过报刊开展批评与自我批评的问题在于，报刊作为批评者与被批评对象在语话权方面并不对等，报刊对于个人的批评不仅影响广泛，被批评对象也很难有申辩的机会，即便后期能予以更正，影响业已形成、难以逆转，理应慎之又慎。然而，在"左"倾错误的影响下，以报刊为主渠道的党内批评调门不断提高，此时负责中央宣传工作的张闻天要求"对于一切损害革命利益，损害苏维埃政权的官僚主义者，贪污腐化分子，浪费者，反

---

① 《〈红色中华〉发刊词》（1931年12月11日），载中国社会科学院新闻研究所编《中国共产党新闻工作文件汇编》（下），新华出版社1980年版，第23页。
② 《〈红星报〉见面话》（1931年12月11日），载中国社会科学院新闻研究所编《中国共产党新闻工作文件汇编》（下），新华出版社1980年版，第25页。
③ 《〈青年实话〉的革新计划》（1933年2月19日），载《红色号角》丛书编委会编《红色号角——中央苏区新闻出版印刷发行工作》，福建人民出版社1993年版，第228—234页。
④ 李云、韩云：《中共新闻媒体批评性报道的理论和实践源头》，《国际新闻界》2011年第4期。

第二章　中国共产党办报模式的基本成型

革命异己分子，破坏国家生产的怠工工人等，必须给以最无情的揭发与打击，使他们在全苏区工农劳苦群众的面前受到唾骂、讥笑与污辱，使他们不能在苏维埃政权下继续生存下去"①。《红色中华》的"突击队"专栏一再更名，由"铁棍""铁锤"最终变为"无产阶级铁锤"，直观表现了批判调门不断提高的趋势，以强化"粉碎了许许多多官僚主义者，和机会主义者，发扬了党和苏维埃反机会主义、反官僚主义的火力"②，一度上升到要剥夺被批评者生存权的地步。

作为高度重视意识形态的无产阶级革命党，信仰是中共力量的重要源泉，官僚主义、贪污腐化本是国民党的顽疾，也是中共"在野优势"所在。在政权建立之初，中共势必对腐败怠政行为采取"零容忍"态度。这种恨铁不成钢的急切心情可以理解，但对于同志既要"惩前毖后"，更要"治病救人"。这种"残酷斗争、无情打击"甚至剥夺生存权的做法使党内矛盾几乎等同于阶级矛盾甚至敌我矛盾。1937年，主持中央工作的张闻天在总结土地革命时期经验时指出："思想斗争的方式是要注意的。思想斗争的主要方式，是说服与教育，而不是打击。对各种不正确思想，应有确当的估计，不要夸大或缩小，或任便给同志们'戴大帽子'。"③ 1942年，毛泽东也总结道："从前许多同志的文章和演说里面，常常有两个名词：一个叫做'残酷斗争'，一个叫做'无情打击'。这种手段，用了对付敌人或敌对思想是完全必要的，用了对付自己的同志则是错误的。"④

土地革命时期，中共既是革命党，也是区域执政党。中共报刊除"斗争性"日益鲜明之外，也呈现出"建设性"的特征。1929年6月，中共对于革命高潮不能到来的原因作了深刻反思，提出："党的政治影响

---

① 张闻天：《关于我们的报纸》（1933年12月1日），载中国社会科学院新闻研究所编《中国共产党新闻工作文件汇编》（下），新华出版社1980年版，第181页。

② 李富春：《"红中"百期的战斗纪念》（1933年8月10日），载中国社会科学院新闻研究所编《中国共产党新闻工作文件汇编》（下），新华出版社1980年版，第152页。

③ 洛甫：《白区党目前中心任务》（1937年6月6日），载中央档案馆编《中共中央文件选集》第11册，中共中央党校出版社1991年版，第263页。

④ 毛泽东：《反对党八股》（1942年2月8日），载中共中央文献研究室、新华通讯社编《毛泽东新闻工作文选》，新华出版社2014年版，第94页。

的扩大远不能适应斗争复兴中群众的要求,尤其是因为党以前对改良主义的宣传没有迅速的反应,没有注意系统的理论的斗争,党并且忽略了反世界大战,拥护苏联的宣传,关于武装暴动及土地政纲的宣传亦非常不够,特别是对于共产主义思想的宣传非常缺乏,这些主观的弱点,都足以使革命不能一直发展成为广泛的高潮。党必须加紧宣传工作,积极与已往的弱点斗争,方能适应目前革命形势的需要。"① 这份关于宣传工作的纲领性文件明确了下一阶段中共报刊议程设置的基调,即报刊必须重视理论宣传、分析世界革命形势、反映国内革命情况。同时,列宁关于"党报可以而且应该成为党的思想上的领导者,系统发挥理论的真理,策略的原则,一般组织上的思想上的在各个时期内一般的任务"的思想为中共所接受。② 在其指导下,土地革命时期中共报刊基本实现了理论与实际相结合、形势与指导相结合,在很大程度上弥补了大革命时期中共报刊脱离实际的问题;但受"左"倾教条主义影响,也出现了国际宣传"教条化"的问题。

理论宣传对于维持中共的革命性具有至关重要的作用,共产党人对于马克思主义"理愈明,信愈真,感愈切,革命的精神遂能愈久而愈坚"③。大革命时期,中共报刊普遍存在理论宣传不足的问题,其中有工农群众文化素质不高、接受能力有限的原因④,归根结底在于中共理论修养较为薄弱,

---

① 《中共六届二中全会宣传工作决议案》(1929年6月25日),载中国社会科学院新闻研究所编《中国共产党新闻工作文件汇编》(上),新华出版社1980年版,第48页。
② 李卓然:《怎样建立健全的党报》(1931年7月1日),载中国社会科学院新闻研究所编《中国共产党新闻工作文件汇编》(下),新华出版社1980年版,第146页。
③ 周恩来:《宗教精神与共产主义》,《少年》1922年9月1日。
④ 郑超麟曾详细分析了过去中共不重理论的原因:"一、马克思列宁主义的革命理论本是分析资本主义社会积聚西方无产阶级斗争经验而成的系统,应用到半封建制度及幼稚的无产阶级之中国来,仿佛是格格不入的;二、以前因为无产阶级与资产阶级建立民族的联合战线,很容易使人误会以为无产阶级革命的理论,在'国民革命'时期尚用不着;三、中国一般文化程度甚低,幼稚的中国无产阶级知识力量尤其薄弱,容纳复杂高深的马克思列宁主义难于消化。"他认为,虽然中国有其特殊国情,但"近年中国的革命运动,无处无时不证明马克思列宁主义完全适合于中国的'国情'!"力图打消中共不重理论的思想障碍。参见郑超麟《中国革命目前几个重要的理论问题(续)》,《布尔塞维克》1927年12月12日。

第二章 中国共产党办报模式的基本成型

对理论宣传重视程度不够,导致"很多中国同志对马克思主义书籍的理解只是一个字'列宁'"①,未能凝聚对于共产主义的坚定理想信念,"缺少刻苦奋斗的精神和自发的革命情绪",部分同志甚至"发生贪官污吏化"。②国共合作破裂后,在国民党营造的"白色恐怖"下,中共组织"支离破碎",路线分歧随之而生。远东局认为:"同志们的理论水平不高,无产阶级基础不够广泛"是这种局面出现的重要原因。③ 在此背景下,理论宣传变得前所未有的重要,加强理论宣传能够坚定党员的党性修养与理想信念,使国民党的高压统治成为锤炼共产党员的"熔炉",最终"吹尽黄沙始到金";同时统一党内思想,消弭"左"与"右"的分歧,以独立统一的旗帜引领于工农群众之前。

远在千里之外的斯大林仅凭材料就发现中共存在发展党员"唯数量论"和宣传口号"简单化"的问题,认为解决这些问题的根本在于加强理论宣传。④ 东方书记处随后作出具体指示:"在理论教育方面,鉴于总的来说我们党工作人员的理论水平不很高"⑤,中共的主要任务在于"随着党员群众政治水平的提高,加强对他们的理论教育工作;组织对马克思主义和列宁主义,以及对中国革命以前阶段(武汉时期、广州起义等)经验教训

---

① 《共产国际执行委员会政治书记处会议速记记录》(1929年2月8日),载中共中央党史研究室第一研究部译《共产国际、联共(布)与中国革命档案资料丛书》第8卷,中央文献出版社2002年版,第72页。

② 《关于宣传部工作议决案》(1926年7月)、《中央政治报告》(1926年7月),载中央档案馆编《中共中央文件选集》第2册,中共中央党校出版社1989年版,第194、172页。

③ 《共产国际执行委员会远东局给共产国际执行委员会的报告》(1930年2月),载中共中央党史研究室第一研究部译《共产国际、联共(布)与中国革命档案资料丛书》第9卷,中央文献出版社2002年版,第70页。

④ 斯大林提到:"党要有坚固的、觉悟的、好的、马克思主义的……是质量问题,不是数量问题。中国同志多只做实际工作,但不够,要多注意发展党员的觉悟,马列教育。尤其是马列主义对工人及斗争的农民的教育,以及新奋斗的知识分子。其责任是传达马列新作,不是只'打倒'、'万岁'而已!"参见《周恩来对斯大林同瞿秋白和中共其他领导人会见情况的记录》(1928年6月9日),载中共中央党史研究室第一研究部译《共产国际、联共(布)与中国革命档案资料丛书》第7卷,中央文献出版社2002年版,第479、480页。

⑤ 《共产国际执行委员会东方书记处给共产国际执行委员会远东局的信》(1929年6月8日),载中共中央党史研究室第一研究部译《共产国际、联共(布)与中国革命档案资料丛书》第8卷,中央文献出版社2002年版,第133页。

的系统宣传工作"①。在共产国际的指导下，理论宣传逐渐成为中共报刊工作的重要组成部分。大革命失败后，中共立即创办《布尔塞维克》以延续此前被迫停刊的《向导》，这种名称转换本身就带有浓厚的理论意味，因为中国革命"只有无产阶级的政党能够担负起领导的责任。革命思想方面，比《向导》时期尤加十倍的必须有真正无产阶级政党——布尔塞维克主义的领导，所以'布尔塞维克'便继'向导'而发刊了"②。

据统计，《布尔塞维克》共发表理论文章 88 篇，占刊文总数的 20.23%，远高于《向导》6.18%的比例，其中《中国革命目前几个重要的理论问题》《马克思主义还是民生主义？》《中国的苏维埃政权与社会主义》《民权主义与苏维埃制度》《中国土地问题与土地革命》《孙文主义呢？列宁主义呢？》《民族资产阶级之反革命的理论及其政策》《布尔塞维克党的组织路线——列宁论"党的组织"》等重大理论问题的讨论，大多都在该刊连载 2 期到 3 期。从篇目关键词词频来看，"列宁"位居第 38 位，"理论"居 55 位，"马克思"未进入篇目关键词。可见，《布尔塞维克》的理论气息较《向导》明显浓厚，其理论宣传的主要内容从马克思主义转向列宁的无产阶级革命理论。但《布尔塞维克》也存在过于"理论化"及理论宣传与实际工作结合不够的问题。1929 年，中共提出改进意见："特别要注意使党的理论机关报布尔什维克的内容充实起来，使经常担负介绍马克思列宁主义的理论，并指导在实际问题中如何应用马克思列宁主义。"③

此后创刊的《红旗周报》共发表理论文章 52 篇，占刊文总数的 10.14%，"理论""列宁""马克思"等词频均有较大幅度的下降。这种现象的出现，除《红旗周报》按照中共中央要求大幅增加了指导实际工作的内容以外，另一重要原因是此时中共开始与党内"左"与"右"的错误作斗争，

---

① 《共产国际第六次代表大会〈关于中国共产党的任务〉决议案》（不晚于 1928 年 7 月 25 日），载中共中央党史研究室第一研究部译《共产国际、联共（布）与中国革命档案资料丛书》第 7 卷，中央文献出版社 2002 年版，第 520 页。
② 《〈布尔塞维克〉发刊露布》，《布尔塞维克》1927 年 10 月 24 日。
③ 《中共六届二中全会宣传工作决议案》（1929 年 6 月 25 日），载中国社会科学院新闻研究所编《中国共产党新闻工作文件汇编》（上），新华出版社 1980 年版，第 57 页。

第二章 中国共产党办报模式的基本成型

必须运用马克思列宁主义分析中国实际，批驳"取消派"与"机会主义"的错误观点，这不是仅靠译介马克思、列宁、斯大林等人的原著或纯理论探讨就能实现的。故《红旗周报》上的纯理论文章有所减少，更多刊载的是理论与实际相结合的文章。如《红旗周报》第 27 期刊载的《纪念列宁》以纪念列宁为契机，运用列宁的无产阶级革命理论对中国革命的形势进行分析；第 39 期刊载的《为马克思主义而斗争》也从纪念马克思入手，对中共现有工作的不足提出改进方向；第 60 期刊载的《二次苏大会的改选运动与苏维埃的德谟克拉西》6 次引用列宁关于"依靠在民众，这就是新政权与旧政权一切固有机关之根本区别"的表述以及马克思和斯大林的观点阐述苏维埃政权采取工农民主专政的合理性。① 此时，在政论性文章中加入马克思、列宁、斯大林的论述，成为一种增添文章说服力与感召力的普遍行文方式，展示了中共报刊理论与实际相结合的风貌。

大革命时期，中共报刊普遍反映时局、揭露问题较多，但提出对策、指导工作较少。从《向导》篇目关键词词频就可见一斑，"问题"居第 17 位、"纪念"28 位、"政局"33 位、"宣言"38 位、"最近"40 位、"政变"45 位、"意义"49 位、"什么"79 位、"时局"82 位、"状况"87 位、"命运"89 位、"今年"98 位，大多是一些反映形势变动的描述性词汇，指导性的"指导、领导、前途、任务、策略、决议、政策、意见"等词汇极少出现。《布尔塞维克》中"问题"居第 8 位、"任务"15 位、"宣言"28 位、"决议"32 位、"形势"35 位、"最近"39 位、"纪念"41 位、"报告"45 位、"策略"57 位、"决议案"62 位、"前途"71 位、"政策"79 位，指导气息明显较《向导》浓厚。从内容来看，《布尔塞维克》偏向宏观层面的指导②，

---

① 《二次苏大会的改选运动与苏维埃的德谟克拉西》，《红旗周报》1933 年 8 月 12 日。
② 这从《布尔塞维克》发表的文章标题可见一斑，如《中国革命与共产党的任务》《中国革命中无产阶级的新策略》《广州暴动前的准备》《发展并完成中国的革命》《目前几个主要策略问题的讨论》《现在革命形势的分析与前途》《中国革命的性质及其前途》《中国职工运动目前的总任务》《世界大战的紧迫与我们的国际任务》《新的革命高潮前面的诸问题》《中国革命往何处去》《中国革命转变的前途和任务》等，主要是分析革命的宏观形势、问题与策略，而不是对具体问题的讨论。

对"白色恐怖"下处于"信息孤岛"的组织与党员而言,这种宏观指导能起到提振士气、指明方向的作用,但正如共产国际指出的"(《布尔塞维克》)谈一般问题的文章同党的具体任务联系不够。大多数文章都是以一般号召结尾……没有作出一个具体指示",认为"完全有必要发表指导性的编辑部社论"①,要求其在指导实际工作方面从宏观向微观延伸。

1930年5月,在纪念《红旗》出版百期时,主持中共中央宣传部日常工作的问友(潘文郁)系统总结了中共报刊在"形势与指导相结合"方面的转变过程,他将《红旗》的转变划分为三个阶段。

第一阶段是将《红旗》定位为鼓动刊物,"便使着'红旗'的内容要专门注意一切政治事变,每期都要将一周间的'国家大事'给一个评论",其结果是"只能帮助一般革命群众分析政治形势,但不能实际的指导革命斗争。并且,每期都装满了对于'国家大事'的'政治评论',因此,使许多工厂的同志,参加实际斗争的干部,总觉得'红旗'上所谈的问题与他的实际生活很少联系。于是我们总感觉着仅只是'鼓动'是不够的,必须注意于实际策略的指导"。可见,创刊初期的《红旗》与《布尔塞维克》类似,同样存在形势重于指导、宏观多于微观的问题。

第二阶段"确定了'红旗'的性质是指导革命斗争,我们着重的是'指导',并且是代表党的正式的指导。因此,我们便联篇累牍地登载了党的许多文件。这样一来,虽然部分的补足了第一时期的缺点,但是这又造成新的缺点,便是减少了鼓动性与时间性,减少了对一般政治事件的分析,同时有许多文件,都是用另外的路线已经发表了的,'红旗'上发表的东西多半成了重复的。因此,对于'红旗'在读者方面的兴趣便大为减少"。大量刊载中共文件增强了报刊的党性,但几乎使报刊成为"文件汇编",对普通读者的吸引力大幅下降。

第三阶段是将《红旗》定位为"全国政治机关报","全国"是指将

---

① 《共产国际执行委员会东方书记处关于〈布尔塞维克〉杂志问题给中共中央的信》(1929年3月6日),载中共中央党史研究室第一研究部译《共产国际、联共(布)与中国革命档案资料丛书》第8卷,中央文献出版社2002年版,第90页。

第二章 中国共产党办报模式的基本成型

视野从上海扩张到全国,"政治"是指"分析全国的政治事变,根据每日的事变指出全国革命之总的任务","机关报"是指"代表无产阶级政党,对于全国革命运动的策略,给以具体的实际的指导"。同时,他对于如何更好地"用党报社论来取代此前普遍采用的中共中央通告"提出了意见:"党报的指导与党之通告上的指导并不是同样的性质。通告是指导整个全国之全部的问题,是肯定一切斗争策略的原则。党报上的指导必要着重于某一个具体的问题,某一个实际的斗争,很具体的给以详细的各方面的解释。"[①] 潘文郁根据报刊的传播特性,提出报刊的指导要从宏观向微观层面深入,推动了中共报刊形势与指导相结合。

1931年1月,中共正式提出报刊应"成为党的工作及群众工作的领导者",提出"在立三路线之下,党报形成一个单纯的对外的宣传品,失却其对党的工作及群众工作的领导作用。过去党报对于各种工作未曾给与指示,没有整顿各种斗争的经验,没有发展党内的讨论(自然在站在国际与党的路线上的讨论)。同时,文章偏于理论问题和策略问题,而不能带有最大限度的具体性,来指示实际工作尤其是关于党的组织问题党的建设问题,差不多完全没有注意到"。要求党报"不仅要解说中国革命的理论问题策略问题,解说党目前的中心口号,同时要极可能的多收集关于实际工作的文章,特别是关于党的组织任务的文章,论文要带有指示文件的性质,要带极高限度的具体性,应当给与实际工作中的同志以具体的建议"[②]。

在该文件的指导下,1931年3月创办的中共中央机关报《红旗周报》率先转变,用更多篇幅刊载中共文件并对实际工作提出指导性意见,相继发布了《击破国民党进攻红军的新计划》《加紧我们对于日常斗争的领导》《应该怎样领导群众》《红军的新胜利与我们的任务》《怎样加紧党的动员

---

① 问友:《过去一百期的"红旗"》(1930年5月10日),载中国社会科学院新闻研究所编《中国共产党新闻工作文件汇编》(下),新华出版社1980年版,第134—136页。
② 《中共中央政治局关于党报的决议》(1931年1月27日),载中国社会科学院新闻研究所编《中国共产党新闻工作文件汇编》(上),新华出版社1980年版,第71—72页。

群众工作》《加紧领导灾民的斗争》《工农红军冲破第三次"围剿"与每个革命战士的当前任务》《日本帝国主义占领满洲与我们党的当前任务》《反日帝国主义占据满洲中满洲中共党部的中心任务》《目前政治形势与发行工作的任务》《怎样转变我们的宣传鼓动工作》《怎样去扩大上海反帝的罢工运动?》《争取革命在数省的首先胜利》《对满洲的武装干涉与反苏联大战的准备》《我们应该怎样拥护红军的胜利》《上海工人斗争的形势与我们的任务》《苏维埃政府怎样为粮食问题的解决而斗争》《河北最近工人斗争的形势与我们的紧急任务》《白区党在反对五次"围剿"中的战斗任务》《福建的事变与我们的任务》，对于各种新情况、新问题作出了具体而又细致的指导。

同时，《红旗周报》对于各级党组织、苏维埃政府的来信请示进行了回复，如《平均分配一切土地及其他——答湘鄂西特委的信》《中央为土地问题致中央苏区中央局信》《为发行工作致苏省信》《中央给江苏省委的信》《中央为反帝问题致鄂豫皖中央分局的信》《为反对帝国主义进攻苏联瓜分中国给各苏区党部信》《为工会会员问题给各苏区信》《给上海工厂支部的一封信》，充分发挥了答疑解惑的作用，为下级组织开展工作指明了方向。在其篇目关键词中，"任务"词频居第18位、"问题"23位、"决议"30位、"工作"31位、"纪念"44位、"宣言"46位、"计划"53位、"领导"54位、"形势"56位、"目前"57位、"总结"59位、"事变"60位、"政策"66位、"什么"74位、"教训"80位，其指导性大幅增强。如果说《布尔塞维克》的指导性体现在宏观层面，主要是为了提振士气、指明方向，那么《红旗周报》的指导性则体现在微观层面，主要是为了推动工作、答疑解惑，肩负起了中共赋予的领导实际工作之使命。

对于瑞金创刊的《红色中华》，中共将其定位为"中华苏维埃运动的喉舌"，十分强调其对于苏维埃运动的指导作用，赋予该报三大任务："第一，组织苏区广大群众积极参加苏维埃政权；第二，指导各级苏维埃实际工作；第三，揭破帝国主义、国民党军阀及一切反动派进攻革命、欺骗工农的阴谋，使工农劳苦群众懂得国际、国内形势与必要采取的斗争方法"，

第二章 中国共产党办报模式的基本成型

大量刊载了中共的指示性文章。在其发表的77篇社论中，号召群众参加革命的社论有31篇；指导苏区工作10篇；分析形势，痛斥帝国主义、国民党罪行11篇；反映阶级斗争与党内斗争7篇。① 社论忠实地执行了党赋予的使命，指导实际工作成为该报的首要任务，这也是这一时期中共红区报刊的普遍特征。

在中共报刊将形势与指导相结合的过程中，部分报刊工作者未能及时转变观念，使得中共报刊在一定程度上出现了"空洞化"的问题。在中华苏维埃共和国成立前，中共报刊的内容普遍是"全国的""世界的"政治情况，着眼于"分析全国的政治事变，根据每日的事变指出全国革命之总的任务"②，立足于较为宏观的层面。这些文稿往往可以"闭门造车、出门合辙"，仅以报刊、广播、电报提供的信息为原料，以本党所处的立场为论点，以本人思辨过程为脉络，就可在斗室中挥洒而成。随着中共由革命党转为区域执政党，其中心任务由"斗争"转为"建设与斗争兼顾"，中共报刊的职能必须随之转变③，既要继续引领全国革命形势和各地党组织的发展，也要及时解决政权巩固与建设过程中出现的扩大红军、打破围剿、动员群众、组织生产、划分土地、移风易俗等具体问题。这类文稿必须实地走访才能了解真实情况，有的放矢地提出具体指导意见。

但是，许多报刊工作者仍采用过去"足不出户、下笔千言"的工作方式，满足于来料加工、主观思辨，导致"我们所登载的新闻，常常是一些

---

① 杨骁：《中国共产党早期报刊研究——以〈红色中华〉为例》，硕士学位论文，中国青年政治学院，2017年。

② 问友：《过去一百期的"红旗"》（1930年5月10日），载中国社会科学院新闻研究所编《中国共产党新闻工作文件汇编》（下），新华出版社1980年版，第134页。

③ 十月革命后，苏俄面临着与中共类似的局面。列宁提出，报刊的职能必须随形势而转变："我们还没有同具体的罪恶的负责者作切实的无情的与真正革命的战争。我们还很少从生活各个方面利用活的、具体的例子与模范来教育群众——而这正是从资本主义到共产主义的转变时期的报纸的主要任务。我们对于工厂内，农村中，军队内日常的生活方面还很少注意，而正是在那里建设着新的，在那里特别需要注意公开的，社会的批评，打击混蛋分子，号召学习好的。"参见张闻天《关于我们的报纸》（1933年12月1日），载中国社会科学院新闻研究所编《中国共产党新闻工作文件汇编》（下），新华出版社1980年版，第179页。

当地组织所要完成的赤裸裸的数目字,或者是它们的计划与工作布置……在我们报纸上空洞的议论与叫喊多于利用具体的材料来开展斗争,来改善工作,来教育广大的群众……在我们的报纸上差不多经常议论到应该反对官僚主义,甚至有些地方由于叫喊反对官僚主义把嗓子都弄哑了。然而关于官僚主义的具体事实的记载,则是少到再不能少的地步了"。张闻天认为,问题出现的原因在于"我们报纸没有真正的去了解下面实际情形,检查我们的实际工作,揭发在我们实际工作中发生的一切严重问题所必然产生的结果"①。对此,毛泽东一针见血地指出:"坐在房子里面想象的东西,和看到的粗枝大叶的书面报告上写着的东西,决不是具体的情况。"② 总体而言,中共报刊在形势与指导相结合方面虽然已有很大进步,但在城市办报中形成的"知识气质"仍在阻碍中共报刊与群众相结合、与实际相结合,成为长期困扰中共报刊工作的重要问题。

大革命时期,中共报刊在报道国内形势的同时,也用相当篇幅对国际形势进行了介绍。这种议程设置执行了《中国共产党加入第三国际决议案》和《第三国际的加入条件》的相关条款,体现了中共作为共产国际支部的性质,有利于全党了解世界革命形势和他国革命经验,为中国革命提供参考与借鉴;这种自我定位也使中共有了睥睨国民党和与其平起平坐的底气,并在中共报刊上体现出来,成为中共话语优势的来源之一。但在敌对势力的歪曲与抹黑下,诱发了社会各界将中共视为"国际派"的刻板印象,甚至认为中共的崛起是"煽动赤祸",是苏俄"输出革命"的结果。③ 大革命失败以后,受共产国际影响,中共认为:"世界革命的危机日益发

---

① 张闻天:《关于我们的报纸》(1933年12月1日),载中国社会科学院新闻研究所编《中国共产党新闻工作文件汇编》(下),新华出版社1980年版,第175—179页。
② 毛泽东:《兴国调查》(1930年10月),《毛泽东文集》第1卷,人民出版社1996年版,第254页。
③ 1924年6月国民党元老谢持、张继的观点很有代表性:"中国共产党,原无足轻重,因其不过第三国际之差遣,第三国际为苏俄所创,俄国对中国革命政策,将由中国共产党人加入中国国民党以操纵左右也,俄国认中国共产党为俄国之子,中国国民党或可为俄国之友。"参见《谢张两监察委员与鲍罗廷问答纪要》(1924年6月25日),载中共中央党史研究室第一研究部译《共产国际、联共(布)与中国革命档案资料丛书》第2卷,中央文献出版社2002年版,第579页。

第二章 中国共产党办报模式的基本成型

展,帝国主义间的大战,尤其是帝国主义进攻苏联的大战,正在积极准备之中,中国将成为爆发这一次世界大战的导火线与战场",过高估计了世界形势的变化对于中国革命的影响,认定"中国革命是世界革命的一个很重要部分",将"加强国际的宣传特别是要反对世界大战拥护苏联"作为宣传工作的第三要务①,得到了《布尔塞维克》《红旗周报》等报刊的忠实执行。

据统计,《布尔塞维克》上涉及国际形势与事务的文章共计68篇,占刊文总数的15.68%;《红旗》为91篇,占刊文总数的17.77%,均安排了相当篇幅报道与讨论国际形势,并大量介绍了苏联的政治、经济、社会情况以及苏联革命与建设的成功经验。《红旗日报》创刊后,中共虽处于"围剿"的困境之下,该报仍刊发了许多类似《反对帝国主义进攻苏联》《远东战争与共产主义者在反对帝国主义战争反对武装干涉苏联斗争中的任务》的文章,机械执行共产国际指示。特别是1931年3月10日《红旗周报》针对"一部分干部和同志对于国际路线阳奉阴违的'两面派'"问题,在第3期头版刊发了《为举行革命工作竞赛告全省党团同志书——执行国际路线竞赛》的文章,通知以运动的形式检查"每个地方党部地方团部每个党团每个支部每个同志执行国际路线的真假和态度",引发了上海区委在执行过程中出现"形式主义"问题的风波。为此,《红旗周报》随即刊文对于上海区委"订了条约、而不照条约去做"的做法进行了严肃批评,要求"在党与团的中间做一个热烈的拥护苏联的运动"②。这场风波充分体现了中共中央对各级党部"执行国际路线竞赛"的严肃态度,要求它们"说到做到",无疑会使"拥护苏联""执行国际路线"由条例转化为行动,表现在报刊工作方面就是多数中共报刊将国际新闻放在首要位置,先于国内新闻、本省新闻、当地新闻,如《上海工人》《红旗日报》《红军日报》《新中华报》等报刊都采用了

---

① 《中共六届二中全会宣传工作决议案》(1929年6月25日),载中国社会科学院新闻研究所编《中国共产党新闻工作文件汇编》(上),新华出版社1980年版,第41、44页。
② 《是革命竞赛?还是赶时髦?——要求上海区委的答复》,《红旗周报》1931年6月11日。

这种"由远及近"的编排方式，体现了编辑部"国际重于国内"的倾向。

从1931年底到1933年初①，《红色中华》每期都用一半左右的版面登载国际国内的时事消息，另外一半左右的版面用来登载苏维埃中央政府的宣言、声明、法令、决议、红军作战的捷报、苏区消息以及社论、专论、纪念日介绍等②，甚至"因专电过多，以及印刷关系，再不能增加篇幅，以至苏维埃建设和'二七'的文章，本期不能全登，准期以后陆续登载"③。对此，《红色中华》的认识是："国际政治经济智识的缺乏，是苏区内普遍的现象"，"不能够狭隘起来说苏维埃临时中央政府的机关报，就不需要多登国内反动政治经济状况"④，国际新闻自然也是"多登"的对象。这种版面安排表明，处于苏区的《红色中华》已出现"国际重于国内"的倾向，并在此后《新中华报》《新华日报》《解放日报》的创办过程中变得日益明显。

这种倾向的出现，与共产国际与苏联指导中国革命的"本位主义"不无关系，对于"闭关锁国"五百余年而"开眼看世界"不到一百年的东方古国来说，这种"超国别"的宣传显然不符合此时中国革命的实际及中国民众的心理特征，"说不出口"表明宣传者自身都产生了本能的排斥反应⑤，自己都未确信的理念，更难以宣达给广大受众。远东局负责人雷利斯基在审读《布尔塞维克》时曾表示："在拟议的一期中，所有文章都应

---

① 《红色中华》报第1期到第49期之间。
② 谷长岭、俞家庆：《中国新闻事业史参考资料》，中央广播电视大学出版社1987年版，第137页。
③ 《编辑部启事》，《红色中华》1932年2月3日。
④ 《本报一周年的自我批评》，《红色中华》1932年12月11日。
⑤ 《中共六届二中全会宣传工作决议案》提出："以往党对于国际问题的宣传做得很少，中国革命运动在国际间的宣传，更差不多完全没有，反对世界大战的宣传亦非常不普遍，对于反动派诬指苏联为赤色帝国主义，并不能为有力的辩明，甚至许多同志还感觉拥护苏联的口号，有些说不出口。苏联的实际生活，工人农民兵士妇女的状况，经济政治的组织，社会主义建设的成绩，我们都没有具体的向广大群众介绍。这样严重的缺点，不但使中国革命不能超出狭隘的民族的范围，并且显然不能号召群众起来反抗帝国主义瓜分中国进攻苏联的奸计。"参见中国社会科学院新闻研究所编《中国共产党新闻工作文件汇编》（上），新华出版社1980年版，第41、45页。

第二章　中国共产党办报模式的基本成型

从共产国际和党的路线出发，具有指导的性质。我觉得，还需要减少国际问题栏目，而要增加国内问题栏目。"[1] 陈独秀直言："我觉得我们的宣传，太说教式了，太超群众了，也太单调了……只是拿世界革命做出发点，拿'反对进攻苏联'、'拥护苏联'做动员群众的中心口号……离开具体问题说教式的单调宣传，只有最觉悟的无产阶级分子能够接受，而不能够动员广大的群众，反而使群众误会我们只是卢布作用，而不顾及民族利益，并且使国民党很便当的简单明了的把他们'拥护中国'的口号和我们'拥护苏俄'的口号对立起来，听群众自己选择一个。"[2]

"拥护中国"和"拥护苏联"的抉择，在很大程度成为国民党道路和共产党道路的表征，消解了中共对于国民党的语话优势，这种"人心向背"的翻转成为中共宣传面临的严重问题，就连部分联共（布）领导人也认为"宣传战争危险即将到来的思想和结合关于苏联作为即将到来的世界革命堡垒的作用的论点在国内加剧'被围困的要塞'的形势"是"极大的错误"，"极其有害"[3]。刘少奇在此后总结道："'九一八'日本武装占领了满洲，我们同志却强调地提出'拥护苏联'的口号，把挽救中国民族危亡的口号放到第二位。这样，怎能使我党和同志走到广大群众中去……不懂得根据当时当地的环境与条件，根据群众觉悟的程度，提出群众可能接受的部分的口号、要求和斗争的方式，去发动群众的斗争，并根据斗争过程中各种条件的变化，把群众的斗争逐渐提到更高的阶段……关门主义与冒险主义的错误在党内长期继续与重复的结果，使党脱离群众，使党孤立，使同盟者离开我们，使某些部分的群众和同情者对党产生某些疑惧，使许多企业中的很好的同志和群众离开我们，不

---

[1]《雷利斯基同王稼祥和沈泽民谈话记录》（1931年2月8日），载中共中央党史研究室第一研究部译《共产国际、联共（布）与中国革命档案资料丛书》第10卷，中央文献出版社2002年版，第54页。

[2] 陈独秀：《关于中东路问题给中央的三封信》，载林茂生《陈独秀问题参考资料》，出版社不详，1964年，第191—192页。

[3]《契切林给斯大林的信》（1929年6月20日）、《契切林给李可夫的信》（1929年10月18日），载中共中央党史研究室第一研究部译《共产国际、联共（布）与中国革命档案资料丛书》第7卷，中央文献出版社2002年版，"前言"第9页。

愿见我们的面，使许多工作和组织塌台。"①

中共报刊"国际重于国内"的倾向，引发了毛泽东的强烈不满，他从国际与国内新闻的比例入手，提出了一系列的改进措施："登消息的次序，本乡的、本区的、本县的、本省的、本国的、外国的，由近及远……要紧的是本县、邻县这两部分新闻，因为它是群众欢迎的。全省的、全国的每期条把就够，国际新闻几期之内登他条把，这些新闻不可没有，没有就不能引导群众参加大范围的斗争，因此一定要有，但决不可多。多了，一来占去篇幅，把本地近地的重要消息篇幅缩小；二来这些消息缺乏兴味，群众不易了解……国内国际消息要少，只占十分之三，本军、本地、近地消息要多，要占十分之七。只有这样，才能引动士兵和群众看报的兴趣，取得我们所要取得的效果。"② 中共报刊的倾向问题，成为毛泽东改进中共报刊工作进而扭转党内"国际路线"的抓手，成为整风运动与《解放日报》改版的伏笔。

三　技术形态：公开刊物"内刊化"

大革命时期，宣传一直是中共的优势所在，而报刊更是中共不断扩大社会影响的急先锋，甚至成为万众瞩目的"明星"。《向导》就得以在"百刊竞发"中脱颖而出，被读者誉为"福音""木铎""救命符""黑暗的中国的一颗明星""两千年来历史上破天荒的荣誉作业"。③ 该报也自信地宣称："《向导》有一种不可磨灭的价值。象《向导》这样有系统的批评政治，这样有独到的见解，这样有坚定的主张，在中国要算第一次发现。像《向导》这样拥护真理，不断的攻击国际帝国主义和本国军阀，在中国也

---

① 刘少奇：《肃清关门主义与冒险主义》（1936年4月10日），载《刘少奇选集》（上），人民出版社1981年版，第26、28、31页。
② 毛泽东：《普遍地举办〈时事简报〉》（1931年3月），载中共中央文献研究室、新华通讯社编《毛泽东新闻工作文选》，新华出版社2014年版，第30—32页。
③ LM：《读者之声》，《向导》1923年5月23日；晓晴：《读者之声》，《向导》1922年12月6日；陈复：《读者之声》，《向导》1922年10月25日；冥飞：《读者之声》，《向导》1926年9月20日；喜子：《读者之声》，《向导》1925年7月16日。

第二章　中国共产党办报模式的基本成型

算第一次发现。他是真正代表中国民众利益的报纸,他是中国苦同胞的忠实好友,他是中国革命运动中不可少的先锋。"①

而国民党由于上海、广州两地党务机构的长期杯葛,宣传机构需要应付意识形态和战略上的分歧,需要处理广布全国的党务机构之间产生的不一致②,此时两地的宣传机构本身也在争权夺利,导致国民党"一大"代表都要求宣传部"实现宣传与意见的统一"③。在宣传机构"一盘散沙"的状态下,国民党报刊工作长期没有起色,仅有的几份报刊也是新闻性多于政治性,更谈不上什么党性,于是才有广州《国民日报》羡妒《向导》的言辞产生,甚至经常照搬《向导》上的文字。有国民党青年惋惜地说:"我们这几年来所看见的刊物是些什么?我们谁都不能否认是《向导》《中国青年》《人民周刊》《少年先锋》……然而这些刊物只是为共产主义而宣传。"④ 连国民党自身也承认:"本党宣传工夫不如共产党,很可虑的。"⑤

在两党党力不成正比的情况下,中共报刊竟然占据明显优势,难免成为国民党的心腹大患。在国共合作的背景下,国民党也曾主动抢占舆论阵地,由戴季陶率先挑起论战,但其文章甫一出笼,就激发中共报刊的文字围剿,所谓的"戴季陶主义"节节败退,更加深了国民党对中共报刊的忌惮,在此后的"清党"运动中首当其冲,成为暴力摧残的目标。第一次国共合作破裂后,国民党意识到:不仅要在组织上消灭共产党,更要在思想上消灭共产党。⑥ 为了在思想上彻底消灭共产党生存的土壤,国民党发动了立体攻势。

首先是充分利用执政党的优势地位,颁布法令法规压制新闻自由。1930年12月,国民党当局颁布《出版法》,其核心内容就是推出新闻检查

---

① 《向导》周报同人:《敬告本报读者》,《向导》1922年12月27日。
② [美]费约翰:《唤醒中国:国民革命中的政治、文化与阶级》,李霞等译,生活·读书·新知三联书店1996年版,第332页。
③ 《中国国民党中央执行委员会宣传部办事章程》,《中国国民党周刊》1924年第22期。
④ 格孚:《一封信》,《现代青年》1927年4月4日。
⑤ 居正编:《清党实录》,中国国民党中央执行委员会1928年版,第468页。
⑥ 陈立夫提出:"我们一方面要用实际的行动去消灭,一方面要用文字来做思想上的斗争。"参见唐纪如《国民党1934年〈文艺宣传回忆录〉评述》,《南京师范大学学报》1986年第3期。

制度，其法条规定任何机关团体或个人出版的刊物，须在首发前 15 日申请登记，严禁"意图破坏中国国民党或三民主义、意图颠覆国民党或损害中华民国利益"的刊物出版。1934 年 4 月，国民党中央宣传部专门设立"图书杂志审查委员会"，指令所有刊物付印前必须送审。这两部法规的颁布，赋予了国民党处置中共报刊的自由裁量权，基本消灭了中共报刊公开出版的可能。为了与中共宣传体系对垒，国民党还建立"两报一社一台"为核心的宣传体系，对中共展开宣传战和舆论战。凭借执政党的优势地位与资源，中央台于 1928 年成为亚洲发射功率最大的广播电台，中央社在 1936 年基本形成覆盖全国的通讯网，而中共往往求一电台、建一印刷所而不得，国民党媒介在技术上、资源上对中共形成压倒性优势。

其次，国民党运用暴力手段查禁和捣毁进步新闻文化机构，迫害和暗杀进步新闻文化工作者，试图将藏于地下的中共新闻事业斩草除根。1928 年，国民党通过了《制止共产党阴谋案》，提出"共党之理论、方法、机关、运动者，均应积极铲除，或预为防范"[①]。1929 年，国民党中宣部下发《取缔销售共产书籍各书店办法》，"请交中央训练部通告各省市印刷业商会及工会，转告该地印刷所及印刷工人，令其不得代印共产书籍及印刷品，并通令全国各党政机关严密注意各印刷所之印刷；各印刷所及印刷工人，如私印共产书籍及宣传品，一经发觉即予以严厉之处分"[②]。仅在"七一五"政变中，就有萧楚女、陈延年、赵世炎等著名中共报刊工作者被杀害，中共中央机关报《向导》停刊，共青团中央机关报《中国青年》回迁上海。1928 年到 1937 年，被国民党查禁的书刊达 1100 种，中共"清党"前创办的刊物基本被查封殆尽，一度呈现"万马齐暗"的肃杀景象。同时在"围剿"时展开宣传攻势，对广大军民实行攻心战，抓住中共建立苏区过程中在土地政策、兵员募集等政策上的失

---

① 荣孟源主编：《中国国民党历次代表大会及中央全会资料》（上），光明日报出版社 1985 年版，第 526 页。

② 中国第二历史档案馆编：《中华民国史档案资料汇编》第 5 辑第 1 编文化（1），江苏古籍出版社 1994 年版，第 287—292 页。

第二章　中国共产党办报模式的基本成型

误,"经常在驻地到处写满了欺骗工农的口号,污蔑共产党共产共妻,杀人放火","蒋介石还把他亲笔写的劝降信印成传单,用飞机在苏区内散发,蛊惑人心"①。

在国民党咄咄逼人的立体攻势下,中共报刊的生存环境前所未有的恶化。1927 年 8 月、1928 年 6 月,中共专门发布第 4 号、第 55 号中央通告,对严峻形势下报刊工作的原则、布局、印刷、发行作了具体指导,但其自承:"以上的原则自然还不够,但中央只能指示这原则,其他须等各地自己根据客观情形去决定。"② 国民党的高压政策带给中共报刊工作的巨大压力可见一斑。身处"白区"的中共报刊竭力保持公开出版形态,但"出版要印刷机,房屋,纸张,这些东西都被资产阶级垄断,还要加上统治阶级的警察宪兵的压迫,封闭,检查,在现在资产阶级的虚伪的德谟克拉西都被摈弃,变为公开的法西斯蒂专政"③,"在国民党反动派对马列主义书籍、革命的以及进步的报刊严密查禁中,左翼文化团体出的期刊很少能延续出两期以上"④,不得不陆续转入"地下",采取"非法的斗争方式"⑤。而处于"围剿"下的"红区"报刊发行范围被严密限制在苏区之内,战时状态和印刷设备、材料的缺乏使其不得不因陋就简。在此严峻形势下,无论是白区报刊还是红区报刊都不得不在形态上作出妥协。

此时,通过伪装封面对抗新闻检查制度成为中共"白区"报刊的普遍做法。建党初期,《共产党》曾率先以"开天窗"的方式争取出版自由,在其第 3 号第 2 页上原本刊登《告中国的农民》的版面上仅留下 11 个大字:"此页被法巡捕房没收去了!"大革命失败后,中国革命形势急转直

---

① 廖正本、余伯流:《赣南革命三十年》,江西高校出版社 1992 年版,第 134 页。
② 《中共中央通告第五十五号》(1928 年 6 月 30 日),载中国社会科学院新闻研究所编《中国共产党新闻工作文件汇编》(上),新华出版社 1980 年版,第 40 页。
③ 凯丰:《给〈红色中华〉百期纪念》(1933 年 8 月 10 日),载中国社会科学院新闻研究所编《中国共产党新闻工作文件汇编》(下),新华出版社 1980 年版,第 160 页。
④ 张凌青:《我在社联的时候》,载上海市哲学社会科学学会联合会编《中国社会科学家联盟成立 55 周年纪念专辑》,中国展望出版社 1986 年版,第 109 页。
⑤ 洛甫:《白区党目前中心任务》(1937 年 6 月 6 日),载中央档案馆编《中共中央文件选集》第 11 册,中共中央党校出版社 1991 年版,第 238 页。

下，在国民党的新闻统治下，新闻与言论自由已是奢望，要求中共报刊的斗争方式也必须灵活应变。1927年12月，中共中央机关刊物《中央通讯》于第16期率先假托封面发行。1928年5月，共产国际指示中共推广该斗争方式，"必须印刷各种士兵日用小册、日记、日历、记事簿等等，这些东西的外表应与通常的货物一样，但内部则有我们的材料"①。在《布尔塞维克》与《红旗周报》的示范作用下②，其他白区报刊如《上海工人》《列宁青年》《中国工人》《党的生活》《北方红旗》《组织通信》《全总通讯》《士兵的话》《列宁生活》等都采用了该斗争方式，逐渐引起国民党中宣部的注意，针对性地编制了《中央查禁反动刊物名册》及《共产党反动刊物化名表》，加大对中共报刊的甄别力度，导致中共报刊更换封面的频率不断加快。

此时，中共的白区报刊与红区报刊都普遍采用"刊"而非"报"的形态，除"现在参加在'新闻工作'中的同志是很少的，这其中大多数还是偏于'杂志'性的工作者，真正的'新闻工人'就更少更少"的缘由③，客观原因是大部分报刊的刊期迫于形势恶化而不断延长。《布尔塞维克》起初为周报，1928年5月30日（第20期）改为半月刊，1928年11月1日（第29期）改为月刊，出至1929年9月1日（第38期）开始经常性脱期，变为不定期刊物。《红旗》起初也是周报，1930年8月15日改为日

---

① 《共产国际执行委员会东方书记处关于中共军事工作的训令》（1928年5月），载中共中央党史研究室第一研究部译《共产国际、联共（布）与中国革命档案资料丛书》第8卷，中央文献出版社2002年版，第432页。

② 《布尔塞维克》先后采用以下伪装封面：《中央半月刊》（第32期起）、《新时代国语教授书》（第35期起）、《中国文化史》（第45期）、《中国古史考》（第46期）、《金贵银贱之研究》（第47期起）、《平民》（第50期）、《经济月刊》（第51期）、《虹》（第52期）。《红旗周报》先后采用以下伪装封面：《实业周报》（第10期起）、《时事周报》（第18、23—25期）、《平民》（第26期）、《光明之路》（第31期）、《机联会刊》（第41、42期）、《现代生活》（第43期）、《新生活》（第45—48、50期）、《大潮》（第49—51期）、《晨钟》（第52、53期）、《摩登周刊》（第54—58期）、《大众文艺》（第59期）、《佛学研究》（第60—62期）、《新医药刊》（第63期）、《建筑界》（第64期）。

③ 氓：《论目前"红中"的任务》（1933年8月6日），载中国社会科学院新闻研究所编《中国共产党新闻工作文件汇编》（下），新华出版社1980年版，第149页。

第二章 中国共产党办报模式的基本成型

报并完全采用"报"的样式,其改名为《红旗周报》后,从 1931 年 6 月 12 日(第 10 期)由"报"改"刊",从 1932 年 9 月以后相继改成半月刊、月刊、不定期刊。

中共报刊在技术形态上也普遍退化,编辑与印刷方面都较大革命时期的报刊简陋。东方书记处在审读《布尔塞维克》后批评该刊"对材料没有做编辑工作……几乎在各期中,许多文章都太重复,内容贫乏,水份很大。看来,编辑部压缩工作做的不够,有时有的材料没有做任何文字加工……编辑部刊用需要作出说明的材料,却没有做任何注释"①。在白色恐怖下,过去作为重要稿源的地方通信由于通信渠道被破坏大幅减少,要做好编辑工作可谓"巧妇难为无米之炊"。由于自办印刷所不断被捣毁,而开办新印刷所费用高昂且拨款迟迟不能到位,报刊印刷只能因陋就简。1931 年 3 月 2 日,《布尔塞维克》编辑委员会主任沈泽民在向远东局委员雷利斯基的汇报中,就表明了《布尔塞维克》面临的两大严重问题:"我们出版《布尔塞维克》有很大困难。我们没有人能给杂志写文章。印刷厂厂主因篇幅大不愿意印。"②

1927 年 8 月,中共发出指示"对内的刊物都用油印出版,《向导》及理论的小册子用铅印,各地鼓动的机关报最好是铅印,不能则用石印,再不能则油印亦可。(只要能够出版)"③。到 1930 年 12 月情况仍未好转,为此远东局提出:"在出版铅印机关报存在技术困难的情况下,应该出版打印的或者甚至手写的机关报。"④ 加之中共报刊"在秘密中印刷份数不能过

---

① 《共产国际执行委员会东方书记处关于〈布尔塞维克〉杂志问题给中共中央的信》(1929 年 3 月 6 日),载中共中央党史研究室第一研究部译《共产国际、联共(布)与中国革命档案资料丛书》第 8 卷,中央文献出版社 2002 年版,第 87 页。

② 《雷利斯基同沈泽民、张闻天和赵容谈话记录》(1931 年 3 月 2 日),载中共中央党史研究室第一研究部译《共产国际、联共(布)与中国革命档案资料丛书》第 10 卷,中央文献出版社 2002 年版,第 160 页。

③ 《中共中央通告第四号——关于宣传鼓动工作》(1927 年 8 月 21 日),载中国社会科学院新闻研究所编《中国共产党新闻工作文件汇编》(上),新华出版社 1980 年版,第 36 页。

④ 《共产国际执行委员会远东局给中共中央的信》(1930 年 12 月 15 日),载中共中央党史研究室第一研究部译《共产国际、联共(布)与中国革命档案资料丛书》第 9 卷,中央文献出版社 2002 年版,第 537 页。

多",需由各地进行翻印"以便分配到就近的区域"①,条件实在不允许的情况下"亦必需设法摘要翻印"②,印刷质量与传递时效都大不如前,导致"各地油印的宣传品,技术上很多缺点。有的印得一塌糊涂,一看不清白。有的字太小,太潦草,使工农及不深识字的人一见便讨厌"。"因为印刷及发行的困难",李立三提出:"我们一定要尽量改良(刊物的技术问题)。宁可使我们的刊物小,总要使我们的刊物好。"③ 中共忍痛决定"减少刊物的数目,集中力量改善几个中心刊物,使这几个刊物的内容,印刷,发行,能尽量的改善"④。在红区发行的报刊受国民党封锁的影响,大多数都采用土纸油印,仅有少数有条件采用石印或铅印。红军长征后,红区报刊相继停刊,仅剩《红星》在途中坚持不定期发行,由铅印大报一度变为油印小报。

四 经营管理:普遍采取战时拨款制

通阅土地革命时期中共与共产国际的往来信函,"经费"绝对是其中的高频词。特别是国共第一次合作破裂后,中共的组织遭到严重破坏,党员数量锐减,除需款项支付"机关费用,开展工作,往苏区派遣人员,租用住房,出版报纸、杂志、传单等出版物"等日常工作费用外⑤,"为了建立新的机关,需要人员和款项","为了保留身经百战的久经考验和有经验的军事工作者……也需要一大笔经费"。但是,"同国民党决裂后,党失去了一切特殊的经费来源","在骇人听闻的白色恐怖情况下,我们没有任何

---

① 《中共中央通告第四号——关于宣传鼓动工作》(1927年8月21日),载中国社会科学院新闻研究所编《中国共产党新闻工作文件汇编》(上),新华出版社1980年版,第37页。

② 《中共中央通告第五十五号》(1928年6月30日),载中国社会科学院新闻研究所编《中国共产党新闻工作文件汇编》(上),新华出版社1980年版,第39页。

③ 李立三:《现在全国宣传工作的任务及其缺点》(1930年),载中国社会科学院新闻研究所编《中国共产党新闻工作文件汇编》(下),新华出版社1980年版,第130页。

④ 《中共中央政治局关于党报的决议》(1931年1月27日),载中国社会科学院新闻研究所编《中国共产党新闻工作文件汇编》(上),新华出版社1980年版,第72页。

⑤ 《盖利斯给别尔津的信》(1930年11月28日),载中共中央党史研究室第一研究部译《共产国际、联共(布)与中国革命档案资料丛书》第9卷,中央文献出版社2002年版,第480页。

第二章 中国共产党办报模式的基本成型

储备金",也"很难从同志们身上募集经费"①,"党员们从自己的薪金中拿不出钱来捐给党,他们的工资微不足道,还不够吃饭"②,"连党中央委员每月也只能得到 27 中国元……中国共产党在目前时期比在任何时候都需要物质援助"③。面临着经费锐减与开支剧增的双重困境,中共对于共产国际等组织拨款的依赖进一步加深。

这种状况似乎并未得到共产国际等组织的充分理解与体谅,1928 年 2 月,共产国际国际联络部驻华代表阿尔布列赫特抱怨中共"几乎为每件小事都提出(经费)请求",但他也认同中共经费不足,主张将中央的每月预算由 2 万墨西哥元提升至 3.5 万墨西哥元,要求中共"责成各地将全部预算的 2/3 用于报刊,责成党为工人和农民出版一份通俗的报纸"④。可能是基于该要求,中共加大了对报刊出版的投入力度。1930 年 10 月,中共表明"最近两个月……我们为日报就花掉经费 25576 中国元"⑤。同一时期,远东局致信东方书记处书记皮亚特尼茨基请求给中共中央拨出恢复印刷厂、出版报纸刊物的经费 2.7 万美元。⑥ 中共呈送的经常性(每月)开支预算表明,中共每月出版刊物需 15500 元,包括"1. 上海的(中央的)报纸、日报(应为《红旗日报》)、日刊(应为《实话报》)和月刊

---

① 《中共中央给斯大林和共产国际执行委员会的信》(1929 年 2 月 27 日),载中共中央党史研究室第一研究部译《共产国际、联共(布)与中国革命档案资料丛书》第 8 卷,中央文献出版社 2002 年版,第 83—85 页。

② 《盖利斯给别尔津的信》(1930 年 11 月 28 日),载中共中央党史研究室第一研究部译《共产国际、联共(布)与中国革命档案资料丛书》第 9 卷,中央文献出版社 2002 年版,第 480 页。

③ 《苏兆征和向忠发给共产国际执行委员会的信》(1928 年 5 月 7 日),载中共中央党史研究室第一研究部译《共产国际、联共(布)与中国革命档案资料丛书》第 7 卷,中央文献出版社 2002 年版,第 445—446 页。

④ 《阿尔布列赫特给皮亚特尼茨基的信》(1928 年 2 月),载中共中央党史研究室第一研究部译《共产国际、联共(布)与中国革命档案资料丛书》第 7 卷,中央文献出版社 2002 年版,第 360—363 页。

⑤ 《中共中央政治局给斯大林、莫洛托夫和皮亚特尼茨基的信》(1930 年 9 月 12 日),载中共中央党史研究室第一研究部译《共产国际、联共(布)与中国革命档案资料丛书》第 9 卷,中央文献出版社 2002 年版,第 369—373 页。

⑥ 《共产国际执行委员会远东局给皮亚特尼茨基的信》(1930 年 10 月 20 日),载中共中央党史研究室第一研究部译《共产国际、联共(布)与中国革命档案资料丛书》第 9 卷,中央文献出版社 2002 年版,第 400、406 页。

（应为《布尔塞维克》）7500元，日报按10000份需支出800元。2. 天津的报纸1600元（可能是《兵士呼声》）。3. 满洲的报纸1600元（名称不详）。4. 武汉的报纸2000元（名称不详）。5. 香港的报纸2000元（应为《香港小日报》）"①。此时，中共报刊的开支已占到中共日常经费的30%左右。

在"白色恐怖"下，"光是看一看共产党的传单就常常会付出生命的代价"②，有偿售卖只会成为受众接触中共报刊的障碍，必须大幅提高无偿赠阅的比重，故《布尔塞维克》和《红旗周报》多数期次没有登出售价。从少数公布售价的期次来看，即便是有偿发行，中共也希望控制售价以尽量减轻读者负担，如1931年发行的《红旗日报》每期售价与1922年的《向导》保持一致，仍为"大洋三分"，而民国货币银元从1922年到1931年货币贬值程度为42%左右，其售价几乎打了对折，而《红色中华》仅售"铜元一枚"。根据远东局负责人雷利斯基与《红旗》《实话》《布尔塞维克》编辑的谈话记录，中共报刊的发行收入可谓微乎其微，全部机关刊物的销售收入仅16元，"而光是《实话》报一个编辑部连同全体工作人员每月花费就达2000元"③，半公开发行的中央机关报《实话》的发行收入几乎可以忽略不计，其他下级党组织机关报刊及地下报刊的发行收入可想而知。此外，作为"违禁品"的中共报刊也不可能获得广告收入。据此判断，此时中共报刊的"非经济化"只会较大革命时期更加严重。一旦共产国际等组织的经费不能按期拨付，中共报刊就可能脱期甚至停刊，经费短缺就曾让"发行量为1万份的报纸《红旗（日报）》减少到4000份，变成

---

① 《共产国际执行委员会远东局给皮亚特尼茨基的信》（1930年10月20日），载中共中央党史研究室第一研究部译《共产国际、联共（布）与中国革命档案资料丛书》第9卷，中央文献出版社2002年版，第407页。

② 《米特凯维奇给共产国际执行委员会的信》（1928年1月），载中共中央党史研究室第一研究部译《共产国际、联共（布）与中国革命档案资料丛书》第7卷，中央文献出版社2002年版，第286页。

③ 《雷利斯基同王稼祥和沈泽民谈话记录》（1931年2月8日），载中共中央党史研究室第一研究部译《共产国际、联共（布）与中国革命档案资料丛书》第10卷，中央文献出版社2002年版，第53页。

第二章 中国共产党办报模式的基本成型

小页传单形式，没有固定的印刷所进行印刷"①。

1928年6月，共产国际联络局局长皮亚特尼茨基在分析中共对于财政状况的报告后得出如下结论："经验表明，我们给各党的钱越多，它们就越不想深入群众，同群众建立联系。而在这个报告中所表明的倾向是：要由党来养活大量的同志，要建立庞大的机关，并且所有经费都要从这里取得。"他认为："满足他们（中共）的要求，就意味着葬送党。"②皮亚特尼茨基以上位者的视角看待中共的革命实践，未能切身体会中共在严峻革命形势下自我造血的难度，但在某种程度上也道出了中共组织"非经济化"的弊端，即对于上级组织拨款的依赖会诱发党组织产生"惰性"，体现为"有时我们（共产国际）提出某些新任务，他（周恩来）就用自己的回答让我们明白，似乎我们只会提出任务，但很少考虑贯彻执行这些任务的可能性，不在经费方面给他以帮助"③。这种"惰性"在报刊工作方面表现为：编辑人员闭门造车，不去了解实际情况，"下笔千言，离题万里"；版面编排与印刷因陋就简，在技术形态上明显落后于民营报刊、国民党报刊，削弱了中共报刊的竞争力。

五 "瑞金模式"的历史贡献与不足

土地革命时期，国家名义上统一为报刊事业发展营造了较为平和稳定的环境，也推动了全国性报业市场的形成。各大报刊对于政治形势动荡与战火侵袭的顾虑降低，谋划长远发展的信心得到提振，普遍加大了对办报事业的投入，积极修缮馆社、购置设备、引进人才，许多报刊还改变了过去"编印分离"的办报模式，将编辑、印刷、发行三项业务统一于报馆，将办报的全

---

① 《中共中央政治局给斯大林、莫洛托夫和皮亚特尼茨基的信》（1930年10月12日），载中共中央党史研究室第一研究部译《共产国际、联共（布）与中国革命档案资料丛书》第9卷，中央文献出版社2002年版，第372页。

② 《皮亚特尼茨基给斯大林的信》（1928年6月11日），载中共中央党史研究室第一研究部译《共产国际、联共（布）与中国革命档案资料丛书》第7卷，中央文献出版社2002年版，第286页。

③ 《盖利斯给别尔津的信》（1930年11月28日），载中共中央党史研究室第一研究部译《共产国际、联共（布）与中国革命档案资料丛书》第9卷，中央文献出版社2002年版，第480页。

流程置于自身掌控之下，报刊的业务水平与技术形态取得了较大进步。同时试图突破过去军事力量割据的隔阂，面向更广泛区域发行，使得国内报业进入了规模扩张的时期，报刊发行量普遍有了较大提升，对于读者的争夺由区域竞争为主日趋转向全国竞争。在受众数量没有明显增长的情况下，这种局面的出现无异于报界竞争的激化。此前，国内报刊发行量最大者也不过数万份，而《向导》最大发行量一度达 10 万份，可见中共报刊对于民营报刊尚存背靠党组织的比较优势。到此时，老牌民营大报如"申""新"两报的最大发行量一度超过 15 万份，《时报》《益世报》《大公报》《时事新报》的发行量也都达到或接近 5 万份。为维护在市场的垄断地位，《新闻报》甚至凭借规模优势对《商报》进行倾轧，将后者在市场售卖的报纸全部买下后质之废纸店。这种激烈竞争的压力迫使国民党报刊也开始考虑经营管理问题，与民营报刊争夺受众。与此相对的是，中共报刊大多被封锁在根据地的狭小区域，少数国统区报刊也只能在地下发行，生存空间被极限压缩，办报条件明显恶化，未受到报界普遍改善管理经营、使办报事业正规化潮流的影响，导致中共对于报刊"事业性"的认识长期滞后于业界趋势，直到解放战争胜利前夕，才切身体会到"城市办报"与"农村办报"的差别，但此时中共办报的"延安模式"已成为主流并根深蒂固。从这角度来说，大革命的失败造成中共报刊与业界潮流渐行渐远，逐渐走上不同的道路，成为中共办报事业长期为"工具论"统领的关键原因之一。

在党组织"支离破碎"的情况下，中共较大革命时期更加迫切地需要发挥报刊凝聚组织的核心作用，其"机关"性质发展为"工具性"，导致中共对报刊忘其器而取其用，并不注重报刊的技术形态，受环境与条件制约普遍呈现出"土纸油印"的面貌，甚至蜕化为墙报、手抄报、大字报等形态，呈现出与报界潮流相反的发展态势。随着中共与共产国际的联系日益密切①，

---

① 根据对于《共产国际、联共（布）与中国革命档案资料丛书》的内容分析，共产国际与中国的文件沟通以及关于中共问题的讨论，1921 年至 1925 年为 131 份，年均 26.2 份，1926 年至 1927 年增至 325 份，年均 162.5 份，1928 年至 1931 年在双方联络并不便利的情况下也达到 486 份，年均 121.5 份。由于"五卅"运动初步展示了中共开展工运的能力与实力，中共开始受到共产国际的重视，被视作改变中国面貌的独立力量，故自 1926 年开始，共产国际与中共的联络明显增多。

第二章 中国共产党办报模式的基本成型

中共的报刊工作接受列宁的无产阶级党报理论指导,朝着"适合于党的策略战线,适合于夺取更广大的群众"的方向努力①。1930年3月,《红旗》对此时中共报刊工作作出如此评价:"中国共产党从他的组成以至现在,都是很注意于全国党报之建立的。尤其是六次大会以后,中国党为建立中央党报曾经用过很多努力。在帝国主义与国民党的严重压迫之下,我们党报受尽了一切白色恐怖的压迫。虽然如此,但无论如何,敌人终究不能消灭我们党报的活动,反使我们党报在群众中的政治影响更加扩大。"②准确描述了这一时期中共报刊所处的艰难环境、争取群众的主要目标,以及在"唤醒群众"方面取得的显著成效。如果说此时我国报界主要是进行规模竞争,那么中共报刊仍然停留在大革命时期的观点竞争阶段。

中国近代办报事业在城市诞生,在城市繁荣,呈现出向城市高度集中的趋势。到1936年,仅京、沪、粤、平、津五处报纸的销售量就占到全国报纸销量的三分之二,而乡村平均每一千人始得一份报。③城乡报业发展的严重失衡延缓了"唤醒民众"的进程,这也是此前革命始终无法彻底的关键原因。对于中共而言,其办报事业在北京、上海、武汉、广州等中心城市诞生,此后又以城市为中心向周边城镇辐射,同样缺乏在农村办报的实践经验,故在"城市办报"向"农村办报"转变过程中形成的"瑞金模式",在许多方面都有探索性质,因此也存在一定的缺陷。中共将报刊定义为"工具"和"武器",通过以党报社论取代中央通告、开展批评与自我批评的方式,增强了中共报刊的工具性与斗争性,却导致报刊失去了相对独立性,在党内出现"左"与"右"的倾向问题时发挥了推波助澜的作用。在批评与自我批评的过程中片面强调火药味,逐渐上升到"残酷斗争、无情打击"的过火程度。在苏维埃创立后,中共报刊在强调斗争性的同时强化建设性,在推动报刊内容"理论与实际相结合""形势与指导相

---

① 《中共中央为转变目前宣传工作给各级党部的信》(1936年1月27日),载中国社会科学院新闻研究所编《中国共产党新闻工作文件汇编》(上),新华出版社1980年版,第83页。
② 《提高我们党报的作用》(1930年3月26日),载中国社会科学院新闻研究所编《中国共产党新闻工作文件汇编》(下),新华出版社1980年版,第35页。
③ 聂士芬、罗文达:《中国报业前进的阻力》,《报人世界》1936年第6期。

结合"方面有了很大进步，对实际工作起到了指导作用，但在"左"倾错误的影响下形成了"国际重于国内"的报道倾向，在一定程度上消解了中共报刊的舆论优势。迫于形势压力，中共报刊普遍"内刊化"，刊期不断延长，发行范围缩小，技术形态退化，客观上造成党内"手工业"办报方式的蔓延。政治生存空间的压缩导致中共报刊对外部经济依赖的加剧，未能形成自我造血的意识，造成了报刊工作的惰性。中共报刊"国际重于国内"的倾向性问题为毛泽东所关注，并在抗日战争时期以此为抓手，通过《解放日报》改版对"瑞金模式"存在的诸多问题进行彻底改造，由此确立了中共办报的主流范式。

值得注意的是，自19世纪初叶中文近代报刊出现以来，"中国的报纸本即集中于沿海城市，因为沿海各都市……合于经营新闻事业的条件……一般人士乃痛感报纸集中都市之弊"[①]，随着中共工作中心由城市转向农村，根据地办报事业有了较大发展，客观上改善了我国中心城市及沿海地区报业繁荣而内地特别是西部地区报业发展滞后的"偏枯"现象。中共在穷乡僻壤的办报实践，形成了在简陋条件下"八匹骡子办报"的光荣传统，以及在乡村读者文化水平不高的情况下以墙报、读报、讲报的灵活形式，以类似大字报、顺口溜的通俗语言办报的宝贵经验，找到了"唤醒民众"的正确道路，得以在人民群众的支持中汲取力量，成为国共两党人心翻转、党力翻转的关键原因。

中华苏维埃共和国的创立，标志着中共由革命党转为区域执政党，开启了执政党办报的探索，政权建设、经济建设、人民生活成为报刊的新议题，唤醒与教化民众的政治整合功能开始发挥，中共的意识形态得以落地生根，在改变农村面貌的同时巩固了革命根据地。以《红色中华》为代表的政府机关报、以《红星》为代表的军队报刊的办报实践补齐了执政党办报的短板，使中共得以全面开展党报、政府机关报、军报、群众报刊的实践，为此后迅速建立遍布全国的报刊事业奠定了坚实基础。对于20多年后

---

① 赵炳烺：《抗战以来的新闻事业》，《新闻学季刊》1939年第1卷第1期。

第二章　中国共产党办报模式的基本成型

中共的新闻传播事业在全国的胜利发展来说,根据地新闻传播事业跨出的是第一步,在新闻体制、工作方针与工作方法、队伍组成与人才培育、物质准备等诸多方面,开始了实践探索、积累经验的进程。[①] 正如方汉奇先生所说:"中华人民共和国建立时,中国共产党已经有执政党办新闻事业的经历,这是俄国十月革命所不具备的条件。"[②] 土地革命时期,中共奠定了主流办报模式的雏形,开启了执政党办报的实践,推动了报刊事业向农村发展,无疑在中共办报史进程中具有历史性意义。

[①] 丁淦林:《中国新闻事业史》,高等教育出版社2002年版,第184页。
[②] 方汉奇:《中国新闻传播史》,中国人民大学出版社2002年版,第231页。

第三章　中国共产党办报模式的多元发展

1937年7月7日，日军挑起卢沟桥事变，中日战争全面爆发，国内政治格局再次发生变化。在苏联及共产国际、日本侵华势力、中国国民党、中国共产党四方力量的博弈下，蒋介石被迫放弃"攘外必先安内"的基本国策，国共第二次合作得以形成。国民党在抗日与反共之间反复摇摆，迫使中共开辟"白区"和"红区"两条战线，开展"合法"和"非法"两种斗争，报刊工作出现"城市办报"与"农村办报"两种路线。虽然《解放日报》改版奠定了"延安模式"在中共报刊工作中的主流地位，以行政命令将"增强党性"与"联系群众"的改版思路推向全党，但鉴于《新华日报》等国统区报刊的特殊环境与使命，中共基本默许和体谅这些报刊在改版过程中的变通做法，由此形成"重庆模式"，推动了报刊工作政治性、新闻性与经济性的统一。"延安模式"与"重庆模式"的各自发展与相互影响，形成了中共报刊工作的两种路线、两种传统。

第一节　中国共产党指导思想路线的确立

共产党与国民党，是中国近代政坛上的一对双生子，他们都秉承救国救民的使命诞生，一个始终代表广大工农群众的利益，朝着共产主义的方向前进；一个蜕化为大地主、大资产阶级利益的代表，由革命党转为革命

第三章 中国共产党办报模式的多元发展

之敌。在找寻中国革命道路的艰难关头,他们同样"以俄为师",一个"全盘俄化",吸收了俄共严密的组织形式与高效的宣传教育机制,被誉为有"铁的纪律";一个"仅袭用俄共组织的形式,而未能得其内蕴精髓,组织技巧与意识形态相脱离"①,被讽喻为"除了几条具文的纪律而外,泥的纪律也配不上"②,致使"党内合作"过程中双方发展失衡,国共第一次合作归于破裂。他们时而"同室操戈",为争夺中国这张"画纸"的"握笔权"而兵戎相见、生死相搏,时而"兄弟阋于墙,外御其侮",为反抗日本帝国主义侵略不计前嫌、携手合作。两党关系的每一次变化,都对近代中国政局造成决定性影响。

一 国共两党的相互形塑

国共两党的博弈不仅改变了中国的历史进程,也影响着对方的面貌。在国共第一次合作过程中,中共凭借严密的组织形式,在"党内合作"中如鱼得水,从最初孙中山眼中"不值一提"的"小组织"③,迅速发展为一个领导着 280 余万名工人和 900 余万名农民、具有相当群众基础与社会动员能力的政党④,引发一批国民党元老抨击中共采用"寄生政策"⑤,把"国民党装成一个狮子灯……钻在里面去舞"⑥,"借国民党之躯壳,注入共产党之灵魂"⑦,直接结果是国共第一次合作破裂,中国革命的争斗再次转入武力之途。间接来看,"清党"对于国民党不啻为一次"逆淘汰",本不

---

① 王奇生:《党员、党权与党争——1924—1949 年中国国民党的组织形态》,华文出版社 2010 年版,第 93 页。
② 李焰生:《"容共"政策与"联共"政策》,《现代青年》1927 年 4 月 9 日。
③ 杨奎松:《孙中山与共产党——基于俄国因素的历史考察》,《近代史研究》2001 年第 3 期。
④ 《政治形势与党的任务议决案》(1927 年 4 月 27 日—5 月 9 日),载中央档案馆编《中共中央文件选集》第 2 册,中共中央党校出版社 1989 年版,第 48 页。
⑤ 戴季陶:《国民革命与中国国民党》(1925 年 7 月),载高军等编《中国现代政治思想史资料选辑》(上),四川人民出版社 1984 年版,第 475 页。
⑥ 陈独秀:《我们的政治意见书》(1929 年 12 月 15 日),载中山大学党史组编《中共党史文献选辑》第 1 辑,1977 年,第 434 页。
⑦ 《邓泽如写给孙中山的信及孙中山的批语》(1923 年 11 月 29 日),载中国人民解放军政治学院党史教研室编《中共党史参考资料》第 3 册,1979 年,第 321 页。

严密的组织变得更加涣散。有国民党员自述："自从清党以后……党的组织反日益涣散，党员不受党的支配，不受纪律的制裁……因之党的组织乃愈来愈涣散而几乎看不见党的整个行动和整个意志的表现。"① 国民党丧失革命精神、腐败蜕化即源于此。

国共第一次合作的破裂，导致双方互相排斥，朝着相反的方向渐行渐远。为构建"反共"的理论基础，国民党背离"联俄、联共、扶助农工"的方针，"非黑即白"地采取"共取我弃，共弃我取"之态度。② 自此，规避与消解中共的观念，成为国民党理论建构的必要环节。蒋介石的观点就很具有代表性："本党所代表的民众，是一切被压迫的民众，决没有阶级之分，既不排斥农工阶级，也不限于农工阶级；既不排斥小资产阶级，也不限于小资产阶级。一切被帝国主义者所剥削，被封建势力所蹂躏的民众，都是本党应该代表的民众。难道中国除却农工小资产阶级以外，就没有被压迫的民众吗？对于农工小资产阶级以外的被压迫民众，尤其是被帝国主义者所压迫的民众，本党就可以任其受痛苦，而不代表其利益吗？我们只知本党有拥护农工利益的政纲，绝对不承认有代表农工单一阶级利益的理论，更不能有代表小资产阶级利益的理想。"③ 摒弃"赤化"的结果，就是国民党的日益"白化"，决定了其不可能主张代表工农群众的利益，只能笼统地表示代表"全民利益"。若从"全民"中除去"工农阶级"，就只剩下地主阶级与资产阶级。反观中共领导下轰轰烈烈的罢工运动和均田运动，也难怪国民党产生"今日不患地主、资主之压迫农民，而反恐农民之转而压迫地主、资主，此亦造成社会之不平，为本党主义之不许者也"的观感④，这既是国民党蜕化为革命之敌的理论根源，也注定了国民党将放弃改变中国面貌的决定性力量，不可避免

---

① 《中央训练部开始办公》，《中央日报》1928年4月17日。
② 王奇生：《党员、党权与党争：1924—1949年中国国民党的组织形态》，华文出版社2010年版，第155页。
③ 天机：《不可厚非的政治哲学与经济哲学》，《民意》1929年3月。
④ 蒋介石：《对于关税之感想》（1929年2月1日），载张其昀主编《先"总统"蒋公全集》第1册，台北：中国文化大学出版部1984年版，第572—573页。

第三章 中国共产党办报模式的多元发展

地走向失败的命运。

在国共第二次合作期间,两者的相互作用突出表现为国民党坚决摒弃"党内合作"的方式,当毛泽东致信蒋介石提出中共加入国民党的建议时,蒋介石的态度是"这是中共企图第二次大规模渗透本党的阴谋。我们依据民国十三年到十六年的惨痛经验,是不再上当了"[①]。坚持以"党外合作"共御外侮,一方面利用执政党的优势地位,找寻机会削弱、消化中共的力量;另一方面严防中共意识形态的扩散,钳制中共根据地报刊不能"越雷池一步",在国统区办报也只能是"带着镣铐跳舞"。但是,正是国民党对于中共在国统区办报的松动,使得中共形成了有别于根据地办报的办报路线,并在国统区取得了巨大成功,形成了"延安模式"与"重庆模式"的并立,对此后数十年的中共办报实践产生了深远影响,为国共双方所始料未及。

二 白区与红区路线分歧

经过党内关于革命道路的长期论争,中共逐渐找到了独立自主的革命道路。虽然李立三对于远东局乃至共产国际权威的挑战,让共产国际将"忠于共产国际路线"作为遴选中共领导人的首要标准,扶持博古、王明等人掌握中共领导权。但随着中国革命形势的日益明朗,特别是"城市中心论"的一再碰壁,坚决执行这一路线的瞿秋白、李立三相继被批判为"盲动主义""冒险主义",共产国际逐步意识到"工农武装割据"是适合中国实际的正确路线,周恩来概括道:"毛泽东同志的思想是发展的。斯大林同志的思想也是发展的,例如他把中国红军问题放在中国革命问题的第一位,不是在一九二八年,而是在一九三〇年红军打长沙的前夜,这是接受了一九二九年红军发展的经验。"[②] 1930 年 3 月,共产国际作出评价:"毛泽东是中国共产党的奠基者,中国游击队的创立者和中国红军的缔造

[①] 蒋介石:《苏俄在中国:中国与俄共三十年经历纪要》,台北:黎明文化事业股份有限公司 1982 年版,第 71 页。

[②] 周恩来:《周恩来选集》(上),人民出版社 1980 年版,第 179 页。

者之一"①，无疑是这种转变的显著表现。

1931年3月，在"富田事变"发生后，远东局明确表达了对毛泽东的支持："在毛泽东同志领导下的前委同阶级敌人作坚决斗争的方针基本上是正确的。这种同革命敌人毫不妥协地作斗争的方针应该在今后贯彻下去"②，维护了毛泽东的权威，将可能发生的风波化于无形。1931年9月，博古负责的临时中央成立后，先后在赣南会议上评判毛泽东的"富农路线"与"狭隘经验论"，将其上升为"极为严重的右倾机会主义"；在1932年10月的宁都会议上对毛泽东"开展了中央局从未有过的反倾向的斗争"，将其"诱敌深入"的方针批判为"守株待兔""专去等待敌人进攻的右倾主要危险"，解除了毛泽东对红军的指挥权。

令人惊讶的是，在临时中央掀起的一波波批判浪潮中，毛泽东终归安然无恙。这一方面缘于长期革命斗争中毛泽东在红军与苏区树立的威望，以及开辟井冈山革命根据地及中央苏区的历史性贡献；另一方面也离不开共产国际的坚决支持。宁都会议后，共产国际驻中国代表埃韦特对中共临时中央的决定提出质疑："在未作准备和未告知我们的情况下，（对毛泽东）做出了撤销职务和公开批评的决定……毛泽东迄今还是有声望的领袖，因此为实行正确路线而与他进行斗争时必须谨慎行事。所以我们反对决定的这一部分。"③ 在多方面压力下，临时中央被迫作出修正："我们可以同意现在召回泽东同志与公开批评他的错误观点，批评方法应该说服教育，并继续吸引他参加领导机关的工作。"1933年3月，共产国际政治书记处明确要求："对于毛泽东，必须采取最大限度的克制态度和施加同志式的影响，为他提供充分的机会在中央或中央局领

---

① 罗平汉：《毛泽东生平与思想研究》，载柳建辉等主编《中国共产党历史十八讲》，中共中央党校出版社2007年版，第264—265页。
② 姚金果、陈胜华：《共产国际与朱毛红军：1927—1934》，中央文献出版社2006年版，第284页。
③ 《埃韦特给皮亚特尼茨基的报告》（1932年10月8日），载中共中央党史研究室第一研究部译《共产国际、联共（布）与中国革命档案资料丛书》第13卷，中央文献出版社2007年版，第217—218页。

第三章　中国共产党办报模式的多元发展

导下担任负责工作。"①

一方面是积极表达对共产国际忠诚，但缺乏革命实践经验的王明、博古，另一方面是对中国革命道路具有独立思考能力、不盲从于共产国际指示、开创"工农武装割据"道路的毛泽东，共产国际最终根据中国革命的需要作出了抉择。1933年底，在莫斯科圈定的中共六届五中全会政治局人选中，原不在列的毛泽东被指定为9名政治局委员之一，并于1934年1月缺席当选。这表达了一个明确信号，即便王明、博古等人与毛泽东发生激烈矛盾，共产国际始终没有想过放弃后者。1935年1月，由中共自主召开的遵义会议闭幕后，陈云在向共产国际执委会书记处的报告中提到："我们撤换了'靠铅笔指挥的战略家'，推选毛泽东同志担任领导……我们党能够而且善于灵活、正确地领导国内战争。像毛泽东、朱德等军事领导人已经成熟起来。"②

这种先斩后奏的决定并未为共产国际所否认，但正因为这次会议和此前中共与共产国际的联络中断，再次触动了共产国际对于中共"忠诚执行共产国际路线的担忧"，为了"加强中国国内干部力量"，"需要能在国际形势中辨明方向、有朝气的新人去帮助中共中央"③。在此背景下，既作为中共驻苏联代表团团长，又作为共产国际执委会委员、政治书记处候补书记、东方部副部长的王明回国，其意图显然不是挑战毛泽东的领导权，而是加强与恢复共产国际与中共的联系，确保中共继续执行共产国际的路线。季米特洛夫直言希望中共在抗日战争中"一切服从统一战线、一切通过统一战线，不要过份强调独立自主"④，表达了共产国际对毛泽东能否忠诚贯彻莫斯科战略意图的疑虑，王明的回国更多的是代表共产国际发挥实地监督和导向作用。

---

① 《共产国际执委会致中共中央电》（1933年3月），载中共中央党史研究室第一研究部译《共产国际、联共（布）与中国革命档案资料丛书》第13卷，中央文献出版社2007年版，第354页。
② 中共中央文献研究室编：《陈云文集》第1卷，中央文献出版社2005年版，第934页。
③ 《季米特洛夫在共产国际执委会书记处讨论中国问题会议上的发言》（1937年8月10日），《中共党史研究》1988年第3期。
④ 金冲及：《毛泽东传（1983—1949）》，中央文献出版社1966年版，第505页。

这种意图为中共所理解，相继派出陈云、任弼时、刘亚楼向共产国际汇报相关情况以打消其顾虑，同时打破王明对共产国际联络渠道的垄断。此时，共产国际对于毛泽东与王明已有清晰认识："在党的老干部中，王明没有什么威望"，"毛泽东确实是中共党内最重要的政治领导人，他比中共其他领导人更好地了解中国和中国人民"[①]，要求王明"尤其要尊重毛泽东同志"。但王明并不甘于屈居人下的地位，打着共产国际旗号对毛泽东进行猛烈批判，在武汉挟中共中央长江局与延安的中共中央书记处对抗，一度导致毛泽东"命令不出这个窑洞"[②]，再次挑起党内纷争。1938年9月，从莫斯科回到延安的王稼祥转达了季米特洛夫的意见："中共中央内部应支持毛泽东的领导地位……王明缺乏实际工作经验，不应争当领袖……应该承认毛泽东同志是中国革命实际斗争中产生出来的领袖，告诉王明，不要争了吧。"[③] 明确了共产国际对于中共最高领导人选的态度，中共最高领导权的斗争由台前转为幕后。

　　最高领导权斗争的淡化解决的只是上层问题，在根据地内留苏干部与国内干部、知识分子干部与农民出身干部、外来干部与本地干部的矛盾仍然存在，这既是党内派系斗争的结果，也不断滋生派系斗争的土壤。要自上而下地重树中央权威，必须平息党内纷争、统一党内思想，根本手段是构建意识形态的理论权威。作为意识形态色彩浓厚的政党，理论修养一直是中共党人党内地位与权威的主要源泉。在中共创立后的很长时间里，熟稔马克思列宁主义理论和掌握共产国际指示解释权者往往是成为中共领导人的先决条件，由于这种解释权的最终裁定取决于共产国际，而中共党内未形成系统的指导思想与革命理论，中共最高领导权一直不乏挑战者。即便毛泽东以秋收起义领导者、红军主要创始人、湘赣边区开辟者的身份在苏区树立了崇高威望，但也感受到来自意识形态权威方面的

---

① 李卫红、徐元宫：《共产国际为什么支持毛泽东为中共领袖——以俄罗斯揭秘档案为根据的解读》，《学习时报》2011年1月10日。
② 李维汉：《回忆与研究》（上），中共党史资料出版社1986年版，第443页。
③ 中共中央文献研究室编：《任弼时年谱》，中央文献出版社1993年版，第372页。

第三章 中国共产党办报模式的多元发展

巨大压力。1933年,随着中共临时中央迁入苏区,国际派很快对毛泽东在中央苏区的意识形态领导地位发起挑战,留苏干部张闻天相继担任中共中央局宣传部部长、中央局党校校长、中央党报委员会主任等职务,全面掌握了意识形态与宣传工作领导权,同样身为留苏干部的沙可夫取代王观澜担任中华苏维埃政府机关报《红色中华》主编,掌握了党内最高舆论阵地。

王明回国后,虽在口头上承认毛泽东的领袖地位,但其负责的长江局集中了16名政治局委员中的5人,负责领导南方地下组织与新四军工作,承担促进与巩固国共合作、代表中共与国民党谈判及联络社会各界的重要任务,并出版了在全国广有影响的中共机关报《新华日报》与党刊《群众》,一度被视作中共的"第二政治局",使王明无论在组织力量、军事力量还是意识形态、舆论宣传方面都能与毛泽东分庭抗礼。正如陆定一所说:"那时候军权已经不在王明集团手中了,但是在思想工作、政治工作中,王明集团的重要成员,还有大权。"① 在王明、博古、项英、凯丰一致决定下,《新华日报》拒绝转载毛泽东的《论持久战》②,这是继《湖南农民运动考察报告》被《向导》拒绝全文转载后毛泽东的论著第二次被中共机关刊物拒载,充分表明了国际派对于中央的桀骜态度。

意识形态与宣传舆论作为国际派的传统优势阵地,在王明归国后进一步巩固,中央宣传部部长由张闻天担任、副部长由凯丰担任,中央党报委员会主任由博古担任,中央干部教育部部长由张闻天担任,中央党校委员会主任由王明担任,中央党校校长由邓发担任,中央马列学院院长由张闻天担任,中央机关报《解放日报》主编由张闻天担任,整个宣传教育系统都为国际派所掌握。此前,张闻天召开的白区工作会议对"合法斗争"和"非法斗争"、"公开工作"和"秘密工作"、"反右倾机会主义"和"反左

---

① 陆定一:《陆定一同志谈延安解放日报改版——在解放日报史座谈会上的讲话摘要》,《新闻研究资料》1981年第3期。
② 王明:《中共五十年》,现代史料编刊社,1981年,第192页。

倾机会主义"这两种斗争与工作作了系统性总结，为党内实际存在的"白区路线"与"红区路线"提供了理论支撑。在此背景下，王明一度成为"白区路线"的代表者与领导者，加深了与代表"红区路线"的毛泽东之间的分歧。

国共第二次合作形成，为中共的再度迅猛发展提供了重要机遇。中共必须尽快解决党内纷争，脱出"左"与"右"的泥沼，树立党内主导意识形态与革命理论，让全党朝着同一方向前进。毛泽东适时提出"马克思主义中国化"的口号，宣告中共开启理论建构的独立探索。1942年2月1日，毛泽东决定在全党开展"整风运动"，启动《解放日报》改版并将其经验推向全党，实际上"《解放日报》改版就是整风运动的一部分，并使报纸为整风运动服务"[1]。毛泽东将对博古的思想改造经《解放日报》放大与扩散，剑指延安的国际派，重新统一全党思想。正如中共中央宣传部指示："有些同志过去犯了主观主义与宗派主义的错误相当的严重，一时尚没有深刻认识自己的错误，不愿意做深刻的自我批评，不愿意迅速的改正自己的错误。"吴冷西认为："这里说的一些同志，显然包括博古同志在内。"[2] 路线上的根本差异决定了毛泽东对国际派的办报经验不是在批判的基础上继承，而是彻底地否定与改造。博古深切体会到："我们是在农村办报，这与在大城市里办报又大不相同……所以大城市里适用的有些方法，在我们这里不能照抄来用。"[3] 在此背景下，中共首次明确办报范式，以《解放日报》为代表的"农村办报"实践成为中共办报的"主流"。作为"城市办报"代表的《新华日报》部分吸收《解放日报》的改版经验，以"战斗性"和"人民性"诠释和强化"党性"，根据实际情况保留了斗

---

[1] 陆定一：《关于延安〈解放日报〉改版——在〈解放日报〉史座谈会上的讲话摘要》，载延安清凉山新闻出版革命纪念馆编《延安时期新闻出版文史资料第一辑——万众瞩目清凉山》，出版社不详，1986年，第111—112页。

[2] 《〈解放日报史〉大纲（征求意见稿）》，载中国社会科学院新闻研究所编《新闻研究资料》总第17辑，中国展望出版社1982年版，第13页。

[3] 《本报创刊一千期》（1944年2月16日），载中国社会科学院新闻研究所编《中国共产党新闻工作文件汇编》（下），新华出版社1980年版，第66页。

争策略与经营管理方面的成功做法，作为中共办报的"支流"在城市办报方面进行了许多有益探索。中共办报模式"主流"与"支流"的出现，是国内与党内形势深刻变化共同作用下的结果。其各自发展与冲突交融，为新中国成立后中共迅速建立覆盖全国城乡的报刊体系积累了宝贵经验。[①]

第二节　中国共产党党报理论的基本成熟

土地革命时期，中共广泛引入列宁的无产阶级党报理论并运用于办报实践，产生了"党报姓党""农村办报"等本土化成果。延安整风的展开，形成了"党管党报"的完整体系，标志着以毛泽东为首的"本土路线"对王明为首的"国际路线"的全面胜利，毛泽东的办报思想成为中共党报理论的主要源泉。

一　一以贯之：毛泽东办报思想的深厚积淀

对于毛泽东的研究，学界更多关注的是其作为中国共产党领袖、中华人民共和国缔造者的光辉历程，对其报刊工作经历并未予以足够重视。事实上，毛泽东在报刊工作方面具有相当深厚的积淀。早在1910年，毛泽东就对进步报刊产生兴趣，1917年开始在《新青年》等报刊上发表文章，1919年接受正规新闻教育，主办《湘江评论》并组织平民通讯社，1921年表达了投身新闻事业的志向，随后参加中共"一大"，1925年代理国民党中央宣传部部长，1931年在举办《时事简报》的过程中产生版面编排"由近及远"的思想，1941年主导《解放日报》改版。在此过程中，毛泽

[①] 1953年6月18日，《中宣部关于地方报纸等候紧急新闻时间的通知》指出："根据过去延安《解放日报》和重庆《新华日报》的经验，在比今天困难得多的条件下，两报仍能依靠全体工作人员的努力，克服各种困难，做到截稿最迟，出版最早，这种精神是值得发扬的。"参见中国社会科学院新闻研究所编《中国共产党新闻工作文件汇编》（中），新华出版社1980年版，第285页。这表明中共虽然未能整体继承和认可《新华日报》的办报模式，但是仍然有意识地将其与《解放日报》的办报模式相提并论。

东以革命理想取代了新闻理想,其"救国救民"的办报思想是一以贯之的,在此过程中形成的"工具论"与"武器论"成为中共报刊工作的主体思想,奠定了1941年到1978年中共报刊的基本面貌。

中国共产党成立之初,创办报刊成为中共党人实践革命的主要途径,而毛泽东选择了创办报刊与开展工运之外的第三条道路——在农村开展实地调查研究,致使许多研究者忽视了毛泽东在办报方面的深厚积淀与职业素养。早在湘乡驻省中学求学期间,毛泽东就已与报刊结缘,经常阅读同盟会机关刊物《民立报》,赞叹其"充满了激动人心的材料"[①]。入读湖南省立第一师范学校后,又成为《新青年》的忠实读者,据其同窗周世钊回忆,"(毛泽东)有很长一段时间,每天除上课、阅报之外,看书,看《新青年》;谈话,谈《新青年》;思考,也思考《新青年》上所提出的问题"[②],"在湖南第一师范学校读书的几年里,他一共花了160元钱,其中有三分之一用于订阅报刊"[③],曾一度表示"我所愿做的工作,一是教书,一是新闻记者"[④]。出于这种志趣,毛泽东于1919年参加以"输灌新闻知识、培养新闻人材"为宗旨的北大新闻学研究会,接受知名新闻学教授徐宝璜和《京报》社社长邵飘萍在理论与业务上的传授,成为中共领袖中为数不多受过正式新闻专业教育者,为日后的办报实践奠定了坚实基础。在回忆这段历史时,毛泽东自承:"邵飘萍对我帮助很大,他是新闻学会的导师。"[⑤]在"五四运动"的风潮中,一批爱国主义报刊如雨后春笋,当毛泽东向湖南学生联合会提议创办一份进步刊物时,立即得到群起响应,并被推选为新刊物的编辑与主笔,这正是李大钊称之为"全国最有分量、见解最深的刊物"——《湘江评论》。对于这份新生刊物,毛泽东倾注了极大热情,

---

[①] [美] 埃德加·斯诺:《西行漫记》,董乐山译,生活·读书·新知三联书店1979年版,第113页。

[②] 李捷、于俊道:《实录毛泽东》第1册,长征出版社2013年版,第109页。

[③] 孟红:《毛泽东的报纸情结》,《党史纵横》2012年第8期。

[④] 窦其文:《毛泽东同志报刊活动简表》(上),《新闻研究资料》1984年第Z2期。

[⑤] [美] 埃德加·斯诺:《西行漫记》,董乐山译,生活·读书·新知三联书店1979年版,第115页。

第三章 中国共产党办报模式的多元发展

不仅要负责刊物的编辑、排版、校对,在约稿不能按时收齐的情况下,大多数文章只能自己动笔赶写,在该刊出版的 5 期中有三分之二的文章都出自他的手笔,充分体现了其业务能力与责任心。随后还接编了《新湖南》周刊,组织"平民通讯社"。至此,他既接受了较为系统的新闻专业教育,又具备了创办报刊与通讯社的从业经历,可谓中共党内不可多得的新闻全才。

第一次国共合作期间,毛泽东代理国民党中央宣传部部长并主持国民党政治委员会机关刊物《政治周报》,成为大革命时期执掌国民党宣传部门时间最长的领导人,使毛泽东站在一党的高度对宣传工作形成了系统性思考。或许缘于此前接受的正规新闻学教育,毛泽东十分重视新闻报道的真实性,以此作为反攻敌人的最佳武器。在《政治周报》发刊词中,毛泽东提出:"我们反攻敌人的方法,并不用多辩论,只是忠实地报告我们革命工作的事实。敌人说:'广东共产',我们说:'请看事实'。敌人说:'广东内哄',我们说:'请看事实'。敌人说:'广州政府勾联俄国丧权辱国',我们说:'请看事实'。敌人说:'广州政府治下水深火热民不聊生',我们说:'请看事实'。《政治周报》的体裁,十分之九是实际事实之叙述,只有十分之一是对于反革命派宣传的辩论。"①

执掌一党宣传工作的经历,使毛泽东产生了党报必须遵守党纲党纪的认识,为改变国民党宣传系统"一盘散沙"的面貌,实现"宣传和舆论的统一"②,他上任后立即领导国民党宣传部"有系统地清查党内出版物,以找出那些独立的、反对国民党二大所定政策的刊物",并"向国民党各部门发出指令,个人和组织在公众场合发布的一切宣传材料,都要送交中央宣传部检查"③。他意识到党的报刊必须与党保持高度一致,否则会消解党组织的凝聚力。对于国民党党报系统地改造,孕育并实践了其"党报

---

① 毛泽东:《〈政治周报〉发刊理由》(1925 年 12 月 5 日),载中共中央文献研究室、新华通讯社编《毛泽东新闻工作文选》,新华出版社 2014 年版,第 2 页。
② 《中国国民党中央执行委员会宣传部办事章程》,《中国国民党周刊》1924 年第 22 期。
③ 毛泽东:《宣传部工作报告》(1926 年 5 月 19 日),台北国民党党史会,第 10—11 页。

姓党"的思想，并在《解放日报》改版过程中付诸实践。面对复杂的形势，毛泽东采用"阶级分析法"来发现自己的敌人，"以社会各阶级的利益为一方，军阀和帝国主义的利益为一方，对二者间的关系进行了粗糙但却有效的分析"，通过宣传来"清洗来自党内的政治敌人，或者通过在政治和群众斗争的任何地方发现敌人，来帮助消灭民族的敌人"，并通过连贯的方法将"清洗发展为组织性的群众运动"①。最早形成并实践了"报刊是阶级斗争的工具"的思想，为此后四十多年中共办报的主流模式奠定了基调。

土地革命时期，毛泽东开启了对中国革命道路的独立探索，在推动中共工作中心由城市转向农村方面体现了相当的前瞻性。他回忆："一九二七年以后的一个长时期中，许多同志把党的中心任务仍旧放在准备城市起义和白区工作方面。一些同志在这个问题上的根本的转变，是在一九三一年反对敌人的第三次'围剿'胜利之后。但也还没有全党的转变。"② 此时，中共的主体思想仍然是"城市领导作用的重要，和无产阶级群众的高潮，都将要表现它的决定胜负的力量"③。在总结南昌起义、秋收起义、广州起义以及井冈山与其他革命根据地实践两方面经验的基础上，毛泽东认识到，作为无产阶级革命党，"工业无产阶级是革命的领导力量"，大革命时期中共的根基毫无疑问在城市，但随着国民党由革命党转为革命之敌，并在名义上成为全国执政党，中心城市敌我力量悬殊，应从中国半殖民地半封建社会的实际出发，将工作中心转向农村这一敌对势力的薄弱环节，以积蓄力量、等待时机。据此，他深刻批判"城市中心论"，系统阐释"工农武装割据"思想，提出"建立农村根据地，以农村包围城

---

① [美]费约翰：《唤醒中国：国民革命中的政治、文化与阶级》，李霞等译，生活·读书·新知三联书店1996年版，第354、355、375、380页。
② 毛泽东：《战争和战略问题》（1938年1月6日），《毛泽东选集》第2卷，人民出版社1991年版，第544页。
③ 《政治议决案》（1928年7月9日），载中央档案馆编《中共中央文件选集》第4册，中共中央党校出版社1989年版，第313页。

第三章 中国共产党办报模式的多元发展

市，最后夺取城市"的观点①，基本完成了"农村包围城市"革命道路理论的构建。

在1930年3月到4月，中共领袖李立三也阐释了其"城市中心论"："乡村是统治阶级的四肢，城市才是他的头脑与心腹，单只斩断了他的四肢，而没有斩断他的头脑，炸烈他的心腹，还不能制他的最后的死命。这一斩断统治阶级的头脑，炸烈他的心腹的残酷的争斗，主要是靠工人阶级的最后的激烈争斗——武装暴动"，"无产阶级的伟大斗争是决定胜负的力量"，"想'以乡村来包围城市'，'单凭红军来夺取中心城市'都只是一种幻想，一种绝对错误的观念"②。毛泽东的"农村包围城市"路线与中共的主体思想可谓背道而驰③，但也"不只是我们少数人的意见"④，形成了党内"城市中心"与"农村中心"路线的对立，体现在报刊工作方面是多数中共报刊都选择"由远及近"的版面安排，即国际报道在前、本地报道在后，而毛泽东则推崇"由近及远"，将这两种做法视作"国际路线"和"本土路线"的主要差别。这种路线对立造成了抗日战争时期中共革命路线由"城市中心"向"农村中心"的急剧转变，以及中共办报模式由"城市办报"向"农村办报"的整体转型。毛泽东还系统总结了开展农村调查的经验，提出"没有调查就没有发言权"，与将马克思

---

① 毛泽东：《毛泽东选集》第5卷，人民出版社1991年版，第307页。
② 立三：《准备建立革命政权与无产阶级的领导》，《红旗》1930年3月29日；《怎样准备夺取一省与几省政权的胜利的条件》，《红旗》1930年4月5日。
③ 在1930年6月9日政治局会议上，李立三点名批评毛泽东："在全国军事会议中发现了妨害红军发展的两种障碍：一是苏维埃区域的保守观念，一是红军狭隘的游击战略。最明显的是四军毛泽东同志，他有整个的路线，他的路线完全与中央不同。"这也是毛泽东被批判为"游击主义"代表的由来。参见《柏山在中央政治局会议上关于目前政治任务决议案草案内容的报告》（1930年6月9日），载中央档案馆编《中共中央文件选集》第6册，中共中央党校出版社1989年版，第109页。
④ 中共沪西区委书记何孟雄也认为：在"农民运动的发展比较城市的工人运动要快得多"的情况下，党应"暂时放弃城市"，甚至"全副力量去发展乡村"，当"革命势力占据了广大农村之后"，便可"联合起来包围城市，封锁城市，用广大的农村革命势力以向城市进攻"，"必然可以得着胜利"。但《红旗》严厉地批驳了这种观点："以为不要城市工人而用农村包围城市可以取得胜利，这无论在理论上与事实上都是不通的。"参见《周子敬给〈红旗〉记者的信》（1930年4月15日），《红旗》1930年5月24日。

主义教条化、共产国际和苏联经验神圣化的国际派形成鲜明对比。这种实地了解基层情况、与基层民众打成一片的做法，成为中共报刊消解"知识气质"、破解"闭门造车"作风问题的重要途径，为《解放日报》改版时提出"增强党性、反映群众"的原则，推动报刊反映基层情况、指导基层工作的做法埋下了伏笔，补齐了中共报刊开展政治动员的关键链环。

《解放日报》改版奠定了毛泽东在报刊工作方面的领导地位，其办报思想成为中共党报理论的主要源泉。在指导《解放日报》改版的过程中，毛泽东发表了近40篇有关报刊工作的论著，内容涉及报刊的党性、职能、文风、形式等方面，从根本上改变了中共报刊的面貌。毛泽东明确了中共报刊"党性"原则的基本内涵，深化了"党报姓党"的思想，严厉提出要"克服宣传人员中闹独立性的倾向"，"查各地中央局、中央分局对当地通讯社工作及报纸工作注意甚少，对宣传人员及宣传工作缺乏指导，尚不能认识通讯社及报纸是革命政策与革命工作的宣传者组织者这种伟大的作用，尚不懂得领导人员的很多工作应该通过报纸去做"，要"抓紧对通讯社及报纸的领导，务使我们的宣传增强党性，拿《解放日报》所发表的关于如何使报纸增强党性的许多文件去教育我们的宣传人员，克服宣传人员中闹独立性的错误倾向"①。在此思想指导下，中共形成了报刊编辑部成员由党组织任命、负责人列席党组织会议与党组织负责人"看大样"、列席报刊编务会的传统，报刊与党的联系空前紧密，加速了"不完全的党报变成完全的党报"的转型进程。②

毛泽东深化了对报刊职能的认识，不同于"文主武从"形势下提出的"喉舌论"与"罗针论"，在"武主文从"的形势下他在"工具论"的基础上提出"武器论"，指出"（报刊是）组织一切工作的一个武器，反映

---

① 毛泽东：《增强报刊宣传的党性》（1942年10月28日），载中共中央文献研究室、新华通讯社编《毛泽东新闻工作文选》，新华出版社2014年版，第140页。
② 毛泽东：《关于报纸和翻译工作问题给凯丰的信》（1942年9月15日），载中共中央文献研究室、新华通讯社编《毛泽东新闻工作文选》，新华出版社2014年版，第140页。

第三章　中国共产党办报模式的多元发展

政治、军事、经济并且又指导政治、军事、经济的一个武器，组织群众和教育群众的一个武器"，强调报刊工作的战斗性，深化了土地革命时期中共将报刊作为"党的工作及群众工作的领导者"、采用报刊社论指导具体工作的思想，要求全党"以很大精力来注意这个工作，使它一年比一年进步"。① 对于如何发挥报刊的领导作用，此前张闻天提出：报刊可以改变领导的个人工作方式，极大提高工作效率。② 毛泽东有类似体悟："现在我们边区，开会是最重要的工作方式，报纸发出去就可以省得开许多会。我们可以把许多问题拿到报纸上讨论，就等于开会、开训练班了，许多指示信可以用新闻来代替，所以报纸可以当做重要的工作方式和教育方式。"③

毛泽东尤其看重报刊的教育职能，深刻阐述了对外宣传与党内教育的内在统一关系，认为报纸不仅可以"直接为群众所需要的提高"，还可以"间接为群众所需要的提高，这就是干部所需要的提高"，"为干部，也完全是为群众，因为只有经过干部才能去教育群众、指导群众"④。他认为对干部应该进行"业务教育和理论、思想教育"，尤其要重视思想教育，与此前中共一再强调对党员干部的理论教育相比，这种转变体现了"理论联系实际"的倾向，即用什么样的态度去对待理论、开展实践。他甚至提

---

① 毛泽东：《报纸是指导工作教育群众的武器》（1944年3月22日），载中共中央文献研究室、新华通讯社编《毛泽东新闻工作文选》，新华出版社2014年版，第156页。

② 张闻天讲道："假使我要做好我的领导工作，我必须把在实际工作所遇到的困难与问题和我在实际工作中所得到的经验告诉人家。如若我用口头上的传达，那我一天至多只能把我所要说的话传达给几个人。我花的时间非常多，然而我得到的效果却是非常之少。假使我把这一点同人家说话的时间花在写文章中，那我的文章发表后，立刻可以传达到全党，给全党的同志看到，使我的经验能够为全党的同志所采纳与应用，使我在实际工作中所得到的困难与问题引起全党的注意与讨论，使这些困难与问题能很快得到全党同志集体的解决。这样我方才能够顺利的执行我的领导责任。而党报也就成了党的领导的机关报。"参见思美《怎样完成党报的领导作用？》（1931年2月21日），载中国社会科学院新闻研究所编《中国共产党新闻工作文件汇编》（下），新华出版社1980年版，第141页。

③ 毛泽东：《报纸是指导工作教育群众的武器》（1944年3月22日），载中共中央文献研究室、新华通讯社编《毛泽东新闻工作文选》，新华出版社2014年版，第157页。

④ 毛泽东：《在延安文艺座谈会上的讲话》（1942年5月23日），载中共中央文献研究室、新华通讯社编《毛泽东新闻工作文选》，新华出版社2014年版，第124页。

出,"中央同志要善于利用报纸,要有一半的时间用在报纸上"①,将报纸的重要性提到前所未有的高度。

毛泽东要求报刊彻底转变文风,批判了过去报刊普遍存在的"党八股",列举了其"八大罪状"。他认为,过去报刊内容出现"空话连篇,言之无物""无的放矢,不看对象""言语无味,像个瘪三""甲乙丙丁,开中药铺"的问题,根源在于报刊工作者坐而论道、闭门造车,未能贴近群众、深入实际、掌握大量一手情况,批判"他们的灵魂深处还是一个小资产阶级知识分子的王国",在工作中不自觉地站在小资产阶级立场而非无产阶级立场②,加之"知识分子往往不懂事,对于实际事物往往没有经历,或者经历很少"③,导致"我们远不是随时都善于简单地、具体地、用群众所熟悉和懂得的形象来讲话。我们还没有能够抛弃背得烂熟的抽象的公式。事实上,你们只要瞧一瞧我们的传单、报纸、决议和提纲,就可以看到:这些东西常常是用这样的语言写成的,写得这样地艰深,甚至于我们党的干部都难于懂得,更用不着说普通工人了"④。

此外,他认为党内还存在"装腔作势,借以吓人""不负责任,到处害人"的轻率态度,这些问题"流毒全党,妨害革命""传播出去,祸国殃民",要求全党必须"采取生动活泼新鲜有力的马克思列宁主义的文风"⑤,具体来说就是解决"为什么人"与"如何服务人的问题","应当学会不用书本上的公式而用为群众事业而奋斗的战士们的语言来和群众讲话,这些战士们的每一句话,每一个思想,都反映出千百万群众的思想和

---

① 毛泽东:《报纸广播等是教育干部的一种很重要的方式》(1943年3月16日),载中共中央文献研究室、新华通讯社编《毛泽东新闻工作文选》,新华出版社2014年版,第146页。
② 毛泽东:《在延安文艺座谈会上的讲话》(1942年5月23日),载中共中央文献研究室、新华通讯社编《毛泽东新闻工作文选》,新华出版社2014年版,第118—119页。
③ 毛泽东:《对晋绥日报编辑人员的谈话》(1948年4月2日),载中共中央文献研究室、新华出版社编《毛泽东新闻工作文选》,新华出版社2014年版,第190页。
④ 毛泽东:《反对党八股》(1942年2月8日),载中共中央文献研究室、新华通讯社编《毛泽东新闻工作文选》,新华出版社2014年版,第105页。
⑤ 毛泽东:《反对党八股》(1942年2月8日),载中共中央文献研究室、新华通讯社编《毛泽东新闻工作文选》,新华出版社2014年版,第96—105页。

第三章　中国共产党办报模式的多元发展

情绪"。"我们每一个人,都应当切实领会下面这条起码的规则,把它当作定律,当作布尔什维克的定律:当你写东西或讲话的时候,始终要想到使每个普通工人都懂得,都相信你的号召,都决心跟着你走。要想到你究竟为什么人写东西,向什么人讲话。"①他认为,中共报刊的受众是人民大众,即"工人、农民、兵士和小资产阶级",广大报刊工作者必须"联系群众,表现群众,把自己当作群众的忠实的代言人",做到"从群众中来,到群众中去"②,而不是"高踞于'下等人'头上的贵族"③。毛泽东的系列论述,首次系统阐述了报刊工作的"群众路线",提出的"知识分子与群众结合,为群众服务"观念,为解决长期以来困扰中共报刊"脱离实际、脱离群众"的问题开出了药方,必然要求改变过去"知识气质"浓厚的办报方式。④

毛泽东认为报刊的形式是为了目的服务,不能本末倒置。在土地革命时期,他就提出要在苏区广泛创办《时事简报》,以解决"农村里头,小市镇里头,小城市里头,都是没有报纸看"导致群众"消息不灵通、见闻狭隘"的问题,主张各地就地取材、因陋就简办报纸,一再强调这种报纸"不是印的是写的,不是小字是大字,不是小张是大张","一定要大张纸、大个字写的,油印的要不得",提倡"极大黑墨字,稀松七八条","看上去明明朗朗,看完了爽爽快快,是真正的群众刊物"⑤,表达了心目中的"群众刊物"标准和对农村受众特征与需求的清晰认识。到抗日战争时期,这种办报观念发展为对"技术第一、政治第二"思想的批判。这种抉择显

---

① 毛泽东:《反对党八股》(1942年2月8日),载中共中央文献研究室、新华通讯社编《毛泽东新闻工作文选》,新华出版社2014年版,第105页。

② 毛泽东:《报纸,广播等是教育干部的一种很重要方式》(1943年3月16日),载中共中央文献研究室、新华通讯社编《毛泽东新闻工作文选》,新华出版社2014年版,第146页。

③ 毛泽东:《在延安文艺座谈会上的讲话》(1942年5月23日),载中共中央文献研究室、新华通讯社编《毛泽东新闻工作文选》,新华出版社2014年版,第125页。

④ 毛泽东:《在延安文艺座谈会上的讲话》(1942年5月23日),载中共中央文献研究室、新华通讯社编《毛泽东新闻工作文选》,新华出版社2014年版,第137页。

⑤ 毛泽东:《普遍地举办〈时事简报〉》(1931年3月),载中共中央文献研究室、新华通讯社编《毛泽东新闻工作文选》,新华出版社2014年版,第28—33页。

示，在正统新闻教育接受者与中共领袖之间，他选择了后者作为出发点，超越了此前接受的正规新闻教育对于报刊的定义与设想。

毛泽东致力于推动报刊工作"向下走"，在报刊普遍向城市集中的情况下关注到农村对报刊的需求，扭转城乡报刊力量不平衡的现象，并根据农村环境与条件因地制宜提出简单易行的办报方式，体现了对农村的深情与关怀，这也成为新中国成立后毛泽东强调"不要因为进城办报而忘了农村"，仍将"农村办报"作为中共报刊工作的"出发点"的历史渊源。针对"各县还没有（报纸）"的情况，毛泽东提出"有些县委可以出一个油印报，请一位知识分子负责，定期也好，不定期也好，从编辑到发行，包括刻钢板，一个人就差不多了"，加上"墙报"，"全边区可以有千把种报纸"。① 在他看来，"农村办报"更符合中国革命的实际情况，不是报刊俯就群众，而是真正站在群众的立场来办。但是，大办报纸的做法，没有考虑经济核算问题，造成抗日战争时期与新中国成立初期报刊事业两度出现"散、滥"现象，边区和国家财政不堪重负，引发了中共报刊经营管理方面的改革。

二　明确方向：中共党报理论的内涵深化

经过近三十年的探索，中共报刊事业从城市转到农村，又由农村转向城市；从公开转入地下，又由地下转向公开；从建设转为斗争，再由斗争转为建设，积累了丰富的经验与教训，集中体现于《中宣部关于党的宣传鼓动工作提纲》《中宣部关于各抗日根据地报纸杂志的指示》《中宣部为改造党报的通知》等纲领性文件，对中共报刊的性质、意义、任务、组织、对象、策略、内容、编辑、通讯、印刷、发行都作了详细规定。在企业化架构下，民营报刊主要依靠组织架构与规章制度来实现报刊的自我运行，具有较强的自我意识，而中共报刊则有赖于党对报刊工作的规章制度，主

---

① 毛泽东：《报纸是指导工作教育群众的武器》（1944年3月22日），载中共中央文献研究室、新华通讯社编《毛泽东新闻工作文选》，新华出版社2014年版，第156—158页。

第三章　中国共产党办报模式的多元发展

要服从于外部意识。中共的这些纲领性文件提升了中共报刊的自我运作能力，推动了中共办报主流模式的形成。

在国共第二次合作的背景下，白区工作对中共的重要性明显提升。1937年5月17日到6月10日，中共在延安召开白区工作会议，对此前中共的两种斗争——"合法斗争"和"非法斗争"、两种工作——"公开工作"和"秘密工作"、两条战线——"反右倾机会主义"和"反左倾机会主义"作了系统总结，为"白区路线"与"红区路线"的并立奠定了基础。中共以列宁的经典论述"革命阶级，为完成自己的任务起见，必须善于使用一切（丝毫不能除外）社会活动的形式或方面，革命阶级须时时准备以极迅速的，突然间地用一种形式去代替别一种形式"为指导①，"要求各地同志，善于利用马克思列宁主义的武器，来仔细的分析与研究各地具体的环境与各阶级力量分化的情况，在党的总路线的指导下，正确的决定自己的行动方针与工作计划"，初步形成"从实际出发"的工作思路，对"白区工作"提出了许多富有建设意义的指导意见。

中共提出，"在统治阶级容许我们在一定限度内实行发动民众，组织民众与武装民众时，我们应充分的利用这种合法的可能，培植与扩大我们的力量，争取我们的领导，然后以群众的威力，压迫统治阶级逐步退让，以扩大我们宣传群众与组织群众的自由"，深刻反思"过去我们利用合法的斗争方式非常不够，或甚至于拒绝利用，这是我们工作中的错误。在新的形势之下，合法斗争的范围将更加扩大，甚至将来合法的斗争可能成为斗争的主要方式。我们应该利用一切合法的可能去开展群众运动"。中共试图打消党员利用合法形式开展斗争的顾虑，"过去党反对合法主义的斗争仍然是对的。因为合法主义要把群众的斗争降低到适合于国民党的法律。但是利用国民党的某些法律的条文，利用某些合法的形式与可能，就是很小的可能，进行组织群众与教育群众的工作，那当然不是合法主义，而是正确的布尔什维克的

---

① 洛甫：《白区党目前中心任务》（1937年6月6日），载中央档案馆编《中共中央文件选集》第11册，中共中央党校出版社1991年版，第237页。

工作方式"。

同时,中共强调:"决不要自己束缚自己在一定的斗争方式之内",在国共合作背景下提倡合法斗争,不意味"过去我们所做的非法斗争都是错误的,或者说现在我们不要非法斗争了。相反的,我们应该说,过去一切非法的斗争,是必要的与正确的,而且过去主要的斗争方式只能是非法的,因为国民党过去反对一切群众的斗争。就是在今天,合法的范围,还是那样狭小。非法的斗争在今天仍然必要"①。最为关键的是,中共阐明了"合法斗争"与"非法斗争"、"公开工作"与"地下工作"的关系:"为了进行公开工作,使公开团体能够存在,'利用合法'是主要的,'争取公开'是次要的。在群众革命斗争中,非法斗争是主要的,合法斗争是次要的。"② 这些论述肯定和明确了中共的两条工作路线,并论证了两者的相互转化关系。对于此后创办的《新华日报》等国统区报刊而言,白区工作会议无疑是"性命攸关"③。关于"白区工作"的相关论述以文件形式下发,为国统区报刊的差异化发展提供了理论依据,使这些报刊的灵活变通之举不致被视为"右倾机会主义"和妥协退让的表现,而是在特殊环境下最大限度彰显党性的坚忍举措,在多数情况下得到中央的理解与体谅,实现了"坚守阵地"和"增强党性"之间的平衡。

在"长期的秘密工作"后,通过与国民党的艰难谈判,中共得以公开发行全国性党报。鉴于国统区与根据地办报环境的巨大差异,中共从实际出发,区别对待公开报刊与秘密报刊,形成了因地制宜、内外有别的办报

---

① 洛甫:《白区党目前中心任务》(1937年6月6日),载中央档案馆编《中共中央文件选集》第11册,中共中央党校出版社1991年版,第232、237—239、243、250页。

② 洛甫:《白区党目前中心任务》(1937年6月6日),载中央档案馆编《中共中央文件选集》第11册,中共中央党校出版社1991年版,第248页。

③ 中共十分注重路线与方针的意识形态合法性,这是其内部经常出现"左倾"还是"右倾"、"姓资"还是"姓社"之争的关键原因。在国共第二次合作之前,中共对于"合法斗争"实际持反对态度,直到白区工作会议召开时,中共仍坚持"过去党反对合法主义的斗争仍然是对的。因为合法主义要把群众的斗争降低到适合于国民党的法律"。参见洛甫《白区党目前中心任务》(1937年6月6日),中央档案馆编《中共中央文件选集》第11册,中共中央党校出版社1991年版,第239页。《新华日报》处于国统区中心区域,在多数情况下不得不遵守当局的法律。作为中共"合法斗争"的一面旗帜,如果不能对这种变通之举提前予以"正名",很可能会受到党内非议。

第三章 中国共产党办报模式的多元发展

观念。中共提到:"(过去)党的各项政策只能靠秘密的油印刊物传达,这样就养成同志们不了解党报的作用。在今天新的条件之下,党已建立全国性的党报和杂志,因此必须纠正过去那种观念,使每个同志应当重视党报,读党报,讨论党报上的重要论文。"[1]"白区办报"与"红区办报"的差异使中共意识到"必须区别各种不同情况下的宣传鼓动工作:(1)党内与党外;(2)干部与群众;(3)公开环境与秘密环境;(4)战时与平时;(5)各种不同的区域(如大后方、抗日根据地、敌占区、城市、农村等等)",关注到地理环境、政治局势、受众需求对于报刊的影响。

为此,中共改变了宣传鼓动工作的总路线,转为"循着建立最广泛的统一战线的道路来进行,并善于同各种不同的同盟军建立各种不同程度的合作。这里,总的方针是巩固与发展自己,联合大多数,争取中间分子,孤立妥协分子,分化顽固分子,集中力量打击敌人、汉奸及少数亲日派分子"[2]。具体到报刊工作方面,"应设法经过自己的同志与同情者,以很大坚持性争取对于某种公开刊物与出版发行机关的影响。对于同志与同情者领导下或影响下的公开刊物与出版发行机关应给以经常的帮助,但应以力求持久,不以一时的痛快为基本方针。同时应推动社会上有声望地位的人出版一定的刊物,由我们从旁给以人力和材料的帮助"[3]。要求公开报刊首先要守住阵地,"忍一时之快",通过"打持久战"潜移默化地改变国统区的政治导向;其次通过在国统区建立统一战线壮大友好力量,争取业界的同情与支持,以扩大我方阵地、削弱敌方阵地。这些得到了《新华日报》《救亡日报》等国统区报刊很好的执行。两种斗争、两种工作的系统总结与"从实际出发"工作路线的确立,指导形成了有别于"红区办报"的"白区办报"路线,成为抗日战争时期中共办报模式的"支流"。

---

[1]《中共中央关于党报问题给地方党的指示》(1938年4月2日),载中国社会科学院新闻研究所编《中国共产党新闻工作文件汇编》(上),新华出版社1980年版,第86页。
[2]《中宣部关于党的宣传鼓动工作提纲》(1941年6月20日),载中国社会科学院新闻研究所编《中国共产党新闻工作文件汇编》(上),新华出版社1980年版,第105—106页。
[3]《中共中央关于宣传教育工作的指示》(1939年5月17日),载中国社会科学院新闻研究所编《中国共产党新闻工作文件汇编》(上),新华出版社1980年版,第90页。

此时，国共两党不时发生摩擦，但中共的边区政权已基本稳固，"唤醒民众"条件已局部具备，推动边区的政治动员提上了议事日程。这项工作开展的成效，很大程度上取决于中共报刊覆盖的范围。为落实"每个党员对于党报的责任"，中共以组织化运作为基本手段，构建了"四级办报"的工作格局，转变了报刊通讯员制度的工作方式，加大了发行网络的建设力度，开启了"全党办报"的实践。土地革命时期，中共提出要使"报刊成为党和群众工作的领导者"，在中央与省委层面得到了贯彻，这两级组织与部分有条件的基层组织都出版了机关刊物，形成了"两级办报"的工作格局。抗日战争时期，中共进一步要求"从中央局起直到省委、区党委、以至比较带有独立性的地委、中心县委止，均应出版地方报纸。党委与宣传部均应以编辑、出版、发行地方报纸为自己的中心任务。各中央局、中央分局、区党委、省委应用各种方法建立自己的印刷所（区党委与省委力求设立铅字机）以出版地方报纸，翻印中央党报及书籍小册子。在不能设立铅印机时，即石印油印亦极重要"①。该规定的实施拓展了中共报刊的覆盖面，形成了中央、省、地、县"四级办报"的新局面，奠定了新中国成立后报刊工作的基本格局。随着物质条件的改善，为进一步将报刊变为群众喜闻乐见的形式，中共对报刊的技术形态提出了更高要求，"应力求文字的生动简明，编排的活泼明显，标题的明确有力，印刷的明洁精良"②。这表明中共并非不了解技术形态对报刊的重要意义，此前要求各级组织因陋就简办报刊实属权宜之计，反映了物质经济条件对报刊发展的制约，也反映了中共报刊在农村的长期耕耘，提升了群众对于报刊的要求与期待，为新中国成立后城市办报与农村办报的融合奠定了基础。

在"四级办报"的格局下，为在稿源方面提供有力支持，1938年3月，中共中央书记处决定："为充实和改进新中华报之内容，延安市的党、

---

① 《中共中央关于宣传教育工作的指示》（1939年5月17日），载中国社会科学院新闻研究所编《中国共产党新闻工作文件汇编》（上），新华出版社1980年版，第90页。

② 《中宣部关于各抗日根据地报纸杂志的指示》（1941年7月4日），载中国社会科学院新闻研究所编《中国共产党新闻工作文件汇编》（上），新华出版社1980年版，第116页。

第三章　中国共产党办报模式的多元发展

政、军、民、学各机关须由党支部指定一定数量之同志担任新中华报通讯员。"① 从革命党到区域执政党的转变，使中共"以革命为中心"转为"革命与建设双中心"，在党组系统、军队系统、群团系统之外，还形成了政府系统与教育系统，故"帮助党报的责任"从"各级党部"扩展为"党、政、军、民、学各机关"，通讯员的职责扩大为反映各单位工作情况、帮助报刊发行、建立报刊读者会，发散到撰稿、发行、联络多个方面。

为使报刊能触及各级组织末梢并直达群众，中共充分利用区域执政的优势地位，构建了更加强大的发行工作组织形式。此前，中共发行系统普遍采取"部—人"的组织形式，在中央设立发行部，在地方设专员开展工作。但中央教育宣传委员会的运作经验表明，这种线性组织形式将职任聚焦于地方专员，难以得到下级组织的关注与推动；加之中央工作机构采取组织化运作方式，其繁多职能下沉到地方时由专员一力承担，往往导致"上面千条线、下面一根针"的困窘局面。随着中共组织层级的日益复杂，工作任务的层层叠加造成地方专员独木难支、不堪重负，成为中央教育宣传委员会改组为宣传部系统的关键原因。从中共的发展历程来看，"部—人"的工作架构只是组织力量较为薄弱、层级尚不复杂的情况下落实职任的权宜之计，随着组织的壮大将日渐失灵。

在宣传部系统、党报委员会系统相继改用"部—部"的工作方式之后，中共启动了发行系统的组织再造，要求"从中央起至县委止一律设立发行部，必要时区委亦应设立发行部，支部委员会设发行干事"，以实现发行系统的组织化运作。在根据地"政、党、军、民、学"五大系统业已形成的情况下，"发行部下有必要时可成立发行委员会，吸收各种发行机关的负责同志参加，以发行部长为主任，经常讨论发行工作中的各种问题"，这种架构有助于聚合各方面的力量，更好地实现扩大发行覆盖面的目标。为避免发行系统架构"重床叠屋"导致指挥失灵，中共明确"各级

---

① 《中共中央关于建立〈新中华报〉的边区通讯网问题的通知》（1938年3月11日），载中国社会科学院新闻研究所编《中国共产党新闻工作文件汇编》（上），新华出版社1980年版，第87页。

发行部直接受同级党委之领导，但上级发行部应经常给下级发行部以工作上的指示，检查其工作，下级则应经常给上级做工作报告"，厘清了发行部门的隶属关系，同时维护了同级党委的权威，丰富了中共工作机构"双重领导"的实践。

大革命失败后，由于中共对于报刊工作没有形成系统的指导意见，在革命形势急剧变化与通讯不便的情况下，部分报刊未能及时调整内容与策略，出现了认知和倾向上的错误，对党内"左"与"右"的倾向起到了推波助澜的作用。鉴于过去的经验与教训，抗日战争时期中共对报刊的内容作了原则规定："1. 掌握党中央的政策与党的原则，为它们的贯彻而进行各方面的斗争，防止任何违反政策与原则的言论。2. 反映现实，反映当地社会情况与工作情况，反映大众呼声，依此来进行自己的宣传鼓动工作，极力纠正那种主观的、表面的、教条的、公式主义的、无的放矢的和空谈的缺点。3. 善于使用批评的武器，表扬各种工作中的成绩，揭发其错误。但在表扬与揭发时，都必须是实事求是的老实态度，纠正那种夸大、铺张、虚伪、掩饰的恶劣作风。"[①] 即中共报刊的主要内容应为宣传党的纲领、反映实际情况、批评与自我批评。1942年，中共进一步明确：

> 报纸的主要任务就是要宣传党的政策，贯彻党的政策，反映党的工作，反映群众生活，要这样做，才是名符其实的党报，如果报纸只是或者以极大篇幅为国内外通讯社登载消息，那末这样的报纸是党性不强，不过为别人的通讯社充当义务的宣传员而已，这样的报纸是不能完成党的任务的。如果各地党报犯有这样毛病，就须立即加以改正。

> 要使各地的党报成为真正的党报，就必须加强编辑部的工作，各地高级党的领导机关，必须亲自注意报纸的编辑工作，要使党报编辑

[①] 《中宣部关于各抗日根据地报纸杂志的指示》（1941年7月4日），载中国社会科学院新闻研究所编《中国共产党新闻工作文件汇编》（上），新华出版社1980年版，第116、117页。

第三章 中国共产党办报模式的多元发展

部与党的领导机关的政治生活联成一气,要把党的政策,党的工作,抗日战争,当地群众运动和生活,经常在党报上反映,并须登在显著的重要的地位,要有与党的生活与群众生活密切相联系的通讯员或特约撰稿员,要规定党政军民各方面的负责人经常为党报撰稿。

党报要成为战斗性的党报,就要有适当的正确的自我批评,表扬工作中的优点,批评工作中的错误,经过报纸来指导各方面的工作。在党报上可以允许各种不同的观点的论争,可以容许一切非党人士站在善意的立场上对我们各方面工作的批评或建议的言论发表。另一方面,要有对于敌人的思想的批判。[①]

该文件奠定了中共报刊内容的四大组成部分:宣传党的政策、反映党的工作、表现群众生活、批评与自我批评,其中表现群众生活受到极大重视,成为中共报刊"向下走"的持续动力,也成为《解放日报》改版的两大方面之一。

在操作层面,中共总结了宣传应注意的5个关键问题:"你要讲什么""对什么人讲""要达到什么目的""怎样讲""随时留心群众的反映",即宣传要充分考虑传播的内容、对象、目的、策略、效果。对宣传的内容,提出以下注意事项:"(1)宣传的内容必须是充实的,而不是空洞的;(2)宣传的语句应当是简单、明了、清楚、透彻;(3)宣传的事实应当是真实的、生动的、恳切而带有说服性的;(4)由具体到抽象,由近到远,由中国到外国",即注重宣传的真实性、客观性、接近性。对于群众的鼓动,特别提出了以下注意事项:"(1)抓住为广大群众所熟悉的事实;(2)抓住为广大群众最切身的、最迫切的、最易感动的事实;(3)讲话要生动,富于情感,富于煽动性;(4)时间要短。"[②] 这些具体而有操作性的指

[①] 《中宣部为改造党报的通知》(1942年3月16日),载中国社会科学院新闻研究所编《中国共产党新闻工作文件汇编》(上),新华出版社1980年版,第126—127页。

[②] 《中共中央关于宣传教育工作的指示》(1939年5月17日),载中国社会科学院新闻研究所编《中国共产党新闻工作文件汇编》(上),新华出版社1980年版,第107页。

示，为中共报刊的自我运作提供了重要指南。

第三节 重庆模式：开辟中国共产党城市办报道路

> 一棵树，生在平坦的地上，长得很高很直，是容易的，如果在石头缝里弯弯曲曲生长起来，虽然样子矮小，却确是不容易。①
>
> ——陆定一

《新华日报》作为中共中央长江局机关报，其党报性质是确定无疑的。但在国民党治下旗帜鲜明地彰显党性，易授当局压迫报纸之柄，不但报纸及其工作人员会遭到迫害，报丁、读者与客户都会受到威胁。② 据创始人熊复回忆，《新华日报》在国统区可谓举步维艰，创刊时在办理登记手续上就受到当局的百般刁难，创刊后当局又企图通过切断供纸、禁止售卖等方式中止报刊发行。国民党军统局局长戴笠多次下令："要公开查封《新华日报》和《群众》周刊是不好办的，不准商人卖纸给他们，不许经济部给他们分配纸张，他们就会自己关门。"③ 在《新华日报》自办纸厂之后，国民党当局又实行"只准印、不准卖"的迫害政策，收买"派报业公会"把头邓发清，要求该公会不再售卖《新华日报》，违者开除会籍甚至羁押，切断报纸的主要零售渠道。

国民党当局还经常出动军警、宪兵、特务并收买地痞流氓拦截、查禁售卖《新华日报》者，加大读者获取报纸的难度与风险；威胁报纸订户，规定谁看《新华日报》就要扣薪、开除，甚至扭送集中营；派遣特务以

---

① 陆定一：《人民的报纸——为〈新华日报〉八周年纪念作》，陈清泉、陶铠编选《陆定一新闻文选》，新华出版社1987年版，第71页。

② 1945年12月，胡乔木这样描述《新华日报》所处的环境："新华日报是一个民主的报纸，但创办在不民主的环境下"，难免会面临"很大的斗争"。参见胡乔木传编写组《胡乔木传》，当代中国出版社、人民出版社2015年版，第93页。

③ 苏芸：《开办广安纸厂，保证新华日报用纸》，转引自刘梦华、唐振南、闽群芳《熊瑾玎传》，重庆出版社1992年版，第216页。

第三章 中国共产党办报模式的多元发展

"铁血除奸团"的名义恐吓《新华日报》的广告刊户,威胁他们不许在该报刊登广告,从配纸、发行、广告等方面全方位压迫《新华日报》,迫使报纸"自动"停刊。为此,《新华日报》被迫进行"伪装",最显著的就是1941年1月1日起头版全部刊登广告,因为"许多读者反映在阅读《新华日报》社论时,很容易被四周的特务发现,特务们一发现《新华日报》便强行撕毁,甚至迫害读者,不少读者给《新华日报》提出建议①,把第一版全部改为广告,把社论等重要内容放在第二版,这样读者就可以在广告的掩护下,迷惑特务,不易被特务发现"②。

此外,《新华日报》还面临着严苛的新闻检查制度。1938年12月15日,中共中央南方局分管宣传、党报工作的凯丰在给王明的信中这样描述《新华日报》的生存环境:"主要的问题就是检查的加强。从头到尾,包括广告、标题,均须检查。检查所删改的必须照改,如果不照改的话,每天早上二时左右,就派三个宪兵,三个检查员,一个便衣特务,'坐镇'报馆,亲自校正。如发现没有照改,则必'勒令'重排,并用铁铲将字铲去,或恐吓工人停止印刷。"③ 在国民党当局的"重点关照"下,"到1939年初,《新华日报》一、二、三版的发言渠道,几乎被国民党当局完全卡死;新闻被磨去棱角,与一般报纸无大差别"④。

即便如此,在反击投降主义和"皖南事变"等大是大非的问题上,《新华日报》毫不退缩,采取"开天窗"、曝检、拒检等方式与之斗争,多次受到停刊数天的处分。据国民党战时新闻检查局的报告:"1940年12月至1941年5月间,对于《新华日报》,半年内盖'免登'印章,扣下不准登的达94篇;被删改,涂得支离破碎的达156处;《新华日报》违检,仍

---

① 读者这样表达对《新华日报》的喜爱之情和国民党迫害下的两难境地:"重要新闻、言论又都在第一版,巴不得一气读完,要读完又须费很长时间,老是担心会有特务、坏蛋看见(新华日报)这四个大字,要是把这几个字另排一个地方该多好呵!"参见廖永祥《最难忘的一课》,《新华日报的回忆》,四川人民出版社1979年版,第207页。
② 潘梓年、吴克坚、熊瑾玎等:《新华日报的回忆》,四川人民出版社1979年版,第206、207页。
③ 韩辛茹:《新华日报史(1938—1947)》(上),中国展望出版社1987年版,第108页。
④ 廖永祥:《新华日报史新编》,重庆出版社1998年版,第71页。

按原稿文字列出的达 154 次。"① 在这种环境下办报，无异于"石头缝里"求生存，《新华日报》既不能如国民党所愿，办成"类似《中央日报》的报纸"，但像《解放日报》一样旗帜鲜明地彰显党性，会使报刊陷入岌岌可危的境地，失却来之不易的公开办报阵地。

  在多数情况下，中共能理解《新华日报》的两难境地，看重其作为公开办报阵地的战略意义，对其"伪装"与"变通"予以体谅。1939年5月6日，因日军轰炸重庆，部分报馆受损，国民党中宣部借机要求重庆10家大报停刊，由《中央日报》牵头出版《联合版》。对此，《新华日报》表示"为尊重紧急时期最高当局之紧急处置及友报迁移筹备之困难，特牺牲自己继续出版之便利，同意参加重庆各报暂时联合版以利团结"而暂时停刊。② 5月17日，中共中央发出专电，指出"新华日报是代表共产党的言论机关，与其他报纸不同"，"（其停刊）对我们党的政治宣传和政治影响，是一个大的打击"，要求"坚持新华日报继续单独出版的权利"③。足见中共对于国统区"唯一公开的舆论阵地"及《新华日报》扩大中共"政治宣传和政治影响"作用之珍视④，这就不难理解为何在全党普遍开展"整风运动"的疾风骤雨之下，中共对《新华日报》在"改造党报"过程中的变通做法表示理解，未作过多要求与批评。这种态度，在西北局宣传部部长李卓然对于《边区群众报》主编胡绩伟在时评中将蒋介石称为"中华民国的元首""中国人民的领袖"的处理中可见一斑，李卓然讲道："现在是国共合作时期，我们对蒋介石的态度是又团结又斗争，一般称呼也还是很客气的。《新华日报》在重庆

---

① 廖永祥：《新华日报史新编》，重庆出版社1998年版，第98页。时人喟叹："查禁书报，思想不能自由；检查新闻，言语不能自由；封闭学校，教育读书不能自由；甚至秘密捕杀：生命也不能自由。不自由之痛苦，真达于极点。"参见张静庐辑注《中国现代出版史料》乙编，中华书局1955年版，第98页。将《新华日报》的艰难处境表达得淋漓尽致。
② 中共中央文献研究室编：《周恩来书信选集》，中央文献出版社1988年版，第172页。
③ 《中共中央关于交涉〈新华日报〉继续单独出版给南方局的指示》（1939年5月17日），载中国社会科学院新闻研究所《中国共产党新闻工作文件汇编》（上），新华出版社1980年版，第89页。
④ 熊复：《关于〈新华日报〉的历史地位及其特点》，载石西民、范剑涯《新华日报的回忆》（续集），四川人民出版社1983年版，第225页。

第三章 中国共产党办报模式的多元发展

出版,当然对蒋介石那样称呼。你刚从国民党统治区来,这样称呼惯了,不能怪你。"① 直到1943年11月,中共才委婉地对《新华日报》提出批评:"既是党报,则环境若何困难,总不要违背党的方针"②,字里行间仍表示了对《新华日报》的肯定与体谅③,使得《新华日报》能够保持自己的特色。

"国统区办报"是《新华日报》与根据地报刊差异化发展的主要原因,鉴于《新华日报》大多数时间是在重庆创办,而重庆又是抗日战争时期国民党的中枢所在,最能代表国统区的政治生态与办报环境的主流,故将《新华日报》在重庆创办期间形成的办报模式称为"重庆模式"。其主要内涵为:在党性原则方面,以战斗性、群众性诠释党性,以"联系群众"来"增强党性",初步形成实践"党性与群众性相结合"理念;在内容策略方面,采取"开门办报"的态度,倡导"名家办报"与"群众办报",按照读者需求与意见不断丰富内容;在技术形态上,采取现代报馆架构,将编辑与发行业务统一于报馆架构下,按照报馆章程和业务制度办报,高度重视技术形态在报业竞争中的重要作用;承认报刊的"企业性",重视开展广告业务与多种经营,强化自我造血功能。这种模式的产生是国民党当局压迫与共产党改造党报双重作用的结果,体现了《新华日报》在坚守公开斗争阵地的同时不断改进报纸工作的艰辛历程。正如陆定一所说:"《新华日报》八年的历史,是一篇辛酸苦辣的历史。这些说不尽道不完的辛酸苦辣,是有代价的,是有重大代价的。"④

---

① 胡绩伟:《青春岁月——胡绩伟自述》,河南人民出版社1999年版,第193页。
② 《中宣部关于〈新华日报〉、〈群众〉杂志的工作问题致董必武电》(1943年11月22日),载中国社会科学院新闻研究所编《中国共产党新闻工作文件汇编》(上),新华出版社1980年版,第137—138页。
③ 但也有人对此持不同意见,康生在"整风运动"期间就批评"(武汉时期)《新华日报》完全成为国民党的报纸,有许多反共言论,如蒋介石是全面抗战的、要时时、事事、处处帮助政府,这完全是投降主义思想"。参见吴葆朴、李志英《秦邦宪(博古)传》,中共党史出版社2007年版,第411页。虽然这种思想在整体上未被中共中央所采纳,但抗日战争时期《新华日报》先于"红区报刊"代表《解放日报》出版且在全国范围形成巨大影响,却未能成为中共办报模式的主流,与这种观点不无关联。
④ 陆定一:《人民的报纸——为〈新华日报〉八周年纪念作》,载《陆定一新闻文选》,新华出版社1987年版,第73页。

一 党性原则：坚守阵地、增强党性

1938年到1942年，《新华日报》凭借在全国范围的广泛影响，在中共报刊中树立了"重庆模式"的典范。1943年到1947年，《解放日报》改版经验通过行政手段推向全党，使"延安模式"成为中共报刊的新典范。由于"国统区办报"是在"敌人心脏里战斗"，领导该工作的周恩来将报刊的"党性"转化为"政治性"，提出"办报就是打政治仗"，这种"政治性"与"根据地办报"强调的"党性"区别在于：报刊"既是党的喉舌，也是人民的前锋"，将"党性"与"人民性"有机结合起来，在群敌环伺下"党性"不便锋芒毕露时，转以"为人民喉舌、为人民向导"的角度宣扬中共的政策方针，在确保公开发行的情况下最大限度地发挥报刊的舆论导向作用；"政治上的原则一定要坚持，但必须与灵活的策略相结合，切不可求一时的痛快，不作长期斗争的打算"[①]，要求报刊既要高举红旗、坚持原则，又要善于灵活斗争、守住阵地。

周恩来归纳了"国统区办报"的三大原则：一是"有理、有利、有节"，"在斗争上，我们要不失立场，但不争名位与形式，我们要坚持原则，但方法要机动灵活，以求达到成功，我们要争取时机，但不要操之过急，咄咄逼人"[②]。二是"一要稳，就是不失立场，有时不便说就不说，够分量就行了；二要活，就是不呆板，要巧妙"[③]。三是"有所为、有所不为"，凡是报道陕甘宁边区和各抗日根据地人民的斗争，颂扬世界反法西斯斗争的胜利，揭露国内外反动派破坏抗战之阴谋的，就坚决"有所为"，超出这个限度或者一时不便说的事情，就坚决"有所不为"[④]。

周恩来充分认识到"国统区办报"与"根据地办报"、"党报"与

---

① 吴小宝：《周恩来1946在南京》，中央文献出版社2008年版，第149页。
② 周恩来：《周恩来统一战线文选》，人民出版社1984年版，第44页。
③ 《周恩来在中共中央南方局会议上的发言记录》（1941年4月15日至5月22日），载中共中央文献研究室《周恩来传（1898—1949）》，人民出版社、中央文献出版社1989年版，第507页。
④ 胡长明：《大智周恩来》，中共党史出版社2008年版，第232页。

第三章　中国共产党办报模式的多元发展

"民办报"的差异，对于不同类型报刊作出区别要求。对于在国统区公开发行的机关报《新华日报》，他要求必须成为党的得心应手的思想斗争武器。抗日战争时期，我们党在国民党统治区除了思想武器没有别的武器，而《新华日报》就是党所掌握的足以担负一个方面军任务的最锐利的武器"，必须"坚持党报的党性原则，既是'党的喉舌'也是'人民的前锋'"①。对于性质类似的机关刊物《群众》，他指示："《群众》的编辑方针，同《新华日报》毫无二致，差别是在于《群众》是党刊，是理论性的刊物，它要更多地从马克思列宁主义出发，要更多地从理论的角度出发，帮助广大读者理解抗日战争胜利的必然性。同时，还要从理论的角度出发，去批判当时一切不利于抗战以至破坏抗战的各种反动谬论"②，根据"报"与"刊"的各自特征赋予不同使命。对于以群众面目出现的进步报纸《救亡日报》，他提出："这张报纸是以郭沫若为社长的上海文化界救亡协会的机关报，这一点规定了你们的办报方针。办成象国民党的报纸一样当然不行……办成象《新华日报》一样，有些人就不敢看了。《新华日报》是党报，《救亡日报》是民办报，千万不能混为一谈。总的方针是宣传抗日、团结、进步，但要办出独特的风格来，办出一份左、中、右三方面的人都要看、都欢喜看的报纸。"③

周恩来将《中央日报》和《解放日报》作为参照，要求《新华日报》在两级之间达成"坚持党性"与"公开办报"的平衡；对于《救亡日报》，则以《新华日报》和《中央日报》为参照，提出"左、中、右三方面的人都要看、都喜欢看的"的目标。对于如何把握彰显"党性"的度，周恩来作了细致入微的指导："要好好学习邹韬奋办《生活》周刊的作风，通俗易懂，精辟动人，讲人民大众想讲的话，讲国民党不肯讲的，讲《新

---

① 熊复：《周恩来和〈新华日报〉》（1988年3月6日），《熊复文集》第5卷，红旗出版社1995年版，第519—520页。
② 许涤新：《〈群众〉周刊大事记序言》，载本书编写组《〈群众〉周刊大事记》，红旗出版社1987年版，第4—5页。
③ 夏衍：《巨星永放光芒》，《人民日报》1978年3月2日。

华日报》不便讲的,这就是方针。"① 当《救亡日报》更名为《建国日报》后,周恩来再次强调:"《建国日报》是人民的报纸,我们必当一如既往,以人民的意志为意志,以人民的立场为立场。"② 不难看出,"两级调和"是周恩来开展工作的重要策略,在其指导国统区办报过程中曾一再使用,这种明确"两级"参照系以找准自身定位的策略,既有利于报刊准确的执行指示,也为研究此时中共的国统区办报实践提供了重要线索。周恩来对于不同报刊的区别指导,继承和发扬了大革命时期中共对报刊差异化定位的传统,是中共城市报刊独辟蹊径的思想源流。

《解放日报》改版是中共主流办报模式易位的关键节点,也是"延安模式"与"重庆模式"冲突与交融的高潮。1942年3月,中共系统总结了《解放日报》改版的经验,对于党报的改造提出了五点指导意见:

(1) 报纸的主要任务就是要宣传党的政策,贯彻党的政策,反映党的工作,反映群众生活,要这样做,才是名符其实的党报。

(2) 如果报纸只是或者以极大的篇幅为国内外通讯社登消息,那末这样的报纸是党性不强,不过为别人的通讯社充当义务的宣传员而已。

(3) 要使各地的党报成为真正的党报,必须加强编辑部的工作,要使党报编辑部与党的领导机关的政治生活联成一气。

(4) 党报要有适当的正确的自我批评,表扬工作中的优点,批评工作中的缺点;允许各种不同观点的争论,容许一切非常人士站在善意的立场发表批评与建议的言论;党报要加强思想斗争,要有对于敌人思想的批判。

(5) 党报的文字要通俗、简洁,不仅使一般的干部能看懂,而且要使那些识字不多而稍有政治知识的群众也可以看,或听别人读报后

---

① 中共中央文献研究室:《周恩来传(1898—1949)》,人民出版社、中央文献出版社1989年版,第416页。

② 丁淦林:《中国新闻事业史》,武汉大学出版社1990年版,第328页。

第三章 中国共产党办报模式的多元发展

也能懂其意思。①

该文件首次规定中共办报模式的基本原则,即党报必须具备"党性""群众性""指导性"与"战斗性",以"党性"为第一要义。1942年10月,毛泽东指示各中央局、中央分局学习西北中央局改进报纸工作的决定,将《解放日报》改版经验推向全党。② 身处国统区的《新华日报》虽然承担着特殊使命,但也不能置身事外。1942年3月,毛泽东在给周恩来的电报中专门提到:"关于改进《解放日报》已有讨论,使之增强党性与反映群众,《新华日报》亦宜有所改进。"③ 鉴于《新华日报》所处的特殊环境,如果照搬《解放日报》的改版经验,势必引发所处环境的排斥反应,激起国民党当局的迫害升级,甚至失却来之不易的公开办报阵地;如果对毛泽东的指示置之不理,《新华日报》将面临违反党纪的政治风险,可能会受到改组甚至停刊的处理。

好在领导《新华日报》的周恩来有着调和矛盾的丰富经验,他从惯常使用的"两级调和"策略出发,根据国统区中心城市武汉、上海、重庆、香港等地的实际情况,以国统区特殊办报环境与《解放日报》改版经验为两级,形成了因时而为、因地制宜的办报思想:"首先,要估计环境及其变动,并找出此地此时的特点。次之,要依此与党的总任务联系起来,确定一时期的任务和方针。再次,要依此方针,规定当前适当的口号与策略。又次,然后据此定出合乎实际的计划和指示。"④ 在其指导下,《新华日报》选择性接受《解放日报》的改版经验,吸收了增强党性、反映群众的许多举措,保留了自身经营管理、业务运作、技术形态等方面的优点,

---

① 参见《中宣部为改造党报的通知》(1942年3月16日),载中国社会科学院新闻研究所编《中国共产党新闻工作文件汇编》(上),新华出版社1980年版,第126—127页。
② 中共中央宣传部新闻局编:《马克思主义新闻工作文献选读》,人民出版社1990年版,第182页。
③ 中共中央文献研究室、新华通讯社编:《毛泽东新闻工作文选》,新华出版社2014年版,第93页。
④ 周恩来:《怎样做一个好的领导者》,载《周恩来选集》(上),人民出版社1997年版,第128页。

形成了有别于"延安模式"的"重庆模式",让《新华日报》在两难境地中为中共办报模式的演进保留了另一种可能。

虽然对于《解放日报》改版经验只是选择性接受,《新华日报》仍体现了较高的政治敏感性。早在1941年10月5日,《新华日报》就转载《解放日报》社论,指出"今天巩固党的主要工作,是要求全党党员,尤其是党的干部,更加增强自己党性的锻炼"①,表达了对于"整风运动"的拥护态度,其反应速度甚至超过了许多根据地报刊。1942年1月11日,潘梓年发表社论:"提高党性,就是提高自己对时局变化的观察力,对发展趋势的拿捏力,提高对敌伪汉奸的警惕性,提高对自己工作任务的责任心与坚定性,提高集体主义的纪律,提高刻苦坚忍的生活方法,等等。一句话,就是提高自己的战斗性与战斗能力;对于自己所认定的革命事业,要有坚贞不二的忠诚,对于外来的任何苦难要能勇敢不馁的去迎接,去克服。"② 将增强"党性"解构为"提高战斗性",既呼应了《解放日报》改版四大原则之一的"战斗性"原则,又可避免《新华日报》在国统区中冒险彰显"党性"。此后,《新华日报》延续了这种思路,在改版时将"党性"阐发为"增强群众性",创刊八周年时进一步提出"党性与人民性相统一"的口号,在坚守阵地的同时保持了正确导向,但也造成《新华日报》的改版思路与《解放日报》的"四性一统"存在差异。

从1942年4月19日起,《新华日报》先后全文转载毛泽东撰写的《改造我们的学习》《整顿党的作风》《反对党八股》等文稿,在周恩来领导下进行整风改版。9月8日,《新华日报》在改版社论中公开检讨报纸存在的缺点:"我们还没有使报纸充分具有中共党报的品质,人民大众喉舌的作用,虽然环境的困难,影响了我们的工作,但我们主观的努力显然是不够的。今后怎么办呢?其主要方向是要使报纸从各方面贯彻党的政策,

---

① 《加强党性锻炼》,《新华日报》1941年10月5日。
② 潘梓年:《提高战斗性——为纪念本报出版四周年》,《新华日报》1942年1月11日。

第三章 中国共产党办报模式的多元发展

从各方面反映人民的呼声与要求，使《新华日报》真正做到不仅是中共的机关报，同时要成为人民的报纸。"将报纸缺点归纳为：

（1）转载或刊登苏联《真理报》和国民党首脑用文言译作的长篇文章较多，不问其是否合乎抗日战争的中国实际和大后方广大人民的社会生活实际；

（2）对党的政策、方针和一些负责人的文章，只是孤立的登载了；有时只写一些原则性的空泛议论，而缺少根据具体材料，更缺少根据此时此地的特点加以解释和发挥；

（3）对于群众的情绪、生活要求反映太少，甚至做出了某些不应有的错误结论；

（4）用国民党中央社半文半白电讯比例仍大，文字、内容也未经过改写。①

对照《新华日报》改版社论《为本报革新敬告读者》与《解放日报》改版经验的总结性文件《中宣部为改造党报的通知》不难发现，二者在改版方向上存在一定差异，都关注到了引用外电较多、反映群众较少、文字不够通俗的问题，但《新华日报》并未强调"报纸的主要任务就是要宣传党的政策，贯彻党的政策"、党报要有适当的正确的自我批评和观点争论，加强思想斗争，对于"编辑部与党的领导机关的政治生活联成一气"的要求仅限于登载"党的政策、方针和一些负责人的文章"并加以阐发，体现了《新华日报》鉴于"环境的困难"对上级精神的灵活变通。

不过，在改版的声势上，《新华日报》较《解放日报》有过之而无不及。1942年5月23日和24日，《新华日报》公开表示请读者"予本报以全面批评"，题为《敬告本报读者》的社论提出："本报既为中共机关报，

---

① 廖永祥：《新华日报史新编》，重庆出版社1998年版，第144页。

又以人民喉舌自期"；整风的"最重要的办法，就是倾听各党友人，各界先进和广大读者的批评"；读者的批评"能使本报得以肃清主观主义、教条主义及党八股的残余，而成为中国化、大众化、反映人民意志，而又能站事件前面的党报，成为更有力的团结抗战的号角和人民大众的喉舌"。随后发出的《本报特别启事》列出编辑方针和版面编排，社论和专论；通讯、特写；新闻编辑：专页、专栏；第四版和《友声》、外稿等项目，分门别类广泛征求意见。① 从5月25日到6月3日，《新华日报》连续多日刊载《本报特别启示》，旗帜鲜明地提出："今中共中央有整顿三风之举，本报亦决意循此方针，亟谋改革。"

从改版的方式来看，《解放日报》改版主要是自上而下的推动，虽然也有广而告之，但并未充分调动读者参与。《新华日报》自下而上的动员既壮大了改版的声势，也为其选择性地运用《解放日报》改版经验提供了合理依据，即顺应"人民的选择与呼声"。在报纸改版的规定动作基本完成和改版措施有了民意支撑之后，周恩来适时对《新华日报》的改版工作进行定性："因为我们处在大后方的环境之下，所以重庆的整风与延安不同，主要是坚持正面教育，认真学习和领会整风文献，在小组会议上开展批评和自我批评，干部的审查和组织结论由南方局有关部门负责。"② 1945年1月，身处延安的周恩来在给主持南方局工作的王若飞的电报中指出："对文委及《新华日报》社同志的整风，历史的反省固需要，但检讨的中心仍应多从目前实际出发，顾及大后方环境，联系到目前工作，以便引导同志们更加团结，更加积极地进行对国民党的斗争，而防止同志们相互埋怨、相互猜疑的情绪的增长。"③ 对《新华日报》改版定下了"实际出发、顾及环境、联系工作"的原则，为其差异化发展提供了指南。

---

① 廖永祥：《新华日报史新编》，重庆出版社1998年版，第143页。
② 熊复：《〈新华日报〉的改版与整风》，载石西民、范剑涯《新华日报的回忆》（续集），四川人民出版社1983年版，第234页。
③ 周恩来：《关于大后方文化人整风问题的意见》（1945年1月18日），载中共中央宣传部办公厅、中央档案馆编研部编《中国共产党宣传工作文献选编：1937—1949》，学习出版社1996年版，第573、574页。

第三章　中国共产党办报模式的多元发展

从改版的内容来看，毛泽东对改造党报的要求，归结起来有两点：增强党性、联系群众，《解放日报》和《新华日报》的表现明显不同。在增强党性方面，《解放日报》的措施是接受整风运动教育、不换脑袋就换人；要求报刊一切要依照党的意志办事，一言一动、一字一句都要顾到党的影响；通过报社与党委互派会议代表，建立由内到外的报刊审查制度，避免报纸"闹独立性"。而《新华日报》的措施是刊载整风运动文件，以正面教育为主；要求"在黎明前最黑暗的时光，在民族战争的大时代中，作忠贞不二的战士"，增强报纸的战斗性；通过制定科学的工作制度和严明的奖惩制度，以在小组会议上开展批评和自我批评的方式，增强工作人员的党性修养与战斗性。在联系群众方面，《解放日报》以行政命令打造一支覆盖"党政军民学"的撰稿队伍，解决本地和边区新闻的稿荒问题；以"点将"的方式向文艺人士布置"命题作文"，改变副刊内容与导向；将版面安排由"一国际、二国内、三边区、四本地"改为"一本地、二边区、三国内、四国际"，以宣传党的政策，八路军、新四军和边区、根据地为主。《新华日报》则提出"眼睛首先看到的是读者""人民勤务员"等观念，鼓励报纸的读者都成为作者，吸收党外人士办报；按照读者意见改进工作、为读者提供力所能及的服务；推广白话文写作，推动内容通俗化；对外社新闻进行改写，使采写的苏联塔斯社、解放区报刊稿件占绝大部分；增加对陕甘宁边区和敌后抗日根据地斗争与建设的介绍，更有领导有计划地反映国统区广大人民的苦难生活与要求。

不难看出，《解放日报》改版主要着眼于政治导向的改造，而《新华日报》则倾向于业务流程的改造。二者的共同之处在于都加大了各根据地的报道力度和对群众生活的反映力度。不同之处在于，《解放日报》强调的"党性"被《新华日报》阐发为"战斗性"，"不换脑袋就换人"的做法柔化为"以正面教育为主"；在撰稿队伍的扩充手段上，《解放日报》倾向于行政命令，《新华日报》倾向于"嘤嘤求友"。由此可见，《新华日报》并未照搬《解放日报》的改版举措。相较于《解放日报》的改版举措，《新华日报》改版可谓"有限改版"。

· 155 ·

1943年11月，中央宣传部就《新华日报》《群众》的工作问题专门向董必武发电，基于"《新华》在险恶环境下"的体察，明确了《新华日报》"在大后方思想斗争的中心任务不是党的自我批评，而是反对大资产阶级反动派"的办报方向，肯定其"想出许多方法奋斗，并保有今天的销路，是有成绩的"。但也提出"既是党报，则环境若何困难，总不要违背党的方针"，指出该报存在三方面的问题：一是对于国民党的"大捧"和"头条大题"，会"使国共在群众中无所区别"；二是"《新华》《群众》未认真研究宣传毛泽东同志思想，而发表许多自作聪明、错误百出的东西，如××论民族形式，××论生命力、××论深刻，是应该纠正的"；三是"《新华》统治阶级与知识分子议论太多"，应多反映群众、多刊登群众稿件并对稿件加以审查，要求"以上意见请先在领导同志中研究，如同意则请据此作详细检查与具体改革计划，然后在全体工作人员中展开讨论"①，可见其并不认可《新华日报》的改版成果。董必武在复电中将《新华日报》产生错误的原因归结为"政治警觉性不高""整风运动未能深入，未深刻研究毛主席文件和思想""编辑上的组织不周密，阅稿与检查皆有漏洞"，换言之就是没有完整照搬《解放日报》的改版经验，这种认识不可谓不深刻。

即便如此，《新华日报》仍然只是笼统回复要"广泛动员""检查报纸""进行检讨"，并未提出具体整改措施。这充分表明，《新华日报》并非不能理解《解放日报》改版的完整内涵与政治逻辑，而是主观上没有照搬的意愿。《解放日报》创办之初所受《新华日报》的"城市办报"经验与外来知识分子带来的"知识气质"的影响，尚需要毛泽东半年多的耳提面命、不断鞭策才得以彻底改造。作为"城市办报"经验孕育的母体，《新华日报》在《解放日报》改版前一度被外界视为中共机关报的代表，在党内被视为中共办报的成功模式，加之长期面向城市读者办报，其"不

---

① 《中宣部关于〈新华日报〉、〈群众〉杂志的工作问题致董必武电》（1943年10月22日），载中国社会科学院新闻研究所编《中国共产党新闻工作文件汇编》（上），新华出版社1980年版，第137、138页。

第三章　中国共产党办报模式的多元发展

完全党报"的因素更加根深蒂固。如若不经过"整风运动"的疾风骤雨，很难真正接受《解放日报》改版的经验，放弃在国统区取得巨大成功的"重庆模式"。特别是《解放日报》改版的核心"增强党性"对于《新华日报》来说可谓"性命攸关"，"增之一分则太长，减之一分则太短"，不得不对其采取选择性接受的态度。经过多次沟通，中央已明白《新华日报》不可能照搬《解放日报》的改版经验，默许了《新华日报》作为"另一方面军"的办报实践。

二　内容策略：党性与人民性统一

"重庆模式"产生于城市，"延安模式"形成于农村，就"城市—农村"的坐标系而言，这种差异如何产生？其根源何在？在城市史与农村史的研究中，学者不约而同将目光投向"人的因素"。有学者认为，城市史应把城市人（相对于乡下人而言）的行为与城市环境的关系作为研究的中心，既要研究城市人的行为方式，又要研究城市环境的形成和结构，以及城市人的行为与环境的相互作用。[①] 黄宗智也提出："研究朝廷政治、士绅意识形态或城市发展的史学家，不一定考察气候、地形、水利等因素。研究农村人民的史学家，却不可忽略这些因素，因为农民生活是受自然环境支配的。"[②] 这些研究都关注到，人与环境存在一种双向互动的关系，二者相互影响、相互形塑。办报活动是人的有意识行为，当中共报刊工作进入"城市—农村"的坐标系时，"重庆模式"与"延安模式"的差异主要表现为中共报刊工作者与所处环境的相互作用对于党报的影响与形塑，反映在报刊上主要体现在内容选择上的差异，深层表现为报刊在宣传策略、运作方式、经营管理方面作出的"拟态反映"。

《新华日报》的人员主要有三种来源。大部分董事会成员都是20世纪二三十年代从事党的早期报刊活动或在苏联、法国留学或工作的，带有浓

---

① 刘海岩：《近代中国城市史研究的回顾与展望》，《历史研究》1992年第3期。
② 黄宗智：《华北小农经济与社会变迁》，中华书局2000年版，第51页。

厚的"城市路线"气质，故创刊时王明就宣称"要按欧洲的经验来抓宣传工作"①。骨干人员大多是刚刚营救出狱的国统区地下党员，即所谓的"白区"工作者，如有"中共第一报人"之称的《新华日报》首任社长潘梓年，总编辑华岗、新闻编辑部主任章汉夫，社论委员会编委杨放之、许涤新，编辑何云、徐迈进、楼适夷等。故《新华日报》创办之初继承了国际与国内无产阶级办报的优良传统，也借鉴了中国资产阶级办报特别是此时报刊企业化改革的经验，如重视报纸的副刊、注意发行中的商业竞争等。此后，《新华日报》形成了"名家办报"的理念，陆怡、石西民、戈宝权等加入队伍，他们有的是著名的学者、专家，有的是原在上海《新闻报》《时事新报》和天津《大公报》工作的著名记者和报刊活动家。②在认识与改造世界的过程中，人们往往会产生路径依赖，在"党报姓党"的原则下，这种人员组成使得《新华日报》形成了一种更趋"城市化"的风格，主要体现在"增强党性"与"联系群众"之间，《新华日报》更加倾向于后者。

1938年4月2日，中共对于在"公开"条件下办好党报提出了指导意见，要求党报既要"反映党的一切政策"，也要"加强报纸与群众的联系"③。对此，周恩来要求《新华日报》"坚持党报的党性原则"，明确了既是"党的喉舌"也是"人民前锋"的定位。④ 在此之前，中共报刊的"党性"不断强化，"群众性"似乎与"党性"不是一个对等概念。"上海模式"下的中共报刊更像是一份"观点纸"而非"新闻纸"，并未关注读者的信息与消遣需求，更适合中小知识分子的脾胃。对于工农阶级而言，中共报刊一来看不懂、二来买不起，难以发生兴趣。即便多数中共报刊都辟有来信专栏，以期强化与读者的联系，但写信较之看报对读者的文化水平要求更高，反而增添了报刊的知识分子气质。"瑞金模式"下的中共报

---

① 廖永祥：《新华日报史新编》，重庆出版社1998年版，第30页。
② 廖永祥：《新华日报史新编》，重庆出版社1998年版，第9页。
③ 《中共中央关于党报问题给地方党的指示》（1938年4月2日），载中国社会科学院新闻研究所《中国共产党新闻工作文件汇编》（上），新华出版社1980年版，第86页。
④ 熊复：《周恩来和〈新华日报〉》（1988年3月6日），《熊复文集》第5卷，红旗出版社1995年版，第519—520页。

第三章 中国共产党办报模式的多元发展

刊，几乎都处于秘密状态，且不说广大工农群众，连"同志们都不了解党报的作用"①。

此时，《新华日报》开启"党性与群众性相结合"的实践，既有承担党建与统战双重任务的原因，也是报纸的"党性"受到压制不能充分彰显的情况下，通过表现"群众性"达成"保持党性"与"利用合法"的最大公约数。作为有志于"'到群众中去'，组成一个大的'群众党'"的政党②，中共报刊的"群众性"自不必说；作为执政党的国民党，也不可能公然对《新华日报》的"群众性"口号表示反对。对于报刊如何落实党的"群众路线"，周恩来提出了许多具体意见。他认为，报刊工作者应特别关注"为什么人"这一核心问题，做到"有的放矢"，报道谋划要在"下笔之时，应当先想一想究竟为什么写东西，又是写给什么人看的"③，只有细细揣摩各类读者的阶级立场、思想倾向与现实需求，才能写出有针对性和吸引力的文字，而不至说一些"无的放矢"的空话。工作作风"要深入群众，虚心地向人民群众学习语言，只有在这方面下一番功夫，才有可能写出生动活泼、反映实际生活的文章来"④。写作风格"要合民众的口味，要入乡随俗，老百姓才能喜闻乐见，才能收到宣传的预期效果"⑤。

在寻找新闻线索方面，认为新闻来源于人民群众丰富多彩的生活实践之中，"建议除了必要地采访一些上层活动外，可以着眼于群众。比如说，访问几个从战区流浪到重庆的擦皮鞋难童，或者访问嘉陵江上几个渡口的船夫，或者访问重庆市内的公共汽车售票员，谈谈他们的生活和愿望……

---

① 《中共中央关于党报问题给地方党的指示》（1938年4月2日），载中国社会科学院新闻研究所编《中国共产党新闻工作文件汇编》（上），新华出版社1980年版，第86页。

② 《关于共产党的组织章程决议案》（1922年7月），载中央档案馆编《中共中央文件选集》第1册，中共中央党校出版社1989年版，第90页。

③ 王占阳、王小英：《中外记者笔下的第一代中共领袖》，时代文艺出版社1992年版，第376页。

④ 王占阳、王小英：《中外记者笔下的第一代中共领袖》，时代文艺出版社1992年版，第376页。

⑤ 中共中央文献研究室：《周恩来传（1898—1949）》，人民出版社、中央文献出版社1989年版，第408页。

实在没有线索,不妨到茶馆里去坐坐,听听群众在说些什么,想些什么"①。他还开创性地提出"领导群众的方式和态度要使他们不感觉我们是领导……领导群众的基本方法是说服,而不是命令"②,一改过去中共报刊"引领群众、俯就群众"的态度。这些细致具体的指导体现发展了中共办报的群众观念,有助于中共报刊避免土地革命时期中共报刊的"空洞化"甚至"浮夸风"的问题,改变报刊工作者"足不出户,下笔千言"的作风,真正做到反映群众、反映实际。《新华日报》在"联系群众"方面的突破,成为在国统区取得巨大成功的重要原因之一。

在"反映群众"不断深化的过程中,《新华日报》逐渐厘清"党性"与"群众性"的逻辑关系。"群众性"是报刊实现"党性"的前提,媒介不能影响一个不使用媒介的人。在受众对媒介的使用过程中,媒介的内容才会被消费,实现其某些功能。③ 为尽快扩大在国统区的影响,《新华日报》在创刊伊始就开设"大众信箱"专栏,表达了与人民血肉相连的意愿:"我们有一个理想,就是做到读者们都替本报写文章","凡是看本报的人,都是给本报写文章的人",号召"做工的,做庄稼的,店铺里的伙计,军队中的兄弟,都来给本报写稿"④。此后,《新华日报》进一步提出"本报之为党报,绝非我党包办之报"的理念⑤,专门开辟工人园地、青年生活、妇女之路、友声等专栏,很快囊括了包括党外人士、政府职员、学生、工人在内的各个领域撰稿人,以丰富多彩的内容、多种多样的形式反映群众的话语和心声。《新华日报》认为"群众办报"与"名家办报"是相互补充的关系,提出:"出名的作家可以把各方面的经验综合起来写出有系统的文章,这是普通民众所不能的,但每一个普通民众可以写出他自己那小范围内的具体生活与工作经验,这又是一个著名作家所不能的。只

---

① 王占阳、王小英:《中外记者笔下的第一代中共领袖》,时代文艺出版社1992年版,第375页。
② 周恩来:《周恩来选集》(上),人民出版社1980年版,第131页。
③ 尹韵公:《生动展现马克思主义新闻观的实践魅力》,《光明日报》2011年8月30日。
④ 《我们的信箱》,《新华日报》1938年1月11日。
⑤ 《社论》,《新华日报》1942年1月11日。

第三章　中国共产党办报模式的多元发展

有工人、农民、店员、兵士、学生将他们所想的东西都写出来,我们的报纸才能真正反映出全国在抗战中的动态。"①

这种"开门办报"的态度受到各界欢迎,著名政治家张申府热情地表示:"希望《新华》办得不仅是党报,而且是天下人的报,一方面确守坚定的立场,一方面尽可能地善用灵活的作法。如果有一天,天下人都把《新华》看作自己的报,那它就是真正办得成功了。"② 1942 年 2 月 20 日,《新华日报》按照周恩来的意见,回应张申府 1 月 11 日发表的"甚愿《新华》虽是党报,但同时也是天下人的报——天下一切反法西斯的人的报"之祝词③,特地开辟《友声》专栏发出"嘤嘤求友"之声,表达了海纳百川的宽广胸怀。报纸诚挚地提出:"跟着抗战局势的进展,中国人民的任务越来越重了。有多少问题,是急待我们去解决的。为了要使问题解决得完满,必须有深刻的探讨。在探讨的时候,自然不免有不同的意见。但在抗战、团结与民主、进步的前提之下,对于某一问题的意见虽有出入,仍应被重视的。因此,本报特辟《友声》一栏,欢迎各方面的朋友,对于各种问题,提出真知灼见,赐予本报发表,以便公开讨论。这就是本报嘤嘤之鸣,想为读者诸君所乐于赞助的吧。"④ 自此,吸引和团结广大党外人士、提供公开发声的民主论坛,成为《新华日报》改进报纸工作的重要方面,得到了毛泽东的关注与认可。3 月 14 日,毛泽东在给周恩来的电报中提到:"张申府纪念《新华日报》的文章,表示对我党满腔热忱,已在《解放》转载。他希望把党报变为容许一切反法西斯的人说话的地方,这一点是很对的,《新华》、《解放》都应实行。"⑤ 吸收党外人士发言成为报纸克服主观主义和宗派主义的重要内容,这是《新华日报》对于整风运动的独特贡献,也丰富了"群众办报"的内涵。

据统计,仅在抗日战争时期,《新华日报》发表的社论、评论,就有

---

① 杨放之:《我们的信箱》,《新华日报》1938 年 1 月 11 日。
② 张申府:《友声与民主》,《新华日报》1942 年 9 月 27 日。
③ 张申府:《新华,新华,我看着你长大》,《新华日报》1942 年 1 月 11 日。
④ 周恩来:《编者的话》,《新华日报》1942 年 2 月 20 日。
⑤ 廖永祥:《新华日报史新编》,重庆出版社 1998 年版,第 138 页。

3000 余篇；有关文化的，400 篇；诗歌 700 篇；小说创作及评论 400 余篇；散文、杂文、通讯 2000 余篇；各国文学评介 300 余篇；美术作品 100 余篇。有关文艺理论与批评，电影、戏剧、音乐等评论、消息，更为可观。[①]《新华日报》内容的极大丰富，一改过去中共报刊充满政治色彩的严肃面孔，关注到城市读者在信息、文娱等多方面的需求，由"观点纸"向"新闻纸"的方向转化。此外，《新华日报》实践并发展了毛泽东"上门板、捆禾草、扫地、讲话和气、买卖公平、借东西照还、赔偿损失……都是宣传"的观念[②]，以"人民勤务员"自居，在报馆内设"社会服务处"，每天接待几十个来访的读者，回答上百封读者的来信，在报纸上开辟"社会服务"专栏，为读者提供法律、医药、寻职、求学等方面的顾问，看戏、买书、旅行等方面的指导，在购书刊、买戏票、买车船票等方面提供服务。

值得注意的是，不同于此前《新青年》《向导》等报刊将读者来信作为报刊的"另一种文章"，《新华日报》重视吸纳读者的意见，创刊一个多月就先后在郑州和武汉召开读者座谈会，广泛征求意见，改进报纸工作。为了与读者保持稳定联系，《新华日报》倡议各地读者组织读书会，于1938 年 4 月 22 日在"团结"副刊专门刊登《本报读者会的性质与工作》加以指引。在创刊两周年之际，《新华日报》相继发表《本报征求读者意见和批评的号召》《本报创刊二周年征求各界意见启示》，在编辑方针和版面编排，社论和专论；通讯、特写；新闻编辑；专页、专栏；第四版和《友声》、外稿等项目分门别类广泛征求意见，并根据读者的意见改进工作。自此，每逢报纸创刊周年征求读者意见成为《新华日报》的重要传统，真正使"群众办报"从理念化为实际。

在"反映群众"方面的不断改进及"报纸的眼睛首先看到的是读者"的实践表明，《新华日报》对于"群众性"的实践是真诚而不自满的。1945 年，《新华日报》对八年来办报道向作了如下总结："本刊创刊八年

---

① 廖永祥：《新华日报史新编》，重庆出版社 1998 年版，第 347 页。
② 毛泽东：《红军宣传工作问题》（1929 年 12 月），载中共中央文献研究室、新华通讯社编《毛泽东新闻工作文选》，新华出版社 2014 年版，第 12 页。

第三章 中国共产党办报模式的多元发展

来,一贯就是以人民的报纸为方针,为努力目标。……我们一定要继续不断的进步,真正成为属于人民,为了人民的报纸。"① 对于"党性"和"群众性"的双重实践,最终孕育形成"党性与人民性相统一"的观念:

> 新华日报既是共产党的机关报,怎么能够成为人民的报纸呢。……共产党所要求于他的全党党员的,不是别的,就是:忠实的为人民服务,虚心的做人民的勤务员。因此,作为共产党机关报的新华日报,为了执行党的主张政策,也就是要使他自己真正成为人民的报纸。……人民的报纸必须以人民的利害为依归。对人民有利的,我们要坚决的主张,对人民不利的,我们要毫不容情的反对。②

1947年1月11日,总编辑熊复在《新华日报》创刊九周年社论《检讨和勉励》中,进一步阐释了"党性"与"人民性"的逻辑关系:

> 新华日报的立场,就是全民族全人民的立场。用一句话来说,就是"为人民服务"。为人民服务,是我们的任务,也就是我们的立场。今天,中国人民主要的要求和希望,是争取实现独立和民主,坚决反对卖国内战独裁。我们认为,团结全民族全人民进行这种反对卖国内战独裁、争取独立和平民主的斗争,就是对全民族全人民最大至高的服务。正是因为这样,新华日报的党性和它的人民性是一致的。固然,新华日报是中国共产党的机关报,它的言论主张和新闻报导,是不能违反中共的整个路线、纲领和政策的。但是,由于中国共产党是一个人民的政党,它代表的是中国最广大人民的利益,它的一切政策是完全从人民的利益出发的,因此,新华日报也是完全站在人民的立场,从人民的利益出发。这就是说,新华日报是一张党报,也就是一

---

① 胡乔木:《人民的报纸》,《新华日报》1945年12月30日。
② 胡乔木:《人民的报纸》,《新华日报》1945年12月30日。

张人民的报，新华日报的党性，也就是它的人民性。新华日报的最高度的党性，就是它应该最大限度地反映人民的生活和斗争，最大限度地反映人民的呼吸和感情、思想和行动，有的读者说：新华日报的"党性色彩太浓厚"，这其实正是党性发挥得不够；也就是人民性发挥得不够的表现。简单地说，就是为人民服务还做得不够。①

显然，这种阐释无疑带有浓厚的新华色彩，并不能代表此时中共报刊的主流。虽然毛泽东在《解放日报》改版过程中将"增强党性"与"反映群众"并列，但对于广大根据地报刊，"反映群众"只是"增强党性"的一个方面。1942年4月1日，《解放日报》在社论中发表了对该指示的理解："贯彻党的路线，反映群众情况，加强思想斗争，帮助全党工作的改进。"②"群众性、战斗性、指导性"，最终都是为了改进党的工作，统一在党性之下。③ 承载党建与统战双重任务的《新华日报》，则认为"增强党性"和"反映群众"同等重要，形成了"党性和人民性是一致的"观念。"统一论"的提出是《新华日报》办报经验的理论升华，为此后中共作为全国执政党办报解决了关键理论问题，是"重庆模式"对于"延安模式"调适的成果，也是对中共城市办报和马克思主义新闻观的独特贡献。

三 技术形态：独立开展合法斗争

党与党报的关系是决定政党报刊形态的关键因素，在中共发展历程中先后经历了报刊建党、党报合一、党报分离三个阶段。中共创立前，报刊是凝聚共产主义者的精神核心，社址是共产主义者的集聚场所，"报刊建党"的历史进程形塑了中共创立之初的基本特质。中共创立后，先后设置

---

① 熊复：《检讨和勉励》，《新华日报》1947年1月11日。
② 《致读者》（1942年4月1日），载中国社会科学院新闻研究所编《中国共产党新闻工作文件汇编》（下），新华出版社1980年版，第52页。
③ 黄旦：《从"不完全党报"到"完全党报"——延安〈解放日报〉改版再审视》，载李金铨主编《文人论政——知识分子与报刊》，广西师范大学出版社2008年版，第273页。

第三章 中国共产党办报模式的多元发展

中央教育宣传委员会、中央机关报编辑委员会、中央编辑委员会、党报委员会持续强化对党报的管理，改"同人办报"为"集体办报"，以党报社论指导实际工作，不断密切党与党报的联系，党报与党呈现出日益同化的趋势。党报的社论由党的领导人撰写、人员由党组织派出、发行由党组织代办、内容上大量刊载文件、经济上依靠党组织拨款，其党性不断增强，几乎成为党的化身。

在国共第一次合作中，"报党合一"的组织形态使中共对国民党形成了舆论优势，起到了四两拨千斤的效果。更让国民党印象深刻的是，中共借助国共合作的契机，充分利用"党内有党"的便利条件壮大自身，几乎与国民党呈现出并立之势，令蒋介石哀叹无论宣传还是运动"均逃不出共产党之掌握"，暴力中止两党合作进程。这决定了在国共第二次合作过程中，即便是在"地不分南北，人不分老幼，皆有守土抗战之责，皆应抱定牺牲一切之决心"的背景下，国民党也不可能向中共大开合作之门，而是基于中共拥有军队已成既定事实的现实考量，将合作限定于军事领域，伺机削弱中共军事实力。以抗战之名对中共军队进行整编，可以限定和压缩其编制，使其从"在暗"转为"在明"，同时可以获得对中共军队的名义指挥权，令其对日作战削减其实力，料定中共为表达合作诚意不得不就范，这种"阳谋"为平型关战役、百团大战所证实。报刊宣传作为中共的传统优势，国民党忌惮至深，本不愿中共在国统区创办报刊，在中共的不懈争取下，最终成为国民党表达合作诚意的重要内容。这种复杂的历史背景与所处环境，决定了《新华日报》难以旗帜鲜明地彰显党性，更多的是以迂回曲折的方式进行斗争，开创了党报与党"形式上独立"的新探索。

为适应国共党外合作背景下政治形势的新变化，中共提出了"公开工作与秘密工作相结合"的工作路线，要求各级党组织因地制宜地运用"合法"与"非法"这两种斗争方式，处于"国民党心脏"的中共中央长江局同时承担这两方面的使命，对内作为中共中央长江局，负责指导中共在长江流域各省、南方各省的工作，属秘密工作范畴；对外名为中共中央代表团，代表中共向国民党及其他民主党派进行统一战线工作，属公开工作领域；领导下的《新华日报》也具有双重属性，报纸的领导机构对内称党报委员会，是长江局的下设机构，由陈绍禹、周恩来、秦邦宪、何伟、潘梓年组成，陈绍禹任主席；对外称董事会，由陈绍禹、秦邦宪、吴玉章、董必武、何凯丰、邓颖超等组成，陈绍禹任董事长。此前，中共已定下"为了进行公开工作，使公开团体能够存在，'利用合法'是主要的，'争取公开'是次要的"的原则①，决定了《新华日报》等国统区报刊的主要任务是开展"公开工作"与"合法斗争"，故《新华日报》章程明确规定"本报以报道新闻、发扬文化、巩固抗日民族统一战线为宗旨"，并在发刊词中宣示"本报愿将自己变成一切抗日的个人、集团、团体、党派的共同喉舌"，决定了《新华日报》的公开化、合法化形态。

20世纪30年代，我国报业企业化改革全面铺开。在此之前，"旧的中国报馆，一般机构不大，人事结构简单，大都在总编之下，分编采两部，骨干不过一、二人"②，中共报刊有党组织作为依靠，其"编印分离"的架构较民营报刊更为高效，在报界中占有一席之地。1929年，南京国民政府颁布《公司法》，为报业企业化改革提供了法律依据，《益世报》《新闻报》率先改组为股份有限公司，《新民报》《申报》《大公报》等民营大报也相继在1937年左右完成改组。股份制、公司制的引入极大改变了报业的内部治理结构，受利益分配驱动，民营报刊的管理体制迅速完善，形成了较为清晰的"科层化"结构，而小型报纸"组织大多效法公司性质"。③为应对激烈的报业竞争，经蒋介石首肯，程沧波主持的国民党中央机关报《中央日报》于1932年名义上脱离国民党中央宣传部，成为形式上的独立法人，率先宣告机构独立；改"传统党报型"体制为"社长负责制"体

---

① 洛甫：《白区党目前中心任务》（1937年6月6日），载中央档案馆编《中共中央文件选集》第11册，中共中央党校出版社1991年版，第232、237—239、243、250页。
② 廖永祥：《新华日报史新编》，重庆出版社1998年版，第8页。
③ 管翼贤纂辑：《新闻学集成》第6辑，载《民国丛书：第4编》第46册，上海书店1992年版，第325—331页。

第三章　中国共产党办报模式的多元发展

制[1]，提出"经理部要充分营业化，编辑部要充分学术化，整个事业当然要制度化效率化"的方针[2]，报社组织架构更趋完善，呈现出鲜明的企业化特征，甚至提出"一人一钱均配合营业需要"[3]。在激烈的报业竞争中，在全国占据统治地位的国民党报刊都在求新求变以争取受众，中共报刊"党报合一"的形态、"手工业办报"的方式、有编辑部无报社的架构难免显得格格不入。

为改变各界对中共报刊的刻板印象，《新华日报》在中共报刊中率先采用现代报馆架构，以公开宣示中共在国统区的合法存在。于法理而言，国民党当局对中共报刊与其他报刊应一视同仁，如若无故压迫甚至强行取缔，将受到来自社会舆论的巨大压力。作为中共在国统区向当局备案的合法机构，其社址可作为中共在国统区活动的合法场所，赋予部分人员以合法身份，不致受到国民党的迫害。同时有助于《新华日报》淡化党派色彩、树立独立形象，便于融入业界，参与报界竞争，消除潜在客户与受众观念上的障碍，"合法"地扩大影响。[4] 此前在"地下"秘密出版的中共报刊，即便千方百计地隐蔽社址所在，采取伪造社址、假托封面的方式发行，仍时刻面临人员被捕、读者被害、报社封门的危险，致使报刊发行范围有限。在这样艰难的条件下，报刊工作仍取得了令人瞩目的成绩。而在国统区公开发行的《新华日报》，可以将更多的精力用于改进业务，这也是其取得成功的重要原因。

不同于边区"只此一家"的办报环境，中共的国统区报刊面临激烈的行业竞争，其成败既取决于报刊的内容策略，也取决于技术形态。《新华日报》《群众》《救亡日报》《华商报》等所处的武汉、重庆、上海、香港，是国民党统治区域的中心城市，报业竞争异常激烈，读者眼光更

---

[1] 蔡铭泽：《中国国民党党报历史研究》，团结出版社1998年版，第93页。
[2] 方汉奇：《中国新闻事业通史》第2卷，中国人民大学出版社1996年版，第366页。
[3] 蔡铭泽：《中国国民党党报历史研究》，团结出版社1998年版，第283—284页。
[4] 故《新华日报》于1938年5月建立了党支部，但党支部和党员都不公开，报馆党组织一直严格保密。参见廖永祥《新华日报史新著——纪念周恩来诞辰100周年》，重庆出版社1998年版，第35页。

为挑剔,过去"土纸油印"的中共报刊显然难以在竞争中脱颖而出。为此,周恩来对《新华日报》提出了"错字少、编得好、印得清、出得早"的要求,报馆针对性地展开了改进工作的学习,建立了从编辑、排字、浇版、印刷到发行的整个工作过程的规章制度。① 按铅字、印刷、纸张、出版条件,《新华日报》无法和《中央日报》《扫荡报》相比,但在重庆新闻界技术评比中,《新华日报》在排字、浇版、上机印刷等方面都获得了第一名。② 有人这样评价《新华日报》:"在一般新闻技术上,与资产阶级报纸比较起来,几乎没有什么特殊的地方。"③ 过去中共报刊的短板,此时反而成为《新华日报》参与竞争的优势,可见报馆同人倾注的精力与心血。

四 经营管理:广告与多种经营铺开

《新华日报章程》的颁布,是中共报刊发展历程的标志性事件。此前,在"党管党报"的制度安排下,中共报刊普遍缺乏独立运作的能力。虽然《新华日报》以中共机关报的面貌公开出版,但中共在国统区的组织与活动主要处于"地下",继续依赖党组织事无巨细的指导与介入,既不利于树立报纸的独立形象,也难以培育报纸的自主意识。《新华日报章程》的颁布,有助于解决"公开办报"与"地下斗争"的矛盾,引导报馆形成开展业务的自我意识、构建自我运作的健全架构,减少对党组织的依赖。

《新华日报章程》与此时企业化改革后的民营报刊章程已相当接近,具有很强的规范性与操作性,对于报纸的宗旨,编辑部、经理部的职责,报馆的人事任免与奖惩办法,会议制度与经营模式及开设分馆与分销处的条件都有详细规定,使《新华日报》馆在中共报刊中率先形成了清晰的科层制结构,顺应了我国报业企业化改革的潮流。在报馆最高权力机构党报

---

① 熊复:《新华日报的历史地位及其特点》,《新闻与传播研究》1981年第4期。
② 丁淦林:《中国新闻事业史》第2卷,武汉大学出版社2000年版,第233页。
③ 廖永祥:《新华日报史新著——纪念周恩来诞辰100周年》,重庆出版社1998年版,第35、285页。

第三章　中国共产党办报模式的多元发展

委员会/董事会之下,设有编辑部、经理部两个部门,在报馆架构内部实现了编辑与发行的统一,业务流程归于完整。编辑部下设通讯课、编译课、外勤课、图书课,经理部下设印刷课(下设机印房、排版房、浇铸房、装订房)、总务课(下设材料股、事务股、托儿所、人事股、医务室)、营业课(下设发行股、广告股、图书股、服务股)、会计课(下设稽核、簿记、出纳)。《新华日报》一改过去中共报刊不重经营的传统,设置了架构健全的经理部,不仅在经营管理方面起到了卓有成效的作用,还解决了工作人员在育儿、医疗等方面的后顾之忧,成为《新华日报》馆凝聚力与战斗力的重要源泉。[①] 自我意识的培育与管理体制的完善,使得报馆无须党组织事无巨细地介入就可按既定规程自行运作,在实现收支平衡之后,更是具备了长期斗争的条件,这是《新华日报》能够成为"茫茫黑夜中的一座灯塔"的重要原因。

纸张、印刷与发行是报纸的"生命线"。此前,中共报刊普遍采用编辑与印行相分离的架构,编辑工作由报刊编辑部负责,出版发行由党的专门机构代办,报刊只需有固定的撰稿队伍和少数的编辑人员便可出版,极大节省了办报成本;同时"全党办发行"可以使各级党组织帮助报刊构建发行网络,迅速扩大报刊的覆盖面。此前,除少数商业性大报外,民营报刊多不自备印刷机,仅租几间房子作为社址即可办报,印刷部分可以完全委托其他印刷所代印,即使是有的报馆具备一两架平印机,也不过粗具规模而已。[②] 中共办报的"全党体制"在撰稿力量、发行网络、经费来源方面较民营报刊优势明显,只是迫于严酷的生存环境在纸张与印刷条件方面稍为逊色。但"全党体制"也存在一定的弊端,报刊发行的"生命线"掌握在党组织手中,一旦组织受到压迫,报刊也会一损俱损。抗日战争时期,国共两党关系微妙,通过秘密建立的"地下通讯网"发行报纸,可能

---

① 受国民党的压迫,派报业公会、书店与报贩都视贩卖《新华日报》为畏途。为此,《新华日报》馆组建了一支由报童、报丁组成的发行队伍。在周恩来的关怀下,《新华日报》的报童、报丁吃住都在报馆,当他们被抓捕、迫害时,报馆都会上门替他们斡旋。有报馆作为坚强依靠,他们才得以毫无畏惧地面对恶劣的环境,全身心投入报纸的发行工作,成为"新华军"的"尖兵部队"。

② 胡太春:《中国报业经营管理史》,山西教育出版社1999年版,第55页。

为当局迫害报纸提供借口，不利于报刊进行"合法斗争"，需要《新华日报》充分利用现有的公开印行渠道。

为此，《新华日报》充分吸取过去中共报刊因纸张供应不足、印刷厂被封闭、发行网被捣毁而脱期、停刊的教训，牢牢掌握报纸的生命线，将纸张、印刷、发行方面的优势转化为同业竞争与统战工作的利器，最大限度地争取读者与社会各界的支持。① 武汉时期的《新华日报》已设有专门的印刷部，由于设备落后，出报时间比其他报馆晚一两个小时。发行课共有七八个人，开拓了"派报业公会"代售、外地发行点发行、分馆发行、直接订户这4条发行渠道。由于国民党压迫的加剧，"派报业公会"迫于压力停止发行《新华日报》，为此《新华日报》组织了一支以城市流浪儿童、青年为主的发行队伍。为了稳定发行队伍、提高斗争能力，报馆不仅对这些报童、报丁进行教育，给予优厚待遇，还尽全力保障他们的生命安全，使得发行队伍从七八个人发展到一百多人②，在艰苦的环境保持了高昂的战斗力，毛泽东称赞道："我们有八路军、新四军，《新华日报》也是一个方面军，叫'新华军'，报丁报童就是它的尖兵部队。"③ 由于报纸销量不断上升，加上报馆还要承印党内文件与进步书刊，国民政府经济部的少量配购和自己的零星补购都是杯水车薪，难以解决用纸需求。《新华日报》先后秘密创办了川东复兴纸厂、建华纸厂、丁家坪纸厂，保证了充足的纸张来源，且尚有余力帮助报业同行，连《中央日报》都曾向《新华日报》借纸。通过这种业务上的往来，《新华日报》与重庆同业建立了良好关系，在遭到国民党当局迫害时常常能得到业界的同情和声援。

《新华日报》创办之初，经济方面主要靠党组织拨款，另有党员和社会各界的零星捐赠，"党报委员会核定报馆的开办费是三千元，每月的经常费也是三千元，但到了10月份，报馆的开支已增加到七千元"④。据该报公开

---

① 陈龙：《〈新华日报〉与中国共产党城市办报模式的探索》，《新闻与写作》2012年第7期。
② 丁淦林：《中国新闻事业史》第2卷，武汉大学出版社2000年版，第231页。
③ 左明德：《回忆〈新华日报〉的发行工作》，《新闻与传播研究》1989年第3期。
④ 韩辛茹：《新华日报史》（上），中国展望出版社1987年版，第48页。

第三章　中国共产党办报模式的多元发展

售价推算，报刊每份4分、每月1元，创办之初发行量为1万多份，每月应有1万多元的收入，基本可以收支相抵。但为了在国统区迅速打开销路，《新华日报》大范围地向根据地各级组织、国统区各地图书馆、各抗日救亡团体、伤兵医院、难民收容所及进步人士、统战对象赠阅，总赠阅量近3000份①，几乎占发行量的三分之一，加上不登广告，致使报纸在出版几个月后，因白报纸和油墨等材料涨价、印刷成本增高，每卖一张报纸就赔本5厘到1分②，再度证明了经济核算对于党报同样具有相当的重要性。

此时，《新华日报》视广告为扩大政治影响的又一"文体"③，采取"启事广告免收费用，其他广告收取低廉费用"的做法，对于广告收入并不重视，虽报馆设有广告课，但未设专人负责广告，广告工作一直没有起色，也未起到开源作用。在武汉时期后期，《新华日报》逐渐缩小赠阅范围，但报馆的规模从最初的30人发展到最多时的300多人，仅靠节流难以维持，广告的开源作用得到关注。《新华日报》认识到："许多民间报纸都依靠广告收入，来弥补亏空，我们却没有大量的广告收入……报费的收入是不够养报的，在这物价高涨，报纸成本增高，读者购买力有限的条件下，多发一份就多亏一分本，这是各报都共有的经验。"④

为打开局面，总经理熊瑾玎聘任范剑涯为广告课主任，专职进行广告工作。范剑涯上任之后，打破坐等广告上门的局面，积极参与市场竞争，尽力消除民族工业者尤其是地方商业者的排斥情绪，使广告业务有了较大发展。抗战结束时，重庆物价是1943年的近9倍，而《新华日报》的广告价与1943年相比，长行每行每日增加13倍多，封面报名两旁增加20

---

① 韩辛茹：《新华日报史》（上），中国展望出版社1987年版，第47页。
② 韩辛茹：《新华日报史》（上），中国展望出版社1987年版，第47—48页。
③ 《新华日报》强调广告的进步性而非商业性："本报秉巩固团结，'贯彻抗战到底争取最后胜利'的初衷而创立，出版以来，荷蒙社会人士之赞助，本报感愧之余，益觉一文一字，都应该为抗战而努力，都应有益于读者，职是之故，广告一栏，亦拟严加选择，举凡违反社会进化规律、萎靡抗战情绪，提倡迷信或其他投机广告，恕不照登，最欢迎者厥为提倡国货、救亡文化及一切正当事业之开张，区区微忱，实根源于本报创立之宗旨。"参见《广告课启示》，《新华日报》1938年5月4日。
④ 《检讨和勉励》，《新华日报》1947年1月1日。

倍，封面报名下增加 20 多倍①，广告版面几乎扩至总版面的三分之一。在读者要求下，1941 年至 1947 年，报纸头版全部刊登广告，开创了中共报刊头版全部刊登广告的先河，最多的时候 10 个版面有 7 个整版是广告。②为了广开财源，《新华日报》还积极开展多种经营，除了自办纸厂之外，还在长江上游和川东、鄂西一带成立了兴中企业公司、西川运输公司、中永商行、长寿县亚东旅馆等 15 个商贸实体，报社不仅不向上级党组织南方局伸手，还能不断地向南方局交款。③

经营方面的不懈努力，使《新华日报》经济状况大大好转，到后期已实现自筹自给。广告最多时，日收入可解决全报馆职工一个月的生活费。从 1938 年 1 月 11 日创刊到 1947 年 2 月 28 日被国民党查封，《新华日报》连续出版 9 年零 49 天，共计 3231 期，其间从未因资金或原料不足而停刊过一天，足见其经营理念、管理措施的独到之处。④ 对此，《新华日报》的总结可谓深刻："办报虽然是一种宣传事业，文化事业，但要就本身来讲，却必须要把它当做一种企业来办。只看到报纸的宣传作用而疏忽了它的企业性，一定难于办好的。"⑤

五 "重庆模式"的历史意义与影响

《新华日报》办报过程中形成的"重庆模式"仍以"党报姓党"为内核，其变通之处在于将党性诠释为战斗性和群众性，以实现坚守阵地与彰显党性的动态平衡。在毛泽东指导而成的《解放日报》改版经验以行政命令推向全党的情况下，处于迥异办报环境的《新华日报》在原则层面与中央保持一致，在操作层面灵活变通，以"党性与群众性相统一"为基本导向，以

---

① 吴果中：《重庆〈新华日报〉的广告经营初探》，《国际新闻界》2006 年第 8 期。
② 李徐阳：《1937—1949 年根据地党报经营探索研究——以〈晋察冀日报〉的定价和广告为视角》，硕士学位论文，山西大学，2017 年。
③ 丁淦林：《中国新闻事业史》，高等教育出版社 2002 年版，第 224 页。
④ 刘洪：《试析抗战时期〈新华日报〉的经营管理》，《广西大学学报》（哲学社会科学版）2009 年第 1 期。
⑤ 王润泽：《中国新闻媒介史（1949 年前）》，北京大学出版社 2011 年版，第 181 页。

第三章 中国共产党办报模式的多元发展

"报纸的眼睛首先看到的是读者"为理念，秉持"开门办报""群众办报""名家办报"的方针，针对国统区受众的特征与需求主动出击获取新闻、适时调整宣传策略、不断丰富栏目内容，较好完成了"团结一切可以团结的力量"的任务，探索出一条"城市办报"之路，得到毛泽东"一个方面军"的高度评价。不过，在"石头缝里"办报的艰难历程中，国民党当局的压迫时强时缓，导致《新华日报》未能时刻把握好"伪装"与"变通"的临界值，一度出现对国民党"大捧"和"头条大题"的立场问题。

《新华日报》推动"党性与群众性相统一"的实践具有重要的开创意义，为中共作为全国执政党开展城市办报工作积累了重要经验，为作为"报纸的报纸"的《人民日报》突破"官办官看"困局提供了改版方向[1]，为"我们的报纸决不是专办给领导同志看的"的意识在改革开放后再次萌发埋下了伏笔[2]，促使"越破坏时代而入于建设时代"的中共报刊真正将服务读者需求作为重要使命，延续了《新华日报》"报纸的眼睛首先看到的是读者"的理念，在不断扩版增容的过程中，经济新闻、社会新闻、民生新闻、深度报道异军突起，降低了会议新闻、政治新闻在报刊版面中的比例，极大满足了读者需求；以"正面宣传为主、坚持正确舆论导向"原则的确立，弥补了报刊内容野蛮生长的弊端，"党性与人民性相统一"的办报导向在实践中继续得到丰富与发展。

《新华日报》以技术形态优势赢得业界竞争的成功经验，为改革开放后中共报刊突破"政治第一、技术第二"的局限，不断推进技术革新提供了历史依据，各类报刊敢于突破、勇于争先，相继实现告别"铅与火"和"纸与笔"，迈向"光与电"的重大突破，开启了报刊网络化、数字化、终端化的新时代，形成了报刊发展的新业态。《新华日报》对于"经济性"的首肯，以及在广告业务与多种经营方面的探索，成为中共报刊"事业单位、企业化经营"改制的先声。中共报刊不断破除"工具论"的束缚，在

---

[1] 《中共中央批转〈人民日报〉编辑委员会向中央的报告》（1956年8月1日），载中国社会科学院新闻研究所编《中国共产党新闻工作文件汇编》（中），新华出版社1980年版，第329页。
[2] 王立纲：《中国报业改革三十年备忘》，《青年记者》2007年第11期。

"以经济建设为中心"的背景下,将经济建设作为报刊的政治使命,全面参与市场竞争,以发行与广告作为"养命之源"实现"断奶",以跨行业、跨区域经营扩大规模,走上了企业化、集团化的现代报业发展之路。

新中国成立后,如何对待《新华日报》的"城市办报"经验,经历了一个由选择性借鉴到逐步认可的艰难历程。1949年,周恩来提出:"过去在山沟里办报,读者对象主要是工农兵和干部,入城之后,情况就不同了,特别是像北京、上海、武汉、广州这些大城市……按解放前那样当然不行,办成解放区那样,读者也会不习惯,达不到教育、宣传的目的"[1],言下之意是在走出"山沟沟"之后,应根据形势变化大力推广"城市办报"的经验。毛泽东则认为,"因为胜利了,我们才进城办报。报纸不能像过去的老样子,要适合全国和城市读者的需要。但是我们是从农村来的,农村是我们的革命根据地和胜利的出发点,不要因为进城办报而忘了农村"[2],仍将"农村办报"作为中共报刊工作的"出发点","工具论"作为中共报刊工作的主体思想得以延续。

在新中国成立初期的党报企业化经营探索过程中,中共对于《新华日报》企业化经营举措的选择性借鉴,并不意味"重庆模式"被整体接受,并取代了"延安模式"的主流地位。虽然中共已经意识到:"过去在山沟里办报,读者对象主要是工农兵和干部,入城之后,情况就不同了,特别是像北京、上海、武汉、广州这些大城市"[3],"过去在农村工作中存在的缺点,更加不能容许其继续下去"[4]。《人民日报》进城之初也提到:"我

---

[1] 夏衍:《懒寻旧梦录》,生活·读书·新知三联书店2006年版,第588页。
[2] 安岗:《办一张最好的党中央机关报》,《新闻战线》2008年第6期。
[3] 夏衍:《懒寻旧梦录》,生活·读书·新知三联书店2006年版,第588页。
[4] 《中宣部及新华总社关于克服新闻迟缓的指示》(1949年2月8日),载中国社会科学院新闻研究所编《中国共产党新闻工作文件汇编》(上),新华出版社1980年版,第302页。这种缺点突出表现为新闻报道"在长期农村工作中发生的迟缓拖沓的作风"。参见《新华总社指出在争取新闻的时间性中必须防止的偏向》(1949年7月10日),载中国社会科学院新闻研究所编《中国共产党新闻工作文件汇编》(上),新华出版社1980年版,第393页。还表现为"老解放区办报的好传统在进城后丢弃了不少,战争时期、农村环境中难免的游击习气和散漫、迟缓、不细致、不严密的作风却有不少带进了城"。参见人民日报报史编辑组《1948—1988:人民日报回忆录》,人民日报出版社1988年版,第86页。

第三章 中国共产党办报模式的多元发展

们最大的弱点是缺乏在城市办报的经验"①。但中共仍然强调"报纸读者是县、区干部、知识分子及工商业者,报纸要为他们服务,但我们的报,主要地是为工人和农民服务。这就是说,我们主要地是代表工人农民(同时也代表工商业者与知识分子),向工商业者与知识分子说话;我们的消息,主要地是反映党的政策和战争、生产、支前、工农兵生活等,同时也有关于工商业与学校等的消息;我们要以报纸来教育读者,工农兵是最可贵的,知识分子要为工农兵服务,要懂得工农兵的生活"②。相较而言,毛泽东显然更加信任在延安经过"整风运动"考验与筛选的报刊工作者,更加推崇亲自指导而成的"延安模式",决定了中共不会照搬《新华日报》的经验和做法,而是在"缺乏全国性办报经验"的情况下选择性地采用。

1985年,穆青提出:"现在我们新闻界有许多同志推崇而且极力地宣传过去在国民党时期办报办得如何好,那些报人怎么有才华有本事……解放后我们取得了政权,成了执政者,这和在国民党的高压政策下面办报是完全不同的……如果我们分不清界限,现在仍把(《新华日报》)对待国民党反动统治的那套作法搬过来,那就大错特错了。"③ 这种言论的背后蕴含着改革开放以后"城市办报"与"农村办报"观念的冲突,暗示了"城市办报"经验再度进入中共的视野。改革开放前中共报刊的发展历程,似乎证明穆青的观念才是中共看待"城市办报"经验的主流。但是改革开放后的事实证明,"城市办报"及其开创的"重庆模式",在中共

---

① 李庄:《四十年间三大事》,《新闻战线》1988年第6期。胡乔木认为主要问题在于联系实际、联系群众、批评与自我批评方面做得很不够,表现为"差不多完全不报道地方生活,而关于一般问题的稿件又选得极不适当。不是用纯朴的语言写成简短的文章,去反映一般生活和当地生活底最重要的问题,而是发表一些冗长乏味的长篇大论。有时法令、布告充满几页篇幅,却不以简单明了的语言去阐明这些法令布告中的最重要之处,详细的发表着各官署和机关的各种指令和决议,却不从所有这些材料中找出地方生活的生动的社会记事"。参见《胡乔木在全国新闻工作会议上的报告》(1950年3月29日),载中国社会科学院新闻研究所编《中国共产党新闻工作文件汇编》(中),新华出版社1980年版,第42—45页。
② 张之华主编:《中国新闻事业史文选》,中国人民大学出版社1999年版,第518页。
③ 穆青:《穆青论新闻》,新华出版社2003年版,第302—303页。

报刊发展史中具有不可磨灭的地位,其对于"党性与人民性相统一"的率先实践以及重视报纸的业务水平、技术形态与经营管理的做法,为中共报刊在坚持政治性的前提下回归新闻性与经济性的基本属性提供了历史依据与现实参考,成为改革开放后中共报刊事业不断取得突破与发展的重要原因。

第四节 延安模式:确立中国共产党办报主流范式

《解放日报》改版是中共报刊发展进程的标志性事件,如果没有发生该事件,《解放日报》有可能会在博古的主导下沿着《新华日报》探索而成的道路继续前行。这一事件发生的原因,与《解放日报》的所处环境与办报条件有很大关联。如果说《新华日报》是在"石头缝里"求生存,那么《解放日报》就是荒漠之中建奇观。抗日战争时期,陕北地区自然环境恶劣,素有"十年九灾"之说,埃里克·泰斯曼和埃德加·斯诺在实地考察后都得出了"陕北是中国最贫穷的地区之一"的结论。陕北不仅地理环境贫瘠,文化上也是一片荒漠,并不具备办报的条件与需求,也难以培育报刊的编者与读者。办报人才的极度缺乏,使得中共只能将大批从国统区奔赴延安的知识分子作为生力军,与《新中华报》、《今日新闻》、新华社调入人员一道构成《解放日报》的主体,其固有的"知识分子气质"与博古的"城市办报经验"融合使《解放日报》呈现出一种"大报"风貌,对广大并无报刊概念的根据地党员群众起到了先入为主的效果。

这种混杂的人员构成,造成了《解放日报》在根据地的"水土不服"。据《人民日报》副总编辑李庄回忆,当时参与《解放日报》办报工作的主要有两类人——"洋学生"与"土包子":"象我们这样的外来青年知识分子,人数不多,基本在编辑部门。本地同志占多数,基本上在行政、印刷部门工作。这些人看那些人是'土包子',那些人看这些人是'洋学生',在气质、爱好、生活习惯等等方面,两部分人确有一些摸不着、看不见的

第三章　中国共产党办报模式的多元发展

差别。我认为这在某种程度上反映了外来干部和本地干部、知识分子干部和工农干部的矛盾，它们时隐时现，虽不严重，但是烦人。"① 无独有偶，在俄国革命队伍中也曾存在着两类人：一部分是流亡国外的革命者，另一部分是留在俄国国内的地下工作者。由于国外侨居的自由环境，前者往往可以自由发表革命言论，并且能够畅所欲言，在各种场合展开自由争论，因此各种倾向可以充分表现而无所顾忌。同时，这也养成了他们畅开言论的民主习惯。加上欧美国家民主制度的熏染，侨外生活的人见多识广，眼界开阔，大都养成了较好的民主作风和习惯。后者则受到国内条件的限制，难以自由发表言论，且由于地下环境所限，难以充分开展各种政见的讨论，因此各种倾向被掩盖起来而少为人知；同时，这种环境的情势也使他们谨言慎行，养成了习惯于组织纪律和集中制的作风。这就造成这两部分革命者因革命环境、生活经历不同而在思想作风、民主习惯上大相径庭。② 当这两类人因为同样的信仰走到一起时，却难免因为自身经历与思想观念的差异产生冲突。因此，无论是党内整风还是报纸改版，本质上都是思想改造的过程，而这种改造显然只能有一种标准。对此时的中共而言，这种标准显然更倾向"土包子"的行为方式。

虽然博古对于"新闻自由"等资产阶级新闻学具有很高警惕，在1941年11月15日召开的《解放日报》编委会上，博古对有记者在边区参议会上提出新闻自由的提案作出严厉批评。③ 但随着大批知识分子、青年学生奔赴延安，"延安的空间，每日振荡起各地的方言土语，各种的声音腔调，还不时有异国人在欢笑，呼叫，畅谈。不同国度的人到这里来了！不同省县的人到这里来了！"④ 他们中相当一部分人进入《解放日报》，使得报社

---

① 李庄：《我在人民日报四十年》（二），《新闻战线》1987 年第 12 期。当《解放日报》通过改版消除了"洋学生"对于报纸的影响之后，这种"洋学生"与"土包子"之间的矛盾在很大程度上就化为了《新华日报》的"城市办报"路线与《解放日报》的"农村办报"路线之争。

② 马龙闪：《苏联文化体制沿革史》，中国社会科学出版社 1996 年版，"前言"第 7 页。

③ 刘继忠、梁运：《论延安〈解放日报〉改版的政治逻辑》，《新闻与传播研究》2012 年第 2 期。

④ 师田手：《延安》，《延安文艺丛书》编委会编《延安文艺丛书·散文卷》，湖南人民出版社 1984 年版，第 158 页。

工作人员"多数是来自国民党统治区的知识分子，虽然抗日救国的大方向、大目标是一致的，但每人的头脑里也都程度不同地有那么一点自己的小天地、小算盘；有人在国统区做过新闻工作，对新闻业务比较熟练，可是新闻观点却同党中央机关报的要求有距离；有人刚从鲁迅艺术学院毕业，爱好文艺，想当名作家，分到报社，不安心工作；还有人来自边区政府或部队等实际工作部门，总觉得'洋'领导，'洋'学生看不起'土包子'"①。

除了"成名成家"的强烈愿望外，许多赴延知识分子在国统区不同程度地受到资产阶级新闻学的影响，认为记者是自由职业，是"无冕之王"，应"采访自由、报道自由"，产生了"闹独立性"的倾向，这种多元思想的汇入对中共的"一元领导"造成了剧烈冲击。②有些初到延安的记者，就要对延安和边区前进中出现的某些缺点和问题发表议论。更有甚者，自己写的稿件不许别人改，他们说："我写的稿子有趣味性，你要登，否则你就违背了新闻学原理！"③由于缺乏"党性"意识，《解放日报》出现了不少原则性错误，甚至一度"对国民党消极抗日，反共攘内，曲线救国揭露不力，而把蒋介石抬得很高，把共产党降为蒋介石的马前卒"④。加之多数外来知识分子缺乏在农村环境下创办大型党报经验，导致《解放日报》出现了脱离实际、脱离群众的倾向。据吴冷西回忆，改版前的《解放日报》"个人主义、自由主义很厉害。对事对人都从个人兴趣、利益、得失出发，自高自大，有的甚至可以说相当狂妄，自己写的稿子别人改一字都不答应。许多人自由散漫，毫无纪律观念，想干什么就干什么，想说什么就说什么，个人服从组织，下级服从上级的观念很差"⑤。"洋学生"与边区政治生态的格格

---

① 王敬：《延安〈解放日报〉史》，新华出版社1998年版，第64页。
② 《中共中央关于统一抗日根据地党的领导及调整各组织间关系的决定》（1942年9月1日），载中央档案馆编《中共中央文件选集》第11册，中共中央党校出版社1991年版，第237页。
③ 陆定一：《陆定一同志谈延安解放日报改版——在解放日报史座谈会上的讲话摘要》，《新闻研究资料》1981年第3期。
④ 陆定一：《陆定一同志谈延安解放日报改版——在解放日报史座谈会上的讲话摘要》，《新闻研究资料》1981年第3期。
⑤ 余振鹏、陆小华：《新形势与党的新闻工作优良传统——吴冷西同志答问录》，载田方、午人、方蒙《延安记者》，陕西人民教育出版社1993年版，第7页。

第三章　中国共产党办报模式的多元发展

不入以及对于"土包子"的优越感，造成了《解放日报》创办之初党性不强、自由主义、脱离群众、脱离实际的表现。

从这个角度而言，《解放日报》改版不仅是为了消解王明影响下的宣传系统对党内语话权的控制，奠定毛泽东在党内的领导地位①，也是为了消除中共报刊工作的知识气质与自由主义风气，前者往往会导致"脱离群众"，后者则会导致"闹独立性"，这正是《解放日报》改版"反映群众""增强党性"的主要标的。大革命时期的办报实践已经证明，知识气质有碍于中共报刊"联系群众"，会限制报刊在政治整合方面的应有作用，而自由主义是资本主义新闻学的产物，任其蔓延会消解中共报刊的党性，扰乱中共对根据地的一元领导。

从毛泽东与《解放日报》社长博古在改版期间的互动过程来看，最初毛泽东对何为"名副其实的党报"并未形成系统性意见，而是通过耳提面命的方式向博古指出报纸存在的方向性错误，再由博古根据自身理解对报纸工作加以改进。经过多次往复，《解放日报》才彻底改头换面，成为毛泽东心目中"完全的党报"。②由于延安在根据地中具有核心与示范的作用，代表了与国统区截然不同的办报环境，故将《解放日报》改版形成的办报模式命名为"延安模式"，其主要特征是：党性原则方面，以"党管党报"和"全党办报"确保"党报姓党"，建立由外到内的报刊审查制度，全面介入报刊的人员组成，初步探索党委和宣传主管部门对报刊的双重领导机制；内容策略方面，将内容编排由"由远及近"改为"由近及远"，

---

① 陆定一作为《解放日报》改版的亲历者与执行者，提出了自己对该事件的看法："办党报首先要看什么路线，当时就看是王明路线还是毛泽东路线。"改版的重要目标就是清除《解放日报》中"王明路线的残余"，"确立毛泽东同志的政治路线和思想路线，以及在我党的领导地位"。参见陆定一《陆定一同志谈延安解放日报改版——在解放日报史座谈会上的讲话摘要》，《新闻研究资料》1981 年第 3 期；陆定一《在新闻研究所举办的座谈会上陆定一谈延安解放日报改版》，《新闻战线》1981 年第 4 期。

② 李金铨认为毛泽东认可党报的标准应该是：在办报思想上，党报是"党组织的喉舌"；在实际操作上，"强调党性、阶级性和政治性，并把'全党办报'的原则具体制度化，使报纸的报道与党组织联成一起，不许党报表现'独立性'"。参见李金铨《报人情怀与国家想象》，载李金铨主编《报人报国：中国新闻史的另一种读法》，香港中文大学出版社 2003 年版，第 16 页。

要求报刊反映并指导各地实际工作；技术形态方面，构建"中央、省、地、县"四级办报和"党、政、军、民、学"五大供稿系统，树立"政治第一、技术第二"的办报导向；强调报刊的"工具性"，否定"事业性"，适度开展广告经营以减轻边区经济负担。"延安模式"是第一个由中共领导人亲自指导而成的办报模式，也是第一个以正式发文的形式向全党推广的办报模式。基于这种特殊地位，"延安模式"改变了中共报刊工作的发展进程，成为抗日战争时期和解放战争时期中共办报的主流模式。

一 党性原则：党对报刊的高度控制

六届六中全会后，毛泽东作为中共最高领导人已经确定，但王明在党内特别是在意识形态领域的影响依然存在。中共要确立主导思想、消弭党内纷争、摆脱"左"与"右"的纷扰，当务之急就是确立毛泽东的领导地位，此时的"党性"就是与以毛泽东为核心的党中央保持高度一致，按此原则对党进行改造。"要达到改造党的目的，必须首先改造党报的工作。"[①] 对于党报而言，改造就是要按照毛泽东对"完全的党报"的指导意见，改变"手工业"办报方式，消除"闹独立性"的倾向[②]，实现"增强党性""反映群众"的目标。

"一切党的政策，将经过《解放日报》与新华社向全国宣达，《解放日报》的社论，将由中央同志及重要干部执笔"的通告表明，毛泽东对《解放日报》抱有很高期望，特别强调该报的创办"是为至要"。[③] 但是，最初《解放日报》的表现与"完全的党报"标准相差甚远，毛泽东对于报纸

---

① 中共中央文献研究室：《毛泽东年谱》（中），中央文献出版社2002年版，第368页。
② 在中共发展历程中，"手工业"办报方式的出现有其历史必然性。由于早期党组织力量薄弱，在中共中央局三人组各自负责《新青年》《共产党》《劳动周刊》的示范作用下，中共报刊普遍采用"一人之报"的办报方式，致使部分报刊出现"闹独立性"的问题，《广东群众》就曾在对待陈炯明态度的问题与中央公然对抗。大革命失败后，中共组织支离破碎、星散各地，成为报刊"闹独立性"的又一诱因。随着中共组织力量的壮大与发展环境的改善，"一人之报"势必要加快向"一党之报"转化，由"不完全党报"向"完全的党报"的方向发展。
③ 《中共中央关于出版〈解放日报〉等问题的通知》（1941年5月15日），载中国社会科学院新闻研究所编《中国共产党新闻工作文件汇编》（上），新华出版社1980年版，第116、97页。

第三章 中国共产党办报模式的多元发展

"党性不强""脱离群众""闹独立性""不是党报，而是社报"的原则性批评，意味着《解放日报》的改版不能只是小修小补，而是根本性转变。1942年4月1日，《解放日报》发表改版社论，对于"没有能够完成真正战斗的党的机关报的责任……尚未能成为党中央传播党的策略路线贯彻党的政策与宣传组织群众的锐利武器"作出自我批评，认为自身"还没有具备党报所必须的品质：党性、群众性、战斗性和组织性"，并提出了改进方向：在"党性"方面，"与整个党的方针、党的政策、党的动向密切相联，呼吸相通，使报纸成为实现党的一切政策，一切号召的尖兵和倡导者"；在"群众性"方面，"不仅要充实群众的知识，扩大他们的眼界，启发他们的觉悟，教导他们，组织他们，而且要成为他们的反映者、喉舌，与他们共患难的朋友"；在"战斗性"方面，对外"抨击一切有害于抗日团结的阴谋和企图"，对内成为"党手中的有力的自我批评的武器"；在"组织性"方面，"决不能是一个有闻必录的消极的记载者，而应该是各种运动底积极的提倡者组织者"①。

5月，《解放日报》新任主编陆定一传达了毛泽东对报刊工作的改进意见："第一，日常政策必须报告中央……小至消息，大至社论，须与中央商量。第二，报纸不能有独立性，过去有一段是这样。应当在统一领导下进行宣传，不能有一字一句的独立性。这就牵连到工作制度和权力问题。自由主义在报社是不能存在的。第三，为什么不允许闹独立性？不要以为署了某人名字就能个人负责，而是关系到党的事情，为此必须规定些条例。"② 严厉指出报纸存在"自由主义"的问题，为出台强化稿件审核、构建"与中央商量"机制的相应制度埋下了伏笔。9月22日，《解放日报》对党内仍然存在的"手工业"办报方式和"闹独立性"的问题提出了批评：

---

① 李杰琼、王沫：《延安〈解放日报〉1942年改版社论〈致读者〉》，《新闻前哨》2017年第2期。

② 王敬：《陆定一同志的新闻实践与新闻思想》，载《新闻研究资料》第56辑，中国社会科学出版社1992年版，第80—81页。

报纸是影响人们的思想的"最有力的工具",因为它是天天出版,数量最多,读者最广的一种刊物,没有任何其他出版物可以与之比拟。我们的同志并非不知道这一点,但是手工业工作方式的落后习惯,使我们有些同志醉心于油印机,醉心于"个人谈话方式",醉心于"办个独立刊物",宁愿选择影响比较小的工具来传播他所要传播的东西,却不愿去使用"最有力的工具"。①

我们常说:报纸是集体宣传者和集体组织者……所谓集体宣传者集体组织者,这个"集体"是个什么意思?报馆的同人也算一个"集体"。如果说这个"集体"就是指报馆同人而言,指几个在报馆里工作的人员而言。那末,报纸就不成其为党报,而成为报馆几个工作人员的报纸。在这个报纸上,报馆同人可以自己依照自己的好恶、兴趣来选择稿件,依照自己的意见来写社论、专论。总而言之,一切依照报馆同人或工作人员个人办事,不必顾及党的意志,一切依照自己的高兴不高兴办事,不必顾及党的影响。办报办到这样,那就一定党性不强,一定闹独立性,出乱子,对于党的事业,不但无益,而且有害。②

针对以上两方面的问题,文章对于如何增强报刊的"党性"提出了指导意见:一方面,"在党报工作的同志……一切要依照党的意志办事,一言一动,一字一句,都要顾到党的影响",要做到"党报不但要求忠实于党的总路线、总方向,而且要与党的领导机关的意志呼吸相关,息息相通;要与整个党的集体呼吸相关,息息相通"。另一方面,"党必须动员全党来参加报纸的工作","各地党的领导者"要"密切的注意领导和培养党

---

① 《党与党报》(1942年9月22日),载中国社会科学院新闻研究所编《中国共产党新闻工作文件汇编》(下),新华出版社1980年版,第57页。
② 《党与党报》(1942年9月22日),载中国社会科学院新闻研究所编《中国共产党新闻工作文件汇编》(下),新华出版社1980年版,第54—55页。

第三章 中国共产党办报模式的多元发展

的机关报","党的机关"要"向党报供给消息,供给文件,提供意见","每个党员……不要对党报漠不关心,而要阅读党报,讨论党报上的重要文章、消息与谈话,推销党报,向党报通讯等等",从而使党报真正成为"集体宣传者和集体组织者"①。中共认为,改变"手工业"办报方式是增强党性的关键,报刊要与党同声共气、血脉相连,党的领导者、各级机关、全体党员要层层负起对党报的责任。一言以蔽之,就是要通过"全党办报"确保"党报姓党"。

为避免报刊"闹独立性",中共进一步加强了管控力度,全面介入报刊的人员组成,要求"每种报纸杂志都须建立编辑委员会,挑选政治上得力的干部来负责,政治报纸还须设立由党、政、军、民各方面代表参加的社论委员会,以统一各种报纸杂志的社论。同级党委的宣传部负责人应直接负领导之责"②,明确了报刊受同级党委的领导,除编辑委员会的组成人员由党组织派遣之外,工作人员由党组织指派,通讯员由党组织定期审查。中共规定:"各地通讯员应由地委及县委严密审查。通讯员的条件:凡政治上没有问题(可以是党员或非党员),有起码写作能力,热心于党报工作者,即可合格,而政治面目不清楚,品质恶劣者,必须予以清洗,代之以适当的人选……尚无通讯员之各区,应即物色适当人员充任。"③

"清洗"一词的运用,足见中共对报刊工作人员审查的重视与坚决程度,与国际无产阶级革命运动可谓一脉相承。列宁曾说:"无党性的写作者滚开!超人的写作者滚开!写作事业应当成为无产阶级总的事业的一部分,成为由全体工人阶级的整个觉悟的先锋队所开动的一部巨大的社会民

---

① 《党与党报》(1942 年 9 月 22 日),载中国社会科学院新闻研究所编《中国共产党新闻工作文件汇编》(下),新华出版社 1980 年版,第 55—57 页。
② 《中宣部关于各抗日根据地报纸杂志的指示》(1941 年 7 月 4 日),载中国社会科学院新闻研究所编《中国共产党新闻工作文件汇编》(上),新华出版社 1980 年版,第 116—117 页。
③ 中共中央西北局:《关于〈解放日报〉几个问题的通知》(1943 年 3 月 20 日),载中国社会科学院新闻研究所编《中国共产党新闻工作文件汇编》(上),新华出版社 1980 年版,第 143 页。

主主义机器的'齿轮和螺丝钉'。"① 毛泽东也解释道:"讲出来说党一个字也要管,好象说你这个党挖苦得很,一个字都要管,一个字不管怎么样?允许他订一个条约,说:你可以闹独立性,那么第二字,第三字都来了。他可以闹独立性,为什么我又不能闹独立性呢?不可以的。"② 中共对报刊人员组成的全面介入与定期审查,虽不能完全杜绝报刊出现错误,却能基本保证这种错误不是事关"党性"的原则问题,而是个人理解能力与政治觉悟的主观问题。

当然,中共并不希望报刊经常发生主观错误,由《解放日报》率先探索建立了一整套由内到外的内容审查制度。为达到"一个字也不能闹独立性"的目标,《解放日报》构建了各种内审制度:"1、建立审查稿件制度,陕甘宁边区政权方面的稿件由林伯渠负责审查,军队稿件由贺龙负责审查;反映边区重要的新问题的稿件,由西北局审查,普通稿件,由报社负责人看过签字。2、建立内部检查报纸制度,公布检查结果,出现错误,发稿部门必须回答是怎么错的,谁错的,本人也可以提出不同意见。3、拟定印刷厂与校对制度,工厂要实行看大样制度,有关主管人签字后,才能制版。一、二、三版头条新闻由曹若茗签字,其余稿件分别由张映吾、邓友星、吴冷西签字,四版由舒群签字,社论由陆定一签字,专论由余光生签字。大样由陆定一负责,各版版样由曹若茗同意后发。校对负责初校,复校清校由编辑部负责。主要稿件退稿由陆定一签字,一般稿件退稿由各部负责人签字。"③

中共还构建了宣传主管部门与报刊上级党委交叉管理报刊的外部审查机制:"报纸杂志的领导,应统一于党的宣传部。宣传部应经常的检查和讨论该项工作。下级的报纸杂志应送上级宣传部审查。党的委员会及主要负责人应定期的直接检查宣传部此项工作并加强其领导。"④ 这是中共报刊

---

① 中共中央编译局编:《列宁选集》第1卷,人民出版社1995年版,第663—664页。
② 李海波:《党报、列宁主义政党与群众政治参与——延安新闻业群众路线的运作机理分析》,《国际新闻界》2018年第3期。
③ 王敬:《延安〈解放日报〉史》,新华出版社1998年版,第41页。
④ 《中宣部关于各抗日根据地报纸杂志的指示》(1941年7月4日),载中国社会科学院新闻研究所编《中国共产党新闻工作文件汇编》(上),新华出版社1980年版,第116—117页。

第三章 中国共产党办报模式的多元发展

"送审"制度的最初规定,强化了对报刊的"事后"审查。此后,中共逐步形成报刊负责人参加同级党委会与"看大样"制度,对报刊进行"事前""事中"监控。为维护中央的"一元化"领导,避免根据地分散的各自为政现象,中共还强化了对报刊登载重要内容的管控,于1942年4月规定:"各地党政军负责同志对带有全国、全党、全八路军、全新四军性质的文件、电文、讲演,必须事先征得中央同意,否则一律不准任意发表与广播。"①

正如恩格斯所说:"肤浅的、盲目的、毫无意义的宣传有害无益,必须站在党的高度来宣传。"② 针对党报"要与党的领导机关的意志呼吸相关,息息相通;要与整个党的集体呼吸相关,息息相通"的要求,西北局率先作出规定:"(甲)西北中央局按月讨论《解放日报》关于边区问题的宣传方针一次,《解放日报》编辑部派人经常参加西北中央局的各种会议,西北中央局派人出席报馆编辑部会议。(乙)各级党委要把帮助与利用《解放日报》的工作当作自己经常的重要业务之一,定期的检讨自己对《解放日报》所做的工作,并将讨论情形报告西北中央局。"③ 按照毛泽东指示,《解放日报》由博古、陆定一参加中央政治局会议,编委会成员分别联系党、政、军各领导机关。④ 9月,西北局提出:"各机关学校负责同志,应经常替《解放日报》写文章,并具体帮助其本机关内通讯工作的建立和健全,对于所属机关学校人员,在报纸上发表的消息和稿件,均应负审查的责任,并应在稿件上签字。"⑤ 让《解放日报》得以了解中央的决策过程及基层的工作情况,以解决过去"立论空泛,和我们建设边区的实际

---

① 《中共中央关于根据地统一对外宣传的第二次指示》(1942年4月1日),载中国社会科学院新闻研究所编《中国共产党新闻工作文件汇编》(上),新华出版社1980年版,第120页。
② 中共中央编译局编译:《马克思恩格斯全集》第4卷,人民出版社2008年版,第300页。
③ 《中共中央西北局关于〈解放日报〉工作问题的决定》(1942年9月9日),载中国社会科学院新闻研究所编《中国共产党新闻工作文件汇编》(上),新华出版社1980年版,第133页。
④ 吴碧华:《1942年延安〈解放日报〉改版》,硕士学位论文,西北大学,2008年。
⑤ 《中共中央西北局关于〈解放日报〉工作问题的决定》(1942年9月9日),载中国社会科学院新闻研究所编《中国共产党新闻工作文件汇编》(上),新华出版社1980年版,第133页。

工作似乎相距太远了些"的问题。① 10月，晋绥边区也作出类似规定。

1943年3月，中宣部进一步要求"地委应加强对《解放日报》通讯处的指导……审查他们（通讯处人员）向《解放日报》发出的每一重要稿件，并在这些稿件上签字。"② 1944年2月，晋察冀提出实施细则："为了保证党报刊出稿件的正确性与真实性，未经分局宣传部审查的重要稿件报社不登（包括报社直接派出的记者和各方面直接寄往报社之重要稿件在内）。各级党委党团应认真负责审查通讯稿件，凡未经党委或行政负责人（如县长、抗联主任）签字盖章的稿件，分局宣传部将一律退回。"③ 1948年6月，毛泽东要求"中央局（分局）及区党委（省委）对于自己的报纸，必须于每天出版之前，由一个完全懂得党的正确路线和正确政策的同志，将大样看一遍，改正错误观点，然后出版。"④ 中宣部立即汇总此前出台的系列审查制度，制定了报刊工作的请示与报告制度，对于报刊的"看大样"程序、"对于新闻的政治性和政策性的按语与对于读者政治性和政策性的问题的答复"以及"各级党委及其负责人对于带有全国性或全党性的问题的言论"的报批程序作了细致规定。⑤

由此，中共形成了报刊内部审校制度、通讯稿件送审制度、重要稿件请示制度、"看大样"制度，共同构成了对报刊的全程监控。"在尚嫌幼稚的新闻传统、残酷的农村革命背景下"，办报不是新闻事业，而是工作手段，强化对报刊的管控是必要的，也是党对"党政军民学"实行"一元化"领导的重要基础。为实现"报纸的每一句话，每一篇文章，都应该是

---

① 罗李王：《读者来信》，《解放日报》1942年3月30日。
② 《关于〈解放日报〉几个问题的通知》（1943年3月20日），载中国社会科学院新闻研究所编《中国共产党新闻工作文件汇编》（上），新华出版社1980年版，第143页。
③ 《中共中央晋察冀分局关于党报工作的指示》（1944年2月2日），载中国社会科学院新闻研究所编《中国共产党新闻工作文件汇编》（上），新华出版社1980年版，第146页。
④ 《毛泽东同志关于加强报纸通讯社领导的指示》（1948年6月3日），载中国社会科学院新闻研究所编《中国共产党新闻工作文件汇编》（上），新华出版社1980年版，第184页。
⑤ 《中共中央关于宣传工作中请示与报告制度的决定》（1948年6月5日），载中国社会科学院新闻研究所编《中国共产党新闻工作文件汇编》（上），新华出版社1980年版，第186—187页。

第三章 中国共产党办报模式的多元发展

代表党讲话"的目标①，党对报刊的全面控制与介入，从源头消除了"闹独立性"的可能，"其高度组织化乃中国前所未有"②。但是，对于"工具性"的强调，客观上造成了"新闻性"与"政治性"的此消彼长。在"整风运动"的震慑下，对"手工业"办报方式与"闹独立性"倾向的严厉批判，以及随之而来的严密审查制度，致使根据地报刊在一定程度出现了"千报一面"的景象。

二 内容策略：联系群众的改版路径

在竞争性的政治军事环境下，"生存的需要迫使中国共产主义者必须和他们在其中活动的民众建立最亲密的关系"③。这就不难理解为何在毛泽东将"联系群众"与"增强党性"相并列，作为《解放日报》改版的两大目标。《新华日报》在国统区的成功表明，《新华日报》创始人、《解放日报》首任社长博古并无脱离群众的主观意愿，相反对"群众办报"相当积极。在《解放日报》第一次编辑部会议上，博古就提出："《解放日报》是党中央的机关报，对内的主要任务是反映群众生活，加强与群众的联系，用报纸来组织群众，团结群众；对外要用马克思主义观点分析事变的演进，明了世界的发展方向，随时注意我们的敌人和朋友对我们宣传报道的反应。……我们的报纸不是资产阶级的报纸，不管是社论、通讯和文艺栏，都要注意立场问题。"④《解放日报》出现"脱离群众"的问题，主要是从城市转向农村的过程中，读者群体与需求发生了变化，而博古的办报思想没有随之转变，加之早年留苏经历的影响，导致创刊初期的《解放日报》追求"大报"风貌，注重国际新闻，特别关注苏联的情况，重视报纸的业务水平与技术形态。从毛泽东亲笔起草的《中共中央关于出版〈解放

---

① 彭真：《改造我们的党报》，《解放日报》1947年11月7日。
② 黄旦：《从"不完全党报"到"完全党报"——延安〈解放日报〉改版再审视》，载李金铨主编《文人论政——知识分子与报刊》，广西师范大学出版社2008年版，第19页。
③ ［美］斯图尔特·R.施拉姆：《毛泽东的思想》，田松年、杨德译，中国人民大学出版社1989年版，第46页。
④ 王敬：《延安〈解放日报〉史》，新华出版社1998年版，第7页。

日报》等问题的通知》可知，毛泽东关注的是《解放日报》统一思想、传达政令、指导工作、开展教育的作用，寄望于其发挥政治整合的功能[①]；而博古则看重报刊组织群众、反映生活、分析事变、反映世界的作用，希望发挥报刊的新闻传播的功能，二者办报思想的主要差别即在于此。

《解放日报》创刊当天，博古开宗明义地表示："为着更多的反映国内外一切消息及传达我党中央一切政治主张，满足全国同胞及读者诸君之要求起见，中共中央决定将新中华报及今日新闻合并，改出中共中央机关报，定名为解放日报。"在他看来，"更多的反映国内外一切消息"的重要性尚在"传达我党中央一切政治主张"之前，"新闻性"要重于"政治性"，故其要求："《解放日报》要明了世界的发展方向，每一个工作人员都要掌握充分的国际、国内知识"[②]，虽身在延安，仍表现出放眼寰球的雄心壮志。总编辑杨松在回顾这段工作经历时自承："我对于外国的事情，还可谈几句。对于本国情形，的确一点都不熟悉。"[③] 这种思想认识与知识结构使博古与杨松"有意将《解放日报》办成像《真理报》、《大公报》、《新华日报》那样具有广泛影响的权威报纸"，认为"每张报纸必须有新闻、社论、通讯报道，缺一便不成其为报纸"[④]，无疑较"山沟沟办报"更符合外来知识分子对于"大报"的认识。《解放日报》领导层与执行层的这种共识，催生了"一国际、二国内、三边区、四本地"的版面安排，和大量采用外国通讯社稿件、以刊载国际新闻为主（占报纸一半篇幅）的做法。对此，第一版编辑吴文焘等人"当时也觉得这样做是应该的"[⑤]，《边区群众报》主编胡绩伟也认为："改版前的《解放日报》，我并没有看出它的缺点，还以为中央级的大报就应当是那种格调。"[⑥] 可见，此时《解放日

[①] 《中共中央关于出版〈解放日报〉等问题的通知》（1941年5月15日），载中国社会科学院新闻研究所编《中国共产党新闻工作文件汇编》（上），新华出版社1980年版，第116、97页。
[②] 王敬：《延安〈解放日报〉史》，新华出版社1998年版，第7页。
[③] 张仲实：《悼杨松同志》，《解放日报》1942年11月27日。
[④] 陈坦：《回忆解放日报社的工作》，《新闻研究资料》1983年第12期。
[⑤] 黎辛、朱鸿召：《博古——39岁的辉煌与悲壮》，学林出版社2005年版，第276页。
[⑥] 王润泽：《重塑党报——〈解放日报〉改版深层动力之探析》，《国际新闻界》2009年第4期。

第三章　中国共产党办报模式的多元发展

报》对于"大报"的理解在延安知识分子中有相当市场，更不用说此时中共中央宣传部自身都存在"偏重党外宣传"的问题。①

但是，正如毛泽东所说："一个报纸既已办起来，就要当做一件事办，一定要把它办好。这不但是办的人的责任，也是看的人的责任。看的人提出意见，写短信短文寄去，表示欢喜什么，不欢喜什么，这是很重要的，这样才能使这个报办得好。"②任弼时的秘书师哲在给党中央的一封长信中批评《解放日报》的版面安排过于"洋"派，国际新闻繁多，边区实际与群众生活稀少③，引发了毛泽东的关注与重视，成为《解放日报》改版的导火索。一条新闻能否引起读者的兴味，关键在于时新性、重要性、显著性、接近性、趣味性等方面的价值。类似"墨索里尼发表演说"（1941年6月12日发表）、"德军被阻各线无变化"（7月21日）、"莫斯科前线无变动"（10月24日）、"苏德全线阵地无变化"（11月1日）的头条新闻，离边区群众生活太过遥远。最初群众可能会觉得新鲜，但在反映与指导工作方面并无太大意义，对于作为"工具"的党报而言无疑是不合格的表现。

读者罗李王的来信切中其弊："把贵报各版读过之后，总觉得它有一个最大的毛病，即是立论空泛，和我们建设边区的实际工作似乎相距太远了些。"④据统计，从创刊到当年12月31日，《解放日报》在七个半月的时间里共发表了217篇社论，其中国际方面各国动态（74篇）、第二次世界大战（48篇）、对外关系（17篇）共139篇占总数的64.1%；国内方面抗日战争（18篇）、中国政治形势（14篇）、国统区情况（6篇）共38篇占17.5%；边区方面政治（21篇）、文化（9篇）、经济（6篇）共36篇占16.6%；中共活动3篇占1.4%，反映了《解放日报》的议程设置倾向。博古与外来知识分子关于"大报"的刻板印象，导致《解放日报》的版式

---

① 毛泽东：《中宣部宣传要点》（1942年1月26日），载中共中央文献研究室、新华通讯社编《毛泽东新闻工作文选》，新华出版社2014年版，第12页。
② 毛泽东：《〈中国工人〉发刊词》，《中国工人》1940年2月7日。
③ 李海波：《党报、列宁主义政党与群众政治参与——延安新闻业群众路线的运作机理分析》，《国际新闻界》2018年第3期。
④ 罗李王：《读者来信》，《解放日报》1942年3月30日。

基本固化，边区新闻很难在头版出现，"整风运动"纲领性文件《改造我们的学习》的发布、边区政府减少本年征粮的通告等重要内容都放在第三、四版①，使毛泽东形成了《解放日报》丧失正确导向、陷入教条主义、脱离人民群众的判断，主要表现为以苏联《真理报》、国内《大公报》的办报方式为教条②，固定不变的版面编排，形式主义的每日社论，追求"城市化"和"正规化"的风貌③，以生搬硬套的办报模式对接活泼生动的革命实践，这不难理解毛泽东一再强调："我们在中国办报，在根据地办报，应该以宣传我党的政策，八路军、新四军和边区、根据地为主。"④

其实，《解放日报》出现脱离群众的问题，也不能全怪博古。从主观方面来看，办报是一种脑力劳动，是知识分子擅长的领域。在本地知识分子数量稀少的情况下，就不得不依靠外来知识分子的力量，难免使知识分子习性与小资产阶级思想侵入报社。对此，毛泽东一针见血地指出：

> 因为思想上有许多问题，我们有许多同志也就不大能真正区别革命根据地和国民党统治区，并由此弄出许多错误。同志们很多是从上海亭子间来的；从亭子间到革命根据地，不但是经历了两种地区，而且是经历了两个历史时代。一个是大地主大资产阶级统治的半封建半殖民地的社会，一个是无产阶级领导的革命的新民主主义的社会。到了革命根据地，就是到了中国历史几千年来空前未有的人民大众当权的时代。我们周围的人物，我们宣传的对象，完全不同了。过去的时代，已经一去不复返了。因此，我们必须和新的群众相结合，不能有任何迟疑。

---

① 《〈解放日报史〉大纲（征求意见稿）》，载中国社会科学院新闻研究所编《新闻研究资料》总第17辑，中国展望出版社1982年版，第12页。

② 陆定一：《陆定一同志谈延安解放日报改版——在解放日报史座谈会上的讲话摘要》，《新闻研究资料》1981年第3期。

③ 王敬：《延安〈解放日报〉史》，新华出版社1998年版，第24页。

④ 《〈解放日报史〉大纲（征求意见稿）》，载中国社会科学院新闻研究所编《新闻研究资料》总第17辑，中国展望出版社1982年版，第13页。

第三章　中国共产党办报模式的多元发展

在这种情况下，我们的工作，就是要向他们大喝一声说："同志们，你们那一套是不行的，无产阶级是不能迁就你们的，依了你们，实际上就是依了大地主大资产阶级，就有亡党亡国的危险。"①

从客观困难来说，报纸要反映实际情况，要么靠记者赴各地采访，要么靠各地通讯员撰稿。边区环境恶劣，交通不便，"安塞发生的事情，传到延安（给毛主席），要经过毛驴子传过来"②。在各地通讯员队伍未建立以前，《解放日报》仅能靠采通科的十余人采访，"夏天，洪水暴涨，延河水位上升，南关外通讯站的邮递员不能过河投递邮件；冬天，冰雪封山，交通邮递受阻。每到这时，我们做编辑工作的同志，便要出去采访……有时，一个记者一天要写五六条新闻，才能填满'边区版'的篇幅。由于报社无人参加西北局和边区政府的会议，又没有基层通讯员，地方党政的中心工作和人民群众的生产、生活我们很难知道，所以很难写出受读者欢迎的好稿子"③。反观《解放日报》的外社新闻有新华社电务科、翻译科几十位工作人员的支持，他们日夜轮流值班，捕捉、翻译外国通讯社与国民党中央社、汪伪政府中华社的电讯，每天能发出数千字的新闻稿，提供了充足的稿件支持。在边区版仅占八分之一版面的情况下，稿源都经常发生问题，《解放日报》登载更加丰富易得的国内外通讯社稿件也是情理之中。

此外，《解放日报》是由《新中华报》和《今日新闻》合并而成，《新中华报》本就存在"重国际轻国内"的倾向，而《今日新闻》几乎都是外电与国民党电报摘抄，这种合并带来的工作惯性与内容杂糅导致《解放日报》"在新闻的处理上有一个含糊的地方，国内、国际新闻，到底应该以哪个为主？由于没有明确提到这一点，办着办着，缺点就

---

① 毛泽东：《在延安文艺座谈会上的讲话》（1942年5月23日），载中共中央文献研究室、新华通讯社编《毛泽东新闻工作文选》，新华出版社2014年版，第136页。
② 陆定一：《陆定一同志谈延安解放日报改版》，载中国社会科学院新闻研究所编《新闻研究资料》总第8辑，中国展望出版社1981年版，第8页。
③ 丁济沧、苏若望：《我们同党报一起成长——回忆延安岁月》，人民日报出版社1989年版，第148—149页。

出来了"①。博古、杨松的"大报"情结，《新中华报》和《今日新闻》调入人员的工作惯性与外来知识分子的资产阶级办报思想相互融合，加上报纸初创时期采通人员不足、边区交通不便的实际困难，共同造就了《解放日报》诞生之初的"不完全党报"风貌。

鉴于《解放日报》的问题主要源于"人的因素"，手握"完全党报"标准的毛泽东针对性地开出了"药方"②，轻则"换脑袋"，对于该报模仿国内外大报样式、每天一篇社论、版面安排"一国际、二国内、三边区、四本地"的问题，通过改版转变编辑人员的办报思路与方式。早在土地革命时期，毛泽东在办《时事简报》时就提出国内国际消息与本地本军新闻应"三七开"，登消息应"由近及远"。③ 到《解放日报》改版时，他将版面安排视作报纸"党性"的表现，提出："报纸要以自己国家的事为中心，这正是表现一种党性，现在《解放日报》没有充分表现我们的党性，主要表现是报纸最大篇幅都是转载国内外资产阶级通讯社的新闻，散布他们的影响，而对我党政策与群众活动的传播，则非常之少，或者放在不重要的位置。《解放日报》应该把注意力放在中国抗战、我党活动、根据地建设上面，要反映群众的活动，充实下层消息。"④ 一个月后，他再次严厉提出："报纸的主要任务就是宣传党的政策，贯彻党的政策，反映党的工作，反映群众生活，要这样做，才是名符其实的党报，如果报纸只是或者以极大篇幅为国内外通讯社登载消息，那么这样的报纸就是党性不强，不过为别人的通讯社充当义务的宣传员而已，这样的报纸是不能完成党的任务的。"⑤

---

① 胡乔木：《胡乔木回忆毛泽东》，人民出版社1994年版，第95页。
② 据陆定一回忆："报社名义上是中宣部领导，实际上是毛泽东直接管，他还亲自来报社看望同志们，检查工作。"参见朱鸿召《延安〈解放日报〉改版的前前后后》，《同舟共进》2008年第11期。
③ 毛泽东：《普遍地举办〈时事简报〉》（1931年3月），载中共中央文献研究室、新华通讯社编《毛泽东新闻工作文选》，新华出版社2014年版，第30—32页。
④ 中共中央文献研究室：《毛泽东年谱：1893—1949》（中），中央文献出版社2005年版，第362—363页。
⑤ 《中宣部为改造党报的通知》（1942年3月16日），载中国社会科学院新闻研究所编《中国共产党新闻工作文件汇编》（上），新华出版社1980年版，第126页。

第三章　中国共产党办报模式的多元发展

在毛泽东的不断鞭策下，博古亲自撰写改版社论，宣布《解放日报》的版面安排从"由远及近"改为"由近及远"，形成了"一本地、二边区、三国内、四国际"的新格局，产生了立竿见影的效果。改版前后两天的头版头条分别为"红军楔形攻势猛进"与"边区会减征公粮草案决议"，"红军"对"边区"、"攻势"对"征粮"、新闻对决议，表明《解放日报》的面貌即将发生根本性的变化。博古的思想也随之发生重大转变，提出："我们是在农村办报，这与在大城市里办报又大不相同……所以大城市里适用的有些方法，在我们这里不能照抄来用。"[①]

重则"换人"，读者罗李王关于"贵报应当动员一批真有才能的干部负起编辑的责任，和各地作者建立密切联系"的建议[②]，可谓正中毛泽东下怀。毛泽东深知，《解放日报》问题的根源在编辑部。在"整风运动"的疾风骤雨中，个人思想的转变不进是退、慢进亦退，"不换脑袋就换人"。1942年4月，毛泽东将陆定一从抗日前线调入《解放日报》，负责编辑《学习》副刊，学习的内容从过去的"报屁股"迅速上升到显要位置。在8月8日接替杨松担任总编辑之后，陆定一成为报社事实上的负责人，"很多时候取代了博古以中央政治局委员的身份参加中央政治局会议和西北局会议的资格"，这种地位缘于毛泽东对陆定一的耳提面命，使得陆定一成为毛泽东意旨的传达人与执行人。正如陆定一所说："在这个时期里，关于报社的整风，特别是办报问题，我经常要去向毛泽东同志请示汇报，有什么事情，他也直接找我。我和毛泽东同志有较多的接触，是从这个时候开始的。"[③]他通过解决"闹独立性"的问题为《解放日报》套上辔头，上任伊始就严厉提出："报纸不能享有独立性，过去有一段是那样。应当在统一领导下进行，不能有一字一句的独立性。这就牵涉到工作制度，权

---

①《本报创刊一千期》（1944年2月16日），载中国社会科学院新闻研究所编《中国共产党新闻工作文件汇编》（下），新华出版社1980年版，第66页。
② 罗李王：《读者来信》，《解放日报》1942年3月30日。
③ 朱鸿召：《延安〈解放日报〉改版的前前后后》，《同舟共进》2008年第11期。

力问题。自由主义在报社内是不能存在的。为什么不允许闹独立性？不要以为某人写些文章署名，就可以自己负责，这是关系到党的事情。为此，必须规定些条例。"① 确保《解放日报》忠实执行毛泽东的改版思路，加大对"整风运动"的宣传力度。

对于报纸的重头戏社论与副刊，毛泽东也作了相应的安排。除了本人亲笔撰写社论之外，毛泽东还指导政治秘书胡乔木为《解放日报》撰写了大量社论，前后共计 58 篇之多②，其中有些是毛泽东嘱咐为之，有些经由毛泽东润色修改，有些是对毛泽东思想的表达，基本反映了毛泽东对于报纸导向的意见。胡乔木自承："毫无疑问，就我个人来说，没有毛泽东同志的指导和教诲，我就很难写出这种文章。"③ 在陆定一与胡乔木的导引下，仅 1942 年《解放日报》就刊发了百余篇有关整风的文稿，"通过这些努力，党报关于整风运动的宣传，终于'蔚成风气'了，每天翻开报纸，空前的学习热潮扑面而来"④。为建好副刊这块文艺阵地，毛泽东亲笔起草《〈解放日报〉第四版征稿办法》，对荒煤、江丰、张庚、柯仲平、范文澜、邓发、彭真、王震之、冯文彬、艾思奇、陈伯达、周扬、吕骥、蔡畅、董纯才、吴玉章下达了以党建、文学、历史、美术、文化、戏剧、教育等为主题每月 5000—15000 字不等的写作任务⑤，避免"王实味挂帅，还是马克思挂帅？"的问题再次发生。⑥

针对采通人员不足导致本地稿源紧缺的问题，中共充分调动各方面力量，打造了一支覆盖"四级组织、五大系统"的撰稿队伍⑦，以反映边区情况、反映群众生活、组织发动群众。早在 1942 年 1 月，中央政治局就针

---

① 王敬：《延安〈解放日报〉史》，新华出版社 1998 年版，第 40 页。
② 叶永烈：《中共中央一支笔——胡乔木》，湖南人民出版社 2014 年版，第 37 页。
③ 胡乔木：《胡乔木文集》，人民日报出版社 1992 年版，"序言"第 1 页。
④ 丁济沧、苏若望：《我们同党报一起成长——回忆延安岁月》，人民日报出版社 1989 年版，第 63—64 页。
⑤ 毛泽东：《〈解放日报〉第四版征稿办法》，载中共中央文献研究室、新华通讯社编《毛泽东新闻工作文选》，新华出版社 2014 年版，第 101—102 页。
⑥ 胡乔木：《胡乔木回忆毛泽东》，人民出版社 1994 年版，第 449 页。
⑦ 四级组织：中央、区委、地委、县委，五大系统：党、政、军、民、学。

第三章 中国共产党办报模式的多元发展

对报纸的"稿荒"问题,要求中央各部委(包括中央同志在内)及西北局每月写社论或专论一篇①,但对于日出四大版的《解放日报》而言显然难解燃眉之急。3月16日,中宣部进一步扩大稿约范围,要求各地高级党的领导机关"要有与党的生活与群众生活密切相联系的通讯员或特约撰稿员,要规定党政军民各方面的负责人经常为党报撰稿"②。随后,总政治部、西北局都提出了为《解放日报》供稿的具体办法,5月10日总政治部要求"发动部队各级有写作能力的干部,特别是做宣传工作的同志,经常写稿,并指定各级政治部宣传部(科)长,各级司令部作战教育科(股)负责同志,任特约通讯员,担负组织这一工作的责任"③,使《解放日报》得以采集来自一线的鲜活战报。

9月9日西北局要求"各分区党委及县委的宣传部长,均应担任《解放日报》通讯员,并与报馆取得直接联系,负责组织其所管地区内的通讯员工作(报馆在各分区设立通讯处,帮助这个工作),组织同级党政负责同志及党外人士替《解放日报》写文章,选定区级干部中有起码写作能力的同志做通讯员"④,并迅速在延属、绥德、关中、三边、陇东5个分区成立常驻通讯处⑤,1943年3月20日又进一步提出具体操作办法。晋绥分局、晋察冀分局也相继提出类似举措。到1944年11月,整个边区通讯员已接近2000人,"其中工农兵通讯员占1100多人,他们为报纸提供的地方消息,占地方消息总数的1/2以上"⑥,使"我们的报纸是党

---

① 《中共中央政治局关于给〈解放日报〉写稿与供给党务广播材料的决议》(1942年1月24日),载中国社会科学院新闻研究所编《中国共产党新闻工作文件汇编》(上),新华出版社1980年版,第118页。

② 《中宣部为改造党报的通知》(1942年3月16日),载中国社会科学院新闻研究所编《中国共产党新闻工作文件汇编》(上),新华出版社1980年版,第126页。

③ 《总政治部关于为供给〈解放日报〉稿件的指示》(1942年5月10日),载中国社会科学院新闻研究所编《中国共产党新闻工作文件汇编》(上),新华出版社1980年版,第130页。

④ 《中共中央西北局关于〈解放日报〉工作问题的决定》(1942年9月9日),载中国社会科学院新闻研究所编《中国共产党新闻工作文件汇编》(上),新华出版社1980年版,第133页。

⑤ 张敏:《1942年〈解放日报〉改版研究》,硕士学位论文,天津大学,2013年。

⑥ 丁济沧、苏若望:《我们同党报一起成长——回忆延安岁月》,人民日报出版社1989年版,第67页。

的报纸，同时也是群众的报纸，群众的利益、群众的情绪是党决定政策的依据，群众的意志、群众的行动也是考验我们政策的依据与工作标尺"的观念化为实际。① 毛泽东对《解放日报》负责人与撰稿人的"点将"以及采通队伍的基层化与群众化，实现了撰稿队伍的大换血，彻底转变了该报的风貌。

三 技术特征：政治第一、技术第二

从根据地报刊的办报环境与毛泽东的办报思想来看，根据地报刊并不具备改进技术形态的外部压力与内部动力。在国民党当局的封锁下，中共报刊在根据地处于"只此一家"的优势地位，加之延安本就是文化贫瘠的荒漠，多数党员群众缺乏报刊阅读体验，并没有什么"大报"的概念，还以为改版前的《解放日报》就代表了"大报的格调"，为其他根据地报刊所仿效。在众多中共领袖中，毛泽东是为数不多接受过正统新闻教育者，应当了解技术形态对报刊的重要性。但是，在艰难的革命斗争中，他选择将革命理想置于曾经的新闻理想之上，以革命者的视角审视和指导中共报刊。早在大革命时期，毛泽东就秉持实用主义的态度，将报刊作为"工具"和"武器"，注重报刊的功用而不强求其形态。在极端恶劣的政治地理环境下，只要报刊能发挥"广而告之"与宣传鼓动的功用，即便只能"不是印的是写的""极大黑墨字，稀松七八条"也在所不惜。

随着中共的区域执政地位受到认可，为在宣传舆论方面展现相称的声势，创办一张大型中央机关报被提上议事日程。此前，中共曾多次尝试创办日报，最早的《热血日报》坚持发行了一个月，《红旗日报》则坚持了半年多，充分证明创办日报对于政治环境与政党党力的严苛要求。② 要办

---

① 《开展通讯员工作》，《解放日报》1942 年 8 月 24 日。
② 《解放日报》创办之初出现"党性不强""脱离群众"的问题，也是与没有支持每日出版的充足稿源、不得不大量摘录国内外通讯社稿件有关。这表明，技术形态甚至能影响到报刊的政治面貌。

第三章　中国共产党办报模式的多元发展

好一份大型日报，中共必须集中力量打造中央机关报的"旗舰"。为此，中共将四开小型三日刊《新中华报》与《今日新闻》合并，并停刊《中国青年》《中国妇女》《中国工人》，以及《解放》周刊、《共产党人》月刊，方才有了四开中张两版的《解放日报》诞生。从这个角度看，《解放日报》能在边区的艰苦环境中以大型机关报的形态每日出版，被根据地党员群众视为"大报"实属自然。

在每日出版的压力下，博古在《解放日报》第一次编辑部会议上要求每个工作人员"在技术上刻苦学习，文字上生动活泼，无论是通讯或消息的习作都不要公式化"，尽量做到"人人非看不可"也在情理之中。[①] 他还表现出对于报纸格式"求新求变"的追求，在1942年8月发表的社论《报纸与新的文风》中，《解放日报》自我批评道："生动有趣的材料被格式束缚了，新鲜活泼的思想，被格式窒息死了。自己在地上画了圈子，让它限制了自己，跳不出它的圈外，所以打破固定格式是第一要事"，其认定的"第一要事"显然与毛泽东有很大差异。

事实上，此时《解放日报》单薄的栏目设置，僵化的版面设计，马兰草纸的质地，与"城市化""正规化"的报刊相差甚远，导致赴延知识分子参与办报实践后普遍产生不适。不难想象，这些知识分子在奔赴延安之前，平日阅看的大多是《申报》《大公报》《中央日报》《扫荡报》之类的报刊，其印刷之精美、编排之周密、版面之规整，受客观环境和主观观念制约的《解放日报》难以比肩。对比印象中的"大报"形态，他们认定"技术"才是改造《解放日报》的关键，甚至形成了这样的观念："天不管、地不管，一心磨我的铁笔杆"[②]，引发了办报过程中"洋学生"与"土包子"的观念之争。

针对技术形态方面的争论，《解放日报》专门发表《政治与技术——党报工作中的一个重要问题》一文，指出："办报需要必要的技术修养，

[①] 王敬：《延安〈解放日报〉史》，新华出版社1998年版，第7页。
[②] 王敬：《延安〈解放日报〉史》，新华出版社1998年版，第68页。

这是毫无疑问的。但技术，不管是写论文、通讯和消息的技术，或者是编排的技术，或者是校对的技术，其作用只在于表现报纸的政治内容。……技术的作用，技术的可贵，就在这个意义上。"文章批判："我们队伍中有些同志把技术的作用夸大，有些记者同志把技术神秘化，造出种种名词，如'文艺性'、'趣味性'之类，作为对新闻事业的最高要求，并且以这些要求来与政治内容对立起来，走到'技术第一、政治第二'的错误结论，这是反对党性的口号，又是反对群众性、战斗性的口号。"这种倾向发展下去，就会导致"政治上的自由主义"，使"报纸不能名副其实的成为党的集体宣传者与集体组织者，而只能成为报馆编辑部几个人的报纸"，诱发"无冕之王"的观念，不能使报纸成为人民的公仆，还会使得"文艺性""趣味性"等技术标准取代"战斗性"的政治标准，"引导人远远的离开现实，离开战斗"。要避免出现这种错误，报刊工作者要投身人民解放的事业，当工农兵的"理发员"，更加耐心友好地帮助他们掌握新闻事业这一战斗的武器。这篇文章将"技术第一、政治第二"定性为"资本主义"与"自由主义"新闻观，将其放到《解放日报》改版的对立面，明确了报纸改进文风与排版主要是为了政治服务的观念。①

不过，连毛泽东都不得不承认，报纸文风与排版的改变对于受众最为直观，"一国际、二国内、三边区、四本地"的转换，立刻就改变了《解放日报》的风貌；每天一篇社论这种僵化形式的破除，也被视作该报开始摆脱《申报》《大公报》等非党报刊影响的标志。作为区域执政党，中共赋予其报刊的首要使命是政治整合，文风与排版的改变有助于拉近党员群众与报刊的心理距离，促使他们更加频繁地接触与利用报刊，让报刊发挥预设作用，这也为以劳动模范吴满友为代表的典型报道对于大生产运动的推动所充分证实。

但是，将政治凌驾于技术将中共报纸推向了另一个极端。"有些记者和通讯员又出现忽视技术的不正确观念，对于写作技巧毫不重视，博古在

---

① 《政治与技术——党报工作中的一个重要问题》，《解放日报》1943年6月10日。

第三章 中国共产党办报模式的多元发展

看稿的时候,常常摇头叹气:'语不惊人词不修哇'。"① "报纸主要是向各级干部布置工作的,因此,'宣传大纲'都原封不动登在报上","读报者多数为写稿者","读者就是作者,做什么写什么","每期报纸采用工农通讯员的来稿要占百分之六十的比例"。晋冀鲁豫《人民日报》甚至连续三个月在头版开辟"大众黑板"栏,直接向群众喊话,开篇多半是"全村农民兄弟姐妹们""告诉你一个好消息"。② 对于政治性的片面追求,使得报刊的媒介属性严重消退,几乎成为宣传政治纲领的扩音器与告示牌,读者对于新闻价值与技术美感的需求被忽视。《解放日报》改版提出的"联系群众",似乎忽略了读者本身对报刊的需要,而只强调了传者对报刊的需要,陷入了"主体论"的误区。

1944年2月16日,《解放日报》出至第1000期时,对于政治与技术的关系产生了新的认识:"过去新闻的毛病,在于那时不去讲究充实内容,而去讲技巧,去讲文艺性等等,是很错误的,有些政治上很坏的东西和很不真实的东西,就混进来了。现在的情形又不同了,现在我们报纸上充满了内容丰富的新闻,而且都是很真实可靠的,政治上也是很好的。因此,现在我们要来讲技巧,要来讲文艺性,要来讲求新闻的表现形式,以便把很丰富的内容,表现得更好些,更简洁明了些,更突出些,更引人注意些,更能影响别人些。慢慢地我们要学会把平铺直叙的形式提到更高些的形式上去。"③ 这篇文章小心翼翼地提出,在政治没有问题的情况下,也要关注技术上的提升,可见此时《解放日报》的办报实践仍未脱出"工具论"的范畴。以后见者的角度观之,"技术为政治服务"的观念实际由"工具论"衍生而成,其主要逻辑仍是"以传者为中心",这也是中共报刊陷入"官办官看"困局的重要动因。

---

① 王敬:《延安〈解放日报〉史》,新华出版社1998年版,第67页。
② 伍静:《党报的另一种传统——延安〈解放日报〉与重庆〈新华日报〉的比较及不同命运》,《新闻记者》2015年第11期。
③ 《本报创刊一千期》,《解放日报》1944年2月16日。

四　经营管理:"工具论"下求自给

中共提出的"政治第一、技术第二"的口号表明,对于革命党而言,报刊的媒介特性,归根结底是为革命服务,更不用提报刊的经济属性。土地革命时期,中共实践了"报纸不仅是集体的宣传员和集体的鼓动员,而且是集体的组织者"的观念[1],提出"党报必须成为党的工作及群众工作的领导者,成为扩大党在群众中影响的有力的工具,成为群众的组织者"[2],用党报社论取代中央通告以指导实际工作,在党组织"支离破碎"的情况下起到了统一全党思想的重要作用。抗日战争时期,《解放日报》由"不完全党报"改版为"完全的党报",成为统一全党思想、"指导工作、教育群众的武器",以及"开展工作的一种重要方式"[3]。1942年3月31日,在《解放日报》改版座谈会上,毛泽东指出:"为了纠正这些不良作风,我们提出了整顿三风。但要达此目的,非有集体的行动、整齐的步调,不能成功",故"利用《解放日报》,应当是各机关经常的业务之一。经过报纸把一个部门的经验传播出去,就可推动其他部门工作的改造。我们今天来整顿三风,必须好好利用报纸"[4]。

在毛泽东的示范与鼓励下,边区掀起了一股读报的热潮,读报的重要性甚至超过吃饭,成为广大党员干部的头等大事。毛泽东不无满意地说:"现在高级领导同志,甚至中级领导同志都有一种感觉,没有报纸便不好办事。饭来了,报来了,他们有些人是先看报,后吃饭……有一位本地工农出身的同志告诉我,他就是先看报的。"[5] 到基层连队,凡有阅读能力的战士都"把读报当成自己的日常生活的一部分,遇到重要的材料的时候还

---

[1] 列宁:《怎么办》,载中共中央编译局编《列宁选集》第1卷,人民出版社1972年版,第372页。
[2] 《中共中央政治局关于党报的决议》(1931年1月27日),载中国社会科学院新闻研究所编《中国共产党新闻工作文件汇编》(上),新华出版社1980年版,第71页。
[3] 毛泽东:《报纸是指导工作教育群众的武器》(1944年3月22日),载中共中央文献研究室、新华通讯社编《毛泽东新闻工作文选》,新华出版社2014年版,第157页。
[4] 刘家林:《中国新闻史》,武汉大学出版社2012年版,第627页。
[5] 毛泽东:《报纸是指导工作教育群众的武器》(1944年3月22日),载中共中央文献研究室、新华通讯社编《毛泽东新闻工作文选》,新华出版社2014年版,第156页。

第三章　中国共产党办报模式的多元发展

做起笔记来"①。读报小组的广泛建立，让广大文化层次不高的群众也被纳入报刊的读者范畴。报刊作为一种工作方式形成了自上而下的通畅渠道，成为中共政治动员系统的大动脉，在边区交通不便、通讯不畅的情况下发挥了关键作用。即便解放战争胜利在望、全党工作重心开始由农村转向城市之际，中共仍然强调："报纸刊物与通讯社是一定的阶级、党派与社会团体进行阶级斗争的一种工具，不是生产事业"②，对报刊的经济属性仍持否定态度。

基于这种认识，中共报刊在经济上仍主要靠党组织扶持，只是过去是靠党组织拨款，此时主要靠党组织发放物资，"当时报社人员生活十分简朴，小米饭是基本主食，平时一菜一饭，服装由上级统一发放。三年一套棉衣，两年一套单衣。由于衣服少，到冬天单衣就变为衬衣。夏日，同志们常在延河边先洗衣服后洗澡，洗完澡后就穿上半干不干的衣服。除报社主要领导人有石窑洞外，大多数是土窑洞，住处挤就搭通铺。办公设备极为简单，一桌一凳一灯一笔，冬日配一炭盆。深夜工作，也无夜餐供应。配有一匹马负责向中央传递稿件和文件，由通讯员使用。其他同志无论是采访还是组稿，都是迈开两只脚，天南海北走四方"③。

在国民党的经济封锁下，面临"没有衣穿，没有油吃，没有纸，没有菜，战士没有鞋袜，工作人员在冬天没有被盖"的严峻形势④，中共提出"发展经济、保障供给"的方针以及"完全自力更生的自给自足政策"，简而言之就是"自己动手、丰衣足食"⑤。虽然中共并不认可报刊的"经济性"，但在军队都必须发展生产的情况下，报社也不能置身事外，故《解

---

① 《军区部队全体人员普遍深入读报》，《晋察冀日报》1942年4月3日。
② 《中共中央关于新解放城市中中外报刊通讯社处理办法的决定》（1948年11月8日），载中国社会科学院新闻研究所编《中国共产党新闻工作文件汇编》（上），新华出版社1980年版，第189页。
③ 中国社会科学院新闻研究所编：《新闻研究资料》第18辑，中国社会科学出版社1983年版，第47页。
④ 西北五省区编纂领导小组、中央档案馆编：《陕甘宁边区抗日民主根据地·文献卷下》，中共党史资料出版社1990年版，第206页。
⑤ 西北五省区编纂领导小组、中央档案馆编：《陕甘宁边区抗日民主根据地·文献卷下》，中共党史资料出版社1990年版，第219页。

放日报》社也成立了生产委员会，提出"既能办好报纸，又可开展大生产运动"①。由于办报所需的"纸张油墨奇贵"②，人员经费可以靠"艰苦朴素"降至最低，印刷材料却不能凭空得来，若不注重成本核算，很可能会重蹈此前《向导》等报刊入不敷出的覆辙。或许是受《新华日报》影响，《解放日报》社也设有编辑部和经理部两个部门，经理部主要负责报社的后勤供应和办理发行、广告。③ 虽然经理部人员尚不到编辑部的十分之一，但在架构上两部门处于并驾齐驱的地位，相较此前中共报刊编辑与印刷发行分离、有编辑部而无经理部的架构有较大进步，更接近此时我国报业的主流。

中央革命根据地创立前，由于政治色彩浓厚、受众群体狭小、长期处于"非法"和"地下"状态等原因，中共报刊大多刊登的是宣介先进书籍、报刊的广告，基本没有商业广告。中共成为区域执政党之后，报刊有了局部公开发行的条件。随着大生产运动的开展，边区部分商品除自给自足外，尚有余力进行市场交换，催生了商品广告的需求；而中共报刊要实现自给自足的目标，也需拓展经济来源。广告作为报刊的两大"养命之源"之一，既可改善报社经济状况、减轻读者负担，也可推动商品调配、促进经济发展。这两方面需求的交汇，可能是《晋察冀日报》《解放日报》等根据地报刊刊登广告的原因。

有《新华日报》广告经营的成功经验在先，1938年9月6日《晋察冀日报》率先在根据地报刊中发出广告刊例："本报广告，取费低廉，效力宏大，速来登载。"其遣词用句与《新华日报》此前发布的广告刊例"取费公道，收效宏大"有相似之处。1941年5月17日，创刊第二天的《解放日报》刊登了征集广告的启示："本报为应各界需要，决定报头两旁及第二版最后半栏刊登广告，并将广告价目附后。凡预刊登者，请于事先将广告及应付之广告费一同送交本报广告科"，并将广告价目明确为

---

① 王敬、岳颂东、王凤超：《延安〈解放日报〉史》，新华出版社1998年版，第80页。
② 《本报加价启示》，《解放日报》1943年1月29日。
③ 王敬：《延安〈解放日报〉史》，新华出版社1998年版，第12页。

第三章　中国共产党办报模式的多元发展

"报头两边每边每天三十元,第二版末栏每十行每天四元"①。不仅报头就刊登广告,还明确了广告是报纸提供的一种有偿服务,较之《新华日报》创办初期轻视广告收入、采取"启事广告免收费用,其他广告收取低廉费用"的做法更趋务实。5月23日,《解放日报》刊出了正式的广告刊例:

  一、凡向本报要求刊登广告,皆应依照本条例,先期办清刊登手续。二、本报广告分甲、乙两类。甲类为长期广告(一月以上者);乙类为短期广告(一天以上者)。三、本报广告地位,为报头两边及第二版最末半栏。四、本报广告价目:报头每边每天三十元;第二版末栏每十行每天四元,不够十行以十行计算,超过十行则照价加费。五、甲类广告之优待办法:刊登一月以上者九折,刊登两月以上者八折,刊登三月以上者七折;乙类广告则照价十足收费。六、甲乙两类广告费,均须先期付清,否则概不刊登。七、广告内容由刊户自行拟定,但以铅字排版为限,如欲制木版、铜板、锌版,皆应另付制费。八、甲类广告一经认定刊期,中途不得停刊,否则广告费概不退还。九、广告开始刊登之日期,由本报决定。②

从这段文字可见,《解放日报》的广告条例相当细致,广告业务中可能遇到的收费、优惠、时效、制版等问题均有考虑,部分内容与《新华日报》的广告刊例高度相似。鉴于博古对《新华日报》与《解放日报》创办工作都有参与,这可能是吸取了《新华日报》广告业务从无到有的经验与教训。虽然在《解放日报》改版后,广告业务有收紧的趋势,广告的商品性日益消退,常常刊登"寻驴找马"的启示,但在中共区域执政的非商品经济环境下,《解放日报》对广告经营的探索,无疑是中共"农村办报"

---

① 《本报广告科启事》,《解放日报》1941年5月17日。
② 《本报广告刊例》,《解放日报》1941年5月23日。

模式的重大突破。

  从 1941 年 5 月 15 日创刊，至 1947 年 3 月 27 日停刊，《解放日报》共刊载各类广告 5559 条①，期间 8 次调整广告价格，从 1941 年到 1944 年报头广告价格增长了 166 倍，超过了报纸定价和物价上涨速度。② 在广告费用的支持下，《解放日报》的零售价格仅为报纸纸张价格的四分之一③，极大降低了读者负担。同时，根据地报刊普遍改变了过去中共报刊大量赠阅、不重视发行收入的做法，《抗敌报》(《晋察冀日报》的前身) 出至第 13 期就停止对外赠阅，公开征求订户，到第 35 期正式公布报价，并强调"来函订报请随付报费，否则，恕不寄发"④。有偿发行的坚持与努力，让报社在 1940 年收回书报费的比例达到 74%，1941 年为 84%，至 1942 年提高到 112%。⑤《解放日报》创刊伊始就明确报纸每份零售国币一角，每月三元，全年三十元；为酬谢各单位的大力支持，赠阅三天；各批售户试销三天。⑥ 经过多次调价，到 1944 年 3 月时，报纸每份价格已经到了 10 元，增幅 100 倍，其他根据地报刊也根据物价上涨情况调整售价。这种调整无疑与报纸经济状况密切相关，也从侧面证实发行与广告已成为根据地报刊的重要经济来源。在《解放日报》的示范作用下，《抗战日报》《太岳日报》等根据地报刊都开辟版面刊登广告、适时调整报价与广告价格，减轻了党组织的负担。据统计，《抗战日报》的开办经费中，"党和政府的补助经费占报社每年经费总额的 69%，报社自力更生组织生产自筹经费占 31%"⑦。

---

  ① 王玉蓉、白贵：《略论延安〈解放日报〉的广告特色》，《河北大学学报》(哲学社会科学版) 2003 年第 4 期。
  ② 屈雅利：《略论延安〈解放日报〉的广告经营——以"广告刊例"的年度变化为例》，《新闻知识》2008 年第 9 期。
  ③ 李宇红：《评析延安〈解放日报〉的媒介现代化程度》，《社科纵横》2006 年第 12 期。
  ④《本报价目》，《抗敌报》1938 年 4 月 27 日。
  ⑤ 李徐阳：《1937—1949 年根据地党报经营探索研究——以〈晋察冀日报〉的定价和广告为视角》，硕士学位论文，山西大学，2017 年。
  ⑥ 王敬：《延安〈解放日报〉史》，新华出版社 1998 年版，第 19 页。
  ⑦ 胡太春：《中国报业经营管理史》，山西教育出版社 1999 年版，第 145 页。

第三章　中国共产党办报模式的多元发展

新闻事业属上层建筑的范畴，即便是政党报刊，也不能完全摆脱经济因素的影响。面对根据地严峻的经济形势，中共也不得不默许甚至鼓励报刊自给自足的探索。抗日战争时期，中共农村办报除"增强党性"与"联系群众"的政治驱动以外，还有"增强生产、自给自足"的经济驱动，二者共同决定了根据地报刊的面貌。随着战争形势的日益紧迫，根据地报刊的经济属性与政治属性此消彼长，此前大放异彩的广告一度销声匿迹。但是，根据地报刊在经营管理方面的探索，被作为"延安模式"的组成部分整体延续，为新中国成立后中共报刊"降低损耗"的做法提供了宝贵经验，也为改革开放后中共报刊在经营管理方面的突破与创新提供了历史依据。

五　"延安模式"的历史地位与发展

《解放日报》改版基本解决了根据地报刊普遍存在的聋（听不到群众的声音）、盲（看不到群众的斗争）、哑（不能成为党和人民的喉舌）、软（对敌斗争、对内部批评无力）问题[①]，针对性地强化了报刊的党性、群众性、战斗性、指导性，奠定了"延安模式"在中共报刊工作中的主导地位。经过抗日战争和解放战争的磨砺，这种在区域执政条件下形成的办报模式及体系日趋成型，为解放战争胜利前夕中共迅速构建覆盖全国的党报体系训练了办报人才、提供了成熟模式，此后经过《人民日报》的继承与发展，成为中华人民共和国成立后中国共产党办报的基石，并在选择性吸收"城市办报"成功经验后更趋完善，引导我国报刊事业不断取得新的突破。

在党性原则方面，"延安模式"牢牢确立了"党报姓党"的原则，并通过党委与宣传主管部门双重领导，"党、政、军、民、学"五大系统审稿制度真正实现了"党管党报"，克服了报刊"闹独立性"的问题。过程中形成的报刊内部审校制度、通讯稿件送审制度、重要稿件请示制度、"看大样"制度为中共探索形成报刊管理制度与宣传纪律提供了宝贵经验，这种管理体制和部分管理制度直到今天仍在不断实施改进。此外，"延安

---

① 丁淦林：《中国新闻事业史》，高等教育出版社2002年版，第210页。

模式"要求党的领导者、各级机关、全体党员层层负起对党报的责任,形成了党委报刊会议人员互派制度、编辑委员会制度、通讯员制度,从根本上推动了中共报刊从"一人之报"向"一党之报"、从"不完全党报"向"完全党报"的转化,解决了长期以来困扰中共的"手工业办报"问题,对于"如何增强报刊的党性"这一重大问题提供了理论上和制度上的现实方案。

在内容策略方面,经过马克思主义中国化的不断探索,中共确立统一了党的指导思想,增强了独立自主办好报刊的底气与自信,对于如何协调处理好"国际"与"国内"的关系、"增强党性"与"联系群众"的关系有了明确思路。将内容编排原则从"由远及近"转化为"由近及远",从根本上解决了长期制约中共报刊的"国际重于国内"的倾向。坚持巩固了"瑞金模式"下报刊反映指导实际工作以及广泛征集通讯稿件的传统,使得报刊得以充分发挥推动革命、巩固政权、发展生产、政治整合方面的作用。全面严格执行"看大样"与稿件送审制度,要求涉及全国或全党问题的言论必须报中央批准,就土改政策、自然灾害、敌军起义、物价波动的宣传进行专门指导,对战报发布、报道用语、数字运用、新闻写作提出具体要求,对于如何加强党对党报在操作层面的具体指导,发挥党报统一思想、推动工作的作用进行了初步探索。对于如何处理党报与党的通讯社之间的关系,这一时期也作出了原则性规定。

当然,由于是在战时条件、农村环境下办报,"延安模式"也难免存在一些问题。1956年,继承了"延安模式"的《人民日报》改版前的检查,也指明了该模式存在的不足,如"新闻少,并有很大的片面性;通讯内容贫乏,不能反映国内国际生活的现实;新闻限制过严,致使国内外许多重要消息在报纸上缺少反映,报喜不报忧的倾向比较严重;教条主义和党八股作风严重;没有不同意见的讨论;技术性错误太多"[①]。因此,曾引

[①] 《中共中央批转〈人民日报〉编辑委员会向中央的报告》(1956年8月),载中国社会科学院新闻研究所编《中国共产党新闻工作文件汇编》(中),新华出版社1980年版,第483—484页。

第三章 中国共产党办报模式的多元发展

导《解放日报》改版的胡乔木，在1956年《人民日报》改版社论中表示："我们是生活在一个充满着变化的世界，各种不同的读者要求我们从不同的方面了解这个变化着的世界。尽量满足读者多方面的要求，这是我们的天职……我们没有努力在有限的篇幅中多发新闻，发多方面的新闻。生活里重要的、新的事物——无论是社会主义阵营的，或者是资本主义国家的，是通街大邑的，或者是穷乡僻壤的，是直接有关建设的，或者是并不直接关于建设的，是令人愉快的，或者是并不令人愉快的，人民希望在报纸上多看到一些，我们也应该多采集、多刊登一些。"[1] 这也成为"延安模式"继续探索改进的方向。

"延安模式"是在区域执政条件下形成的办报模式，在办报过程中充分顾及了如何在农村办好报纸，但是在城市办报、全国办报方面仍有不少发展空间，其在党性原则、内容策略方面的制度建构与"重庆模式"在技术形态、经营管理方面的成功经验形成了高度互补。改革开放后，中共报刊在继承与发展"延安模式"的基础上，吸收了"重庆模式"、"报纸的眼睛首先看到的是读者"以及"党性与群众性相结合"的理念，发展形成"党性与人民性相统一"的思想，为在新形势下办好党报指明了方向，丰富了马克思主义新闻观的内涵。"一个中心、两个基本点"的确立，使得"重庆模式"不断改进报刊的技术形态与经营管理方面的成功经验重新进入视野，制定报馆章程、业务制度、组织架构的做法提升了党报的业务运作能力与水平，自办发行渠道、重视广告业务、开展多种经营为减轻国家经济负担乃至增加国家经济收入、为党报做大做强提供了可资借鉴的经验，最终促使报刊走上企业化、集团化、媒介融合发展的路径。

---

[1] 胡乔木：《致读者》，《人民日报》1956年7月1日。

第四章　中国共产党办报模式的差异根源

　　回望 1921 年到 1949 年间的中共办报模式演变历程，其发展脉络似乎显示了这样两个维度，李金铨教授称之为"白区策略"与"红区策略"，而更多学者称之为"城市办报"与"农村办报"。如若按照这种归类，"上海模式"与"重庆模式"似乎应归入"城市办报"的范畴，而"瑞金模式"与"延安模式"应归入"农村办报"的范畴。

　　中共办报实践起源于城市，但在"农村包围城市"的革命总路线下，"农村办报"成为中共办报的主流范式。在"战时思维"的主导下，中共报刊基本依照"阶级斗争的工具"的定位发展。对于报刊，中共取其用而忘其器，以政治功用为基本导向，并不注重报刊的技术形态，否定报刊的经济属性。中共通过严格管控持续增强报刊的"党性"，通过群众办报不断消解报刊的"知识气质"，使得作为革命"武器"的报刊在政治整合与群众动员方面起到了关键作用，为中共赢得抗日战争与解放战争立下了汗马功劳。

　　反观"白区路线"下的"城市办报"，其指导思想大体可归入"建设思维"，肯定技术形态与经济属性对报刊发挥政治功能的促进作用，在"党报姓党"的前提下不断突破"工具论"的樊篱，推动中共报刊发展的政治逻辑与社会逻辑、经济逻辑相统一，树立中共报刊的优势地位。在革命时期，这种模式并非单纯以政治逻辑为导向，报刊作为"武器"可能未必如农村办报模式下那般锐利，在建设时期却能大放异彩。

　　从国民革命到土地革命、从抗日战争到解放战争，中共辗转于城市与

第四章 中国共产党办报模式的差异根源

农村之间，由革命党发展为区域执政党，最终成为全国执政党，其中心任务在斗争与建设之间不断转换，这种复杂的历史进程导致中共办报模式在各个维度持续演进，最终形成了一种经过不同时期、不同环境实践检验的成熟模式。大革命时期，中共对于"集体办报"和"摊派发行"探索、对于《中国共产党第一个决议》中宣传纪律的实践，成为"全党办报""党报姓党""党管党报"思想形成的开端。将报刊视为党的机关、以拨款维持运作成为"报纸刊物与通讯社是一定的阶级、党派与社会团体进行阶级斗争的一种工具，不是生产事业"论断的历史依据。土地革命时期，中共虽未正式提出办报的"党性"原则，但已探索出"党报姓党"的基本内涵，将党报作为"党的工作及群众工作的领导者"的实践，发展了列宁"报纸不仅是集体的宣传员和集体的鼓动员，而且是集体的组织者"的观念，使之更加符合中国特定时期的革命需要，开启了无产阶级党报理论中国化的进程。对于党报的管理由中央报刊覆盖到地方报刊，党报的功能由为党发声扩展到领导工作，进一步强化了报刊在党内的地位与作用。尤其是根据政治生态和地理环境的实际，逐步探索出"白区办报"和"红区办报"两种路径，提升了办报的适应能力、扩大了其覆盖场域。抗日战争时期，以《新华日报》为代表的城市党报对于"党性"与"群众性""人民性"关系的探索、对于党报"事业性"与"企业性"的正名以及实践，成为"党性与人民性相统一"办报思想、中华人民共和国成立后报刊企业化改革的先声。较之大革命时期中共在城市的办报实践，此时的城市党报虽提倡"名家办报"，但不满足于通过"两级传播"间接接触群众，而是通过"开门办报"努力与群众产生血肉联系；不再将党报作为党的"机关"，而是顺应报刊企业化管理的浪潮，将刊登广告、多种经营而非组织拨款作为"养命之源"，在党报中率先实现自给自足。较之中共在农村的办报实践，城市党报的诸多突破在此后中共工作重心由农村转向城市时，为党报如何成为"人民的报纸"提供了另一维度的历史经验。与此同时，以《解放日报》为代表的农村党报通过"党管党报"确保"党报姓党"，以"全党办报"和"群众办报"来增强党性、联系群众，探索出

"完全的党报"标准,并朝着这个方向不断改进,以极大的政治勇气强调无产阶级新闻工作的真实性原则,标志着中共新闻思想和办报模式的成熟。

第一节 中国共产党办报实践的环境差异

时至今日,媒介与环境的相互形塑已成为学界共识,但在研究的侧重点上,东西方学界各有倾向。西方学者主要关注的是媒介及其技术形态对于人的影响,在研究广播、电视等新媒介接踵而至所带来技术进步的同时,忧虑这种进步改变的传播方式与营造的"拟态环境"对人的"异化"。波兹曼提出"媒介生态"的概念,认为其主要内涵在于"媒介传播如何影响人们的感知,理解,情感以及价值观,人们与媒介的互动如何利于或者妨碍其生存……理解技术和传播工具如何控制信息传播的形式、数量、速度和方向,这些信息的构成或思想倾向如何影响人们的观念、价值和态度"[1]。概而言之,西方学界关注的是媒介作为一种信息传播的技术手段如何影响人对环境的感知,进而对环境进行改造,随之形成的"拟态环境"如何成为改造人的一种"容器",故其形成了"效果研究、议程设置、拟态环境"等研究领域,最终目的是研究"人类如何限制、控制、修正对媒介的使用,以维持、保持一种健康的平衡的媒介环境,使人与媒介、媒介与人之间保持一种和谐互动的良性关系"[2],体现了西方相关研究领域的批判态度与人文关怀。

国内学者关注的重点在于环境对媒介的改造,邵培仁的观点较具有代表性:"如同自然生态系统或社会生态系统一样,媒介是一个生命体和生

---

[1] N. Postman, "The Reformed English Curriculum", in A. Eurich, *High School 1980: The Shape of the Future in American Secondary Education*, New York: Pitman, 1970, pp. 160 – 168.
[2] 尹鸿:《电视媒介:被忽略的生态环境——谈文化媒介生态意识》,《电视研究》1996 年第 5 期。

第四章 中国共产党办报模式的差异根源

态系统,也是整个社会生态系统的一部分,与其他社会生态子系统相互作用、相互竞争、相互利用,并受到政治、经济、文化、科技、国际关系等外在环境的影响,从而促使媒介生态的微观系统、中观系统同社会宏观系统保持协调和联通,通过信息、能量和资源的交换达到某种平衡与和谐。"[1]他认为,媒介是一种开放的系统,必然与人、自然、社会相关联,形成媒介系统与社会系统之间的互动,并最终实现一种"平衡的和谐"。这意味着不仅媒介在一定尺度上改造着环境与社会,环境与社会也在更加宏大的层面对媒介潜移默化地施加着影响,最终在这种互动过程中达到和谐,这种过程是一个双向而非单向的过程,在很大程度上体现了马克思主义生态观的观念。正如恩格斯所说:"我们不要过分陶醉于我们人类对自然界的胜利。对于每一次这样的胜利,自然界都对我们进行报复。每一次胜利,在第一线都确实取得了我们预期的结果,但是在第二线和第三线却有了完全不同的、出乎预料的影响,它常常把第一个结果重新消除……因此我们必须在每一步都记住:我们统治自然界,决不像征服者统治异民族那样,决不同于站在自然界以外的某一个人,——相反,我们连同肉、血和脑都是属于自然界并存在于其中的;我们对自然界的全部支配力量就是我们比其他一切生物强,能够认识和正确运用自然规律。"[2]

从这个角度来说,报刊作为一种"网络",必然与"场景"和"空间"相关联。在报刊与社会的互动过程中,地理环境是促使中共报刊差异化发展的底层要素,通过叠加其上的"人为环境"持续地对报刊施加影响,中共报刊在"党报姓党"的前提下,在受众定位、内容编排、传播策略、技术形态、经营管理方面产生了不同取向,以适应社会地理环境对报刊的影响与限定。无论是处于"地下"的《布尔塞维克》《红旗》采取"伪装封面"的方式流通,抑或《新华日报》以公开出版的全国性日报形态示人,还是《解放日报》"直接向群众喊话"的面貌,都是对环境的

---

[1] 邵培仁:《媒介生态学研究的新视野——媒介作为绿色生态的研究》,《徐州师范大学学报》2008年第1期。
[2] 中共中央编译局编:《马克思恩格斯选集》第4卷,人民出版社1995年版,第383页。

"拟态"反映,为报刊打上了所处地域的鲜明烙印,使得"城市办报"与"农村办报"从整体上呈现出不同的面貌。

中国近现代意义上的报刊,最初是被中国先进分子作为"去塞求通、上情下达、下情上传"的媒介,在资产阶级维新运动中成为"趋新求变、鼓吹变法、爱国救亡"的工具,在资产阶级革命大潮中又转为"宣介主义、唤醒国民、鼓动革命"的利器。及至20世纪30年代报界普遍推行企业化改革之前,我国报刊普遍存在"尚义轻利"的思想,"计利应计天下利,求名应求万世名",作为一种表达观念的载体,经营大多因陋就简,盈利很少受到重视。在此风气影响下,中共城市党报与农村党报在技术形态与内容策略上并无太大差别。此后,城市报业发展势头迅猛,以《新华日报》所在城市重庆为例,"1938年至1945年,抗战八年,重庆前前后后注册的报刊共有127种,通讯社共30家"①,报业竞争逐渐以内容竞争为主拓展为业务、技术、形态、管理、经营、资本的全方位竞争,中共城市报刊要在同业竞争中争取受众,已不能像大革命时期一样仅靠内容取胜,也须在技术形态和经营管理方面不断革新。而中共农村根据地大多文化事业不发达,中共报刊处于"只此一家"的优势地位,并未受到企业化的触动。至此,中共城市党报与农村党报的差异日益清晰,白区路线与红区路线、城市办报与农村办报的分野由此进入学人视野。

《新华日报》的实践证明,即便在困难重重的情况下,中共也能出版高质量的报纸。抗战时期,重庆新华日报馆的技术装备等条件极差,但却是山城出版最早、差错最少、字还清晰的报纸,一改过去中共报刊因陋就简、"土纸油印"的形象。在经济基础不占优势的情况下,《新华日报》凭借技术形态的不断革新与"名家办报""群众办报"的丰富内容对他党报刊、民营报刊形成优势,弥补了在技术设备方面的差距。这充分证明,中共并非缺乏革新报刊技术形态与经营管理的能力,而是中共农村报刊并未像《新华日报》一样面临激烈的竞争压力,这无疑是环境因素对报刊形塑作用的重要表现。

---

① 周勇:《重庆通史》,重庆出版社2002年版,第4页。

第四章 中国共产党办报模式的差异根源

除了要参与激烈的城市报业竞争之外,新中国成立前中共城市报刊大部分处于国民党统治区域,还要应对国民党当局的新闻检查与政治迫害,在保持党性与坚守阵地之间巧妙地保持平衡。以周恩来、刘少奇为代表的白区领导人充分吸取《红旗日报》的经验和教训[1],扭转了大革命失败后中共报刊的冒险主义倾向。在白区激烈报业竞争与严酷政治环境的"夹缝中求生存"的情况下,周恩来时常嘱咐《新华日报》"一个人做两人的事,一分钱当两分钱用"[2],最大限度地调动工作人员的积极性,以弥补办报条件的不足。因此,《新华日报》虽处艰难的环境下,但仍然始终能够保持昂扬的斗志,凝聚成为中共报刊中独特的"新华精神"。虽然在"皖南事变"以后,受国民党当局迫害,此前报馆最高时的300多个工作人员"已经减少到八十多人……担负着报纸的编辑、撰稿、采访、印刷、发行和筹措经费、采购纸张器材等各方面工作,报社同志的吃饭、喝水以及养猪、种菜都需要人干,大家已不分甚么上班下班,白天黑夜,只要工作需要,谁都会挺身而出,也从没有人叫苦叫累。……当时,报社共有十二个负责为订户送报的报丁同志……每人每天都要投送几百份报纸,无论晴天、雨天、酷暑、严寒,往返奔走的路程少则三、四十公里,多则五、六十公里"[3]。将人民的拥护与支持作为在艰难环境下办报的最大依靠,"以为人民服务的精神来办报",努力做"人民的勤务员",经常性地征求读者意见、倾听读者呼声,并以此改进报纸工作、争取读者支持,成为中共"城市办报"的鲜明特征。

---

[1] 《红旗日报》就曾因锋芒毕露的宣传和发行策略,公开报道罢工、示威的组织活动和群众团体拥护《红旗日报》、组织读报组的活动,成为国民党当局破获中共党组织和群众团体的线索和依据。报纸自身也遭到巨大损失,发行两天就有数个报贩被捕,九天共有十余人被捕,半个月内有42人被捕。《拥护工农阶级自己的报纸啊!》《帝国主义国民党组织特别搜查队破坏本报发行 贩卖本报报贩已有十余人遭毒手》《九七准备反白色恐怖示威中帝国主义国民党的临死挣扎》,《红旗日报》1930年8月18日、24日,9月3日。

[2] 王永恒:《媒体的力量——抗战时期的〈新华日报〉及其影响》,博士学位论文,华中师范大学,2004年,第160页。

[3] 于刚、郑如新:《〈新华日报〉发行战线上的反封锁斗争——铭记周恩来同志的关怀与教导》,《新闻研究资料》1979年第1期。

相较而言，中共农村报刊"长期'只此一家'惯了，从无多家报纸竞争的习惯和观念"①，"群众来信往往被随便扔掉，为读者服务的专栏在版面上消失了，读报组大多徒有虚名，报纸宣传的实际效果，编辑部很难知道"②，形成了党报工作中的游击习气和散漫、迟缓、不严密、不细致的作风。③ 此外，在中共控制区域，报刊更多的是开展工作与政治动员的工具，与党保持高度一致是报刊工作的应有之义。党对报刊的高度介入，使报刊与党同呼吸、共脉搏，较好地完成了党赋予的使命，但客观上造成了报刊在新闻生产过程中的被动局面。

城市党报的主要受众是工人阶级、知识分子、工商业者、城市市民，他们大多具有一定的文化水平。城市社会变动与生活节奏较快，城市受众需要报刊提供新闻作为认知世界与行动决策的参考，也需要其作为生活中消遣娱乐的调剂。对此，《新华日报》认识到"必须充分反映人民群众多方面的生活，甚至政治以外的生活"，"多方面做到为人民服务"④。这就要求报刊不能只是"政治家办报"，也要有社会活动家、文艺家、教育家的参与，在保持正确导向的基础上提供尽可能丰富多彩的内容，以吸引更多读者的关注与拥护，达到"团结一切可以团结的力量"的目的。故城市党报既受党的领导，也要接受读者意见，报刊在组织形式上表现为党领导下的"政治家办报"甚至"书生办报"，"颇有一点'八仙过海'的味道"⑤。为及时了解读者的需求变化，密切与读者的联系，城市党报往往开辟读者来信专栏，定期召开读者座谈会，以加强和改进报纸工作。《新华日报》还成立"社会服务处"，利用报纸的社会资源为读者解决生活中的实际困难，赢得了广大读者的支持与拥护。由于城市受众文化程度较高，获取信息的来源丰富，城市党报往往采取渗透式、感召式的宣

---

① 李庄：《人民日报风雨四十年》，人民日报出版社1993年版，第102页。
② 人民日报报史编辑组：《人民日报回忆录》，人民日报出版社1988年版，第85页。
③ 叶青青：《从农村办报走向城市办报——中国共产党执政初期的党报新闻制度构建》，博士学位论文，复旦大学，2011年，第161页。
④ 《检讨与勉励》，《新华日报》1947年1月11日。
⑤ 夏衍：《白首记者话当年——记香港〈华商报〉》，《新闻与传播研究》1982年第2期。

第四章　中国共产党办报模式的差异根源

传策略,"基本方法是说服,而不是命令",善用读者来信立言,巧妙地用事实说话,主要扮演"宣传者"的角色,不仅做"中共的机关报,同时要成为人民的报纸"①,既要实现党的领导,又"要使他们不感觉我们是领导"②。

农村党报的主要受众是干部,其次是工农兵,"由于山区农村交通、通讯不便,人们的时间观念普遍淡薄","知识分子缺乏,文盲达百分之九十九……穷人子弟入学无门,文化设施很差,人们十分缺乏文化生活"③,导致"记者不写或少写新闻","除了战争、生产、教育三件大事以外的事情一般不报道"④,仅有的报道内容主要"依靠各级党委与人民群众中有文化、稍有文化以至不识字的农民积极分子的口述、笔书"⑤。对于已成为区域执政党的中共而言,根据地与解放区是一个可以主导和控制的舆论场,在政治目标能得到保障的情况下,报刊内容的贫瘠并不会与当地社会文化环境格格不入,也不是中共关注的首要问题。鉴于根据地与解放区严峻的外部环境与紧张的备战需要,中共农村报刊的主要任务是政治动员。⑥ 作为集体的组织者与工作的领导者,中共报刊在策略上普遍采取灌输式、说教式的方式,"直接向群众喊话"。由于"人民文化水平低下或不算高,没有独立思考能力或正在形成这种能力。在这种情况下,需要走在人民认识前面的领袖人物或先进政党通过榜样的力量引导他们前进"⑦,故而创造出了典型报道的宣传方式,强调以宣传"武装人""引导人""塑造人""鼓

---

① 《本报革新敬告读者》,《新华日报》1942 年 9 月 18 日。
② 周恩来:《周恩来选集》(上),人民出版社 1980 年版,第 131 页。
③ 李维汉:《回忆与研究》(下),中共中央党史资料出版社 1986 年版,第 566 页。
④ 李庄:《新闻工作忆往——从范长江同志对我的言传身教说起》(下),《新闻与写作》2005 年第 5 期。
⑤ 丁济沧、苏若望:《我们同党报一起成长——回忆延安岁月》,人民日报出版社 1989 年版,第 105 页。
⑥ 毛泽东在《论持久战》中提到:"什么是政治动员呢？首先是把战争的政治目的告诉军队和人民……还要说明达到此目的的步骤和政策,就是说,要有一个政治纲领。"参见中共中央文献研究室、中央档案馆编《建党以来重要文献选编(1921—1949)》第 15 册,中央文献出版社 2011 年版,第 418 页。可见,政治动员是一种目的性很强的宣传行为。
⑦ 陈力丹:《陈力丹自选集——新闻观念：从传统到现代》,复旦大学出版社 2004 年版,第 162 页。

舞人",主要扮演"鼓动者"的角色。[①]

早期中共创办的城市报刊有来自共产国际的经费支持,可以贯彻其追求国家与民族"大利"而不计一报一刊"小利"的观念,并不追求发行广告收入,也不注重经济成本核算,普遍采取赠阅与打折的方法提高发行量,呈现出"非经济化"的特征。[②] 报刊的发展受限于拨款,屡屡出现"旋起旋落"的现象。1935年1月遵义会议的召开,标志中共开启了独立自主的革命道路,打破了单纯依靠共产国际、红色工会国际等组织拨款的局面,也意味着中共要逐渐找到一条自给自足的办报之路。特别是中共城市报刊处于商品经济的竞争环境下,没有广告几乎不会被视作一张正常的报纸,商业广告的多少直接反映着社会影响的大小,故这些报刊采取企业架构、强化经济核算、实行有偿发行、开拓广告收入、开展多种经营,率先由《新华日报》《华商报》实现自给自足,开创了中共党报不依赖党组织拨款办报的先河。而农村党报处于小农经济的环境下,受限于地区的经济条件与受众的文化程度,群众读报和广告需求并不强烈,报纸主要是"官办官看",无意通过发行与广告回收办报成本,来自党组织的拨款仍是报纸经济的主要来源,呈现出"非经济化"的特征。

第二节　中国共产党办报实践的路径差异

城市与农村办报的环境差异,造成了中共办报模式的路径差异。"农村办报"的发展路径在于,基于"工具论"的认识,中共对报刊忘其器而取其用,为了确保报刊完成其使命与任务,中共对于报刊的控制持续强

[①] 列宁认为,宣传员不创造理论,但是用理性的方式使人接受社会主义的理论,并向其他国家的政府、知识分子和民众宣传苏联的制度和建设成就。鼓动员的主要职责是将既定的方针、政策、一般性原理,用简单、形象的方式传达给普通民众。在危机时期还要负责大规模的群众动员。由此可见,城市党报与农村党报对此显然各有侧重。

[②] 陈龙:《从"事业化"到"企业化"——中共对党报经营管理的探索》,《暨南学报》(哲学社会科学版)2014年第2期。

第四章　中国共产党办报模式的差异根源

化，基本消除了报刊的自主意识，报刊的政治属性压倒新闻属性和经济属性。而"城市办报"的发展路径在于，中共报刊必须直面激烈的报业竞争，不断完善内容编排与技术形态，争取受众的关注与支持；对于报刊质量和发行数量的追求，难免使办报成本大幅提升，在无法直接依靠根据地"供血"的情况下，报刊必须朝着自给自足的方向努力，在完成政治任务的同时兼顾社会效益与经济效益。

在"农村办报"的政治生态中，中共作为区域执政党或全国执政党，各级党组织机关报处于"只此一家"的优势地位，通过"全党办报"与政治动员就可使报刊覆盖"党政军民学"系统。由于受众关注与经济来源都不成问题，报刊的绝大多数精力集中于完成党交付的任务与使命。基于这种导向，中共对报刊功用的认识不断深化，大革命时期中共秉承中国资产阶级改良派与革命派提出的"耳目喉舌论"，视报刊为"机关"，注重发挥报刊"喉舌"与"罗针"的功能。土地革命时期与解放战争时期中共根据列宁的无产阶级党报理论，将报刊视作"党的工作及群众工作的领导者""集体的宣传者与组织者"，作为"开展工作的一种重要方式"与"阶级斗争的工具"。随着"工具论"的不断发展，报刊的"党性"持续增强，最终在《解放日报》改版时达到高峰。

与此同时，中共对于报刊的控制不断强化。中国共产党成立前党与报刊血肉相连、水乳交融的关系，使得中共认定报刊是党的"机关"，党与报刊之间是领导与被领导、监督与被监督的关系。为加强对报刊的管理，中共先后成立中央教育宣传委员会、中央机关报编辑委员会、中央编辑委员会、中央宣传部、党报委员会，将报刊的编辑、出版与发行工作纳入党的统一领导，以确保党报在"重大问题上受中央的直接指挥"。[①] 针对"同人办报""文人办报"传统以及资产阶级新闻自由思想衍生的报刊工作人员"闹独立性"问题，中共提出"党报的每一个工作人员，必须时时警惕，看重自己的责任。党报不但要求忠实于党的总路线、总方向，而

---

① 胡太春：《中国报业经营管理史》，山西教育出版社1998年版，第140页。

且要与党的领导机关的意志呼吸相关,息息相通,这是党报工作人员的责任"①,通过集体负责、层层把关的严密审稿制度将主观因素的影响降至最低。中华人民共和国成立初期,中共将报刊生产消费的两端及业务的所有环节纳入国家调控的范畴,报刊在业务经营方面的自主意识受到削弱。

中共对于报刊的管控不断强化,推动报刊完成了由"一人之报"到"一党之报"、由"不完全党报"到"完全的党报"的转化,真正成为中共事业的"齿轮与螺丝钉"。由于"只此一家"的办报环境,中共并不看重报刊的技术形态在同业竞争中的作用,形成了"政治第一、技术第二"的观念,提出"办报需要必要的技术,这是毫无疑问的",但写作、排版、校对的技术,"其作用只在于表现报纸的政治内容",认为政治立场的正确是追求技术的前提,反对将技术神秘化甚至作为新闻专业的最高要求,与保持正确政治立场的要求相对立,强调"技术第一、政治第二"是反对党性、群众性、战斗性的口号,实施这种观念不仅"政治上会犯错误,技术上也会走上绝路"②。为了确保报刊专注于党交付的政治任务,中共还剥离了报刊的经济属性。③ 为了实现既定目的,报刊往往不计成本地对外赠阅,报社日常运作的成本与亏损由党组织承担,进一步加深了报刊的"工具"性质。

反观"城市办报"的所处环境,同业竞争绝对是一个不可忽视的因素。据第二届世界报界大会记事录载,1921年中国全国共有日报550种。

---

① 《党与党报》(1942年9月22日),载中国社会科学院新闻研究所编《中国共产党新闻工作文件汇编》(下),新华出版社1980年版,第55页。

② 《政治与技术——党报工作中的一个重要问题》,载复旦大学新闻系编《中国报刊研究文集》,上海人民出版社1959年版,第28—30页。

③ 虽然邵力子、程沧波等人极力推崇报刊的企业化经营,但蒋介石对此并非完全赞同,他认为:"我们从事党的宣传工作,无论办报纸、办刊物,一定要求其销行之普及,而不可以营利为目的。本来现代新闻事业的经营,决不是纯粹商业的性质,而是要求达到宣达民意,指导舆论,贯彻国家宣传政策的目的。(新闻事业)不仅不能以营业为目的,而且要不惜成本,不惜牺牲,充实内容,提高效率。现代新闻事业的经营,决不是纯粹商业的性质,而是要求达到宣达民意,指导舆论,贯彻国家宣传政策目的",特别对于党报"不能精诚尽到职责,反而借此只顾赚钱"的倾向提出了批评。参见蒋介石《怎样作一个现代新闻记者》,转引自蔡铭泽《中国国民党党报历史研究》,团结出版社1998年版,第246—247、258—259页。不难看出,蒋介石对于报刊企业化经营的观感,与毛泽东的"工具论"类似,只是后者在这个方面走得更远。

第四章 中国共产党办报模式的差异根源

又据中外报章类社所调查,1926年前后,我国报纸之每日发行者628种;到了1934年至1937年,中国报社数量分别为877、1000、1049、1031家。① 在报业竞争日趋激烈的态势下,身处其中的政党报刊也需要在内容选择与传播策略上进行调适,在技术形态和经营管理方面不断革新,就连处于优势地位的国民党报刊都不得不顺应业界潮流,进行大刀阔斧的改革。根据《新华日报》的经验,城市报刊的竞争无异与时间赛跑,《新华日报》如能抢在《大公报》之前发行,早发行一个钟头就可以多发几千到1万份②,这对于报刊的运作效率与技术水平都提出了较高的要求,背后是报馆组织效能与经济实力的较量。

"皖南事变"后,国民党全面封锁解放区,来自南方局的拨款中断,导致身处国统区的中共报刊必须自筹经费,故城市党报除完成党交付使命的"目标导向"之外,还必须遵循满足读者需求的"需求导向"与争取经济收入的"经济导向",并尽力达成三者间的平衡。虽然中共报刊首先在城市诞生,但从19世纪初叶到20世纪初叶这百余年中,中国近代报业中资产阶级政党报刊占了主流地位。……他们办报的目的,在于救国救民,所以尚义轻利,不在乎一己之盈亏。许多志士仁人为办报刊毁家纾财乃至不惜捐躯赴难,无所谓营利。同时,也由于当时历史条件的限制,现代企业管理知识还不发达,资本主义的经营之道还没有进入创办资产阶级政党报纸的中国革命志士的头脑意识之中。进步的中国资产阶级政党还处于在野地位,它们的一些机关报还需要拿出经费支持其团体进行革命活动,就实在无力顾及报纸自身的经营管理办法了。③ 身处这样的办报环境,中共尚未意识到满足读者需求、改进技术形态、重视经济核算、强化经营管理在报业竞争中的重要性也不足为怪。

20世纪20年代,《申报》与《新闻报》通过率先扩修馆社、更换先

---

① 方汉奇、王润泽、郭传芹主编:《民国时期新闻史料续编》第21册,国家图书馆出版社2011年版,第261—264页。
② 熊复:《新华日报的历史地位及其特点》,《新闻与传播研究》1981年第4期。
③ 胡太春:《中国报业经营管理史》,山西教育出版社1998年版,第52页。

进的印刷设备、不断改进经营管理、将广告作为报纸命脉等举措，销量从四五万份快速上升至接近十五万份，为报纸向企业化方向发展奠定了物质与经济基础，也激发了报界竞争。① 到 20 世纪 30 年代，随着国家名义上的统一和社会秩序的稳定，国人的办报观念也在发生变化，国内报刊包括国民党报刊相继开启"企业化"改革。据邵力子观察："从前一般办报的人，具有目的而欲为事业打定一个巩固的基础者很少。现在一般从事新闻事业的战士，非特在事业上为不断的竞争，而且一部分具有这样一个念头——怎样使他的事业基础建立起来？现在国内各大报都纷纷地在改进它本身的组织，如过去为私人经营者，目前却都变更其组织为公司性质；如过去租赁社址的，现在都纷纷地自建社屋……"② 程沧波也提出，"我视察中国的新闻事业，如果要希望新时代的报纸，负起新时代的使命，必须使新时代的报纸尽量企业化。报纸本身必使成功一个独立的生产的企业，然后报纸的各种机能才能充分发挥。新闻事业在将来必然发达，新闻事业在将来也必然企业化，都是固定的趋势"，他特别强调国民党报人"不仅要拿笔杆子，还要拿算盘，用器仪"③。

办报观念的革新与资本力量的介入，推动着报社的架构与管理不断完善，技术与设备不断更新，发行与广告日益受到重视，报业的规模迅速提升。此时，《新闻报》的估值高达 120 万元，《大公报》的估值也达到 50 万元，在雄厚的经济实力支撑下，报刊不惜重金延聘名家主持笔政、以优渥薪水吸引办报人才，如《新民报》有"三张"（张恨水、张友鸾、张慧剑）"一赵"（赵超构），《大公报》有"文坛巨擘，报界宗师"之称的张季鸾，史量才、成舍我等报界巨头甚至自办专科学校培养新闻人才。同时报社引进先进的技术与设备提升生产效率，《大公报》斥 20 万元巨资购入德国大型高速轮转机一台，《申报》采用的何氏 32 页卷筒轮转机每小时就

---

① 刘家林：《中国新闻史》，武汉大学出版社 2012 年版，第 464 页。
② 邵力子：《十年来的中国新闻事业》，转引自胡太春《中国报业经营管理史》，山西教育出版社 1998 年版，第 56 页。
③ 程沧波：《新时代的新闻记者》，转引自蔡铭泽《中国国民党党报历史研究》，团结出版社 1998 年版，第 129 页。

第四章　中国共产党办报模式的差异根源

可印报 4.8 万份，可谓"运转如飞"。在此态势下，在国统区创办的《新华日报》继续沿用过去"编辑与出版相分离"的运作模式，因陋就简办报纸，实在难与企业化经营的各大报刊相抗衡。

《新华日报》充分认识到自身存在的诸多环境与条件限制，对于如何扬长避短作了充分谋划，提出并实践了"党性与人民性相统一"的原则与"报纸的眼睛首先看到的是读者"的观念，以政治性和战斗性诠释党性，适度淡化报刊的政治属性、强化新闻属性，通过"名家办报"丰富报纸内容，开辟专栏刊载各界稿件，定期征求读者意见改进报纸工作，真正做到了面向读者办报。同时顺应报界发展潮流，重视经营管理与经济核算，按照企业模式组织报馆架构，实现了编辑与出版业务在报馆架构下的重新统一，并出台详尽的规章制度推动与规范报馆的自我运作。尤为引人注目的是，《新华日报》在设备不占优势的情况下通过自力更生、艰苦奋斗不断改进报纸的技术形态，得以在重庆新闻界技术评比中傲视群雄，实现了"编得好、印得清、出得早、销得多"的目标。同时，凭借广告业务与多种经营的开源作用基本实现了报馆的自给自足。这些做法顺应了报业发展的潮流与规律，为中共报刊的发展提供了另一种方向与可能，许多理念和举措在中华人民共和国成立初期和改革开放后被继承与发扬，引导报业走向了企业化、集团化之路，是中共"城市办报"对于报刊事业发展的独特贡献。

第三节　必由之路：超越"工具论"的发展逻辑

自 1921 年中共创立到 1978 年改革开放，中共报刊工作基本沿着"报刊是阶级斗争的一种工具"的逻辑展开。但是，党报在不同的历史阶段应有不同的办报方针与管理方式，服务于不同的历史任务。[①] 改革开放四

[①] 单波、秦志希：《中国共产党新闻思想回顾（1921—2001 年）——新闻学专家访谈录》，《新闻与传播评论》2001 年第 1 期。

十年来，随着"革命思维"转为"执政思维"，"以经济建设为中心"取代"以阶级斗争为纲"，中共办报由工作成为事业，转而沿着"事业单位、企业化管理"的轨迹发展，推动了报刊发展的技术逻辑、社会逻辑、经济逻辑与政治逻辑的融合，并在这四个方面不断突破与发展。时至今日，我国媒介发展的环境与格局已发生根本性变化，网络信息技术的迅猛发展使得纸媒对受众的黏性大幅降低，仅 2018 年就有《北京晨报》《法制晚报》《湘潭晚报》《淮南晚报》《赣州晚报》等 42 家报纸无力前行、宣告停刊。要解决"在新形势下办好党报，在保持党性的前提下不断增强党报的影响力"的问题，必须厘清中共办报事业的发展逻辑，推动中共办报事业在新形势下不断取得新突破，顺应"社会发展的客观要求和必然趋势"。①

在中国共产党成立后的近六十年里，"工具论"在中共办报模式的核心位置，源于五四运动风潮中，报刊对于马克思主义的广泛宣传，为中共的创立做好了思想与干部方面的准备。在中共创立过程中，报刊作为凝聚党组织的精神核心，其社址是党员的集聚中心，实际成为党组织的所在地。建党前党与报刊这种血肉相连、水乳交融的关系，以及建党后办报成为党的主要工作②，使得中共将报刊视为"机关"，作为一种开展工作的方式，先后提出"思想机关论"与"罗针论"。1923 年 5 月，《新青年》由"一人之报"改组为"一党之报"，宣告："《新青年》是无产阶级的思想机关"，旗帜鲜明地表明要"突现极鲜明的革命色彩"③。自此，报刊作为党的机关的表述频繁出现于中共的文书之中。

大革命失败后，无产阶级与资产阶级的革命联盟破裂，国内的阶级矛盾更趋激化，1930 年《红旗日报》在发刊词中提出"在现在阶级社会里，

---

① 黄芝晓：《报业改革：党报改革的必由之路》，《复旦学报》（社会科学版）2003 年第 4 期。
② 王奇生认为："如果没有苏联的经费支持，陈独秀领导的中共恐怕停留在'杂志党'状态：就是一帮小知识分子办一份杂志，做一些笔头革命的工作而已。"参见王奇生《陈独秀：一位悲情的革命家》，《新京报》2013 年 8 月 17 日。
③ 瞿秋白：《〈新青年〉之新宣言》（1923 年 5 月），载《瞿秋白文集：政治理论编》第 2 卷，人民出版社 1988 年版，第 9 页。

第四章 中国共产党办报模式的差异根源

报纸是一种阶级斗争的工具"的观点。① 随着阶级矛盾的不断加深，负责中共宣传工作的张闻天在"工具论"的基础上，要求报刊强化战斗性，衍生形成"武器论"，指出："我们的报纸是革命的报纸，是工农民主专政的报纸，是阶级斗争的有力武器。"② 1944 年，毛泽东进一步丰富了"武器论"的内涵，提出："（报刊是）组织一切工作的一个武器，反映政治、军事、经济并且又指导政治、军事、经济的一个武器，组织群众和教育群众的一个武器。"③ 由于中共领导的解放战争带有鲜明的阶级革命色彩，1948 年 11 月中共再次强调："报纸刊物与通讯社是一定的阶级、党派与社会团体进行阶级斗争的一种工具，不是生产事业。"④

新中国成立后，为降低报刊的"散、滥"造成的严重损耗，中共提出了报刊企业化经营的方针，但这并不意味着"工具论"的松动。1954 年 8 月，中宣部明确表示："加强新闻出版单位的企业经营管理的目的，在于保证这些单位完成自己的政治任务；同时，在于使这些企业能够尽可能地为国家节省和积累建设的资金。"⑤ 该文件一度将新闻出版单位称为"企业"，但完成政治任务的重要性仍在减少经济损耗之前，作为中共报刊工作的基本导向。到 1957 年 10 月，中共确立"以阶级斗争为纲"的路线，《人民日报》为破解"官办官看"困局、推动"党性与人民性相统一"的改版中断，报刊再度成为阶级斗争的工具。到 1978 年改革开放之前，"工具论"已延续近六十年，决定着中共报刊的基本面貌。

就主客关系而言，"工具论"是一种典型的"以我为主"观念，结合

---

① 《〈红旗日报〉发刊词》，《红旗日报》1930 年 8 月 15 日。
② 张闻天：《怎样完成党报的领导作用？》（1931 年 2 月 21 日），载中国社会科学院新闻研究所编《中国共产党新闻工作文件汇编》（下），新华出版社 1980 年版，第 143 页。
③ 毛泽东：《报纸是指导工作教育群众的武器》（1944 年 3 月 22 日），载中共中央文献研究室、新华通讯社编《毛泽东新闻工作文选》，新华出版社 2014 年版，第 156 页。
④ 《中共中央关于新解放城市中中外报刊通讯社处理办法的决定》（1948 年 11 月 8 日），载中国社会科学院新闻研究所编《中国共产党新闻工作文件汇编》（上），新华出版社 1980 年版，第 189 页。
⑤ 《中宣部关于统一和加强国营、地方国营、公私合营报社、杂志社、出版社企业管理的指示》（1954 年 8 月），载中国社会科学院新闻研究所编《中国共产党新闻工作文件汇编》（中），新华出版社 1980 年版，第 341 页。

中共对于"报纸不仅是集体的鼓动员和集体的宣传员,而且是集体的组织者"的普遍共识不难发现,在这种观念中中共是主体,社会与受众是客体,报刊是主体作用于客体的工具,正如毛泽东所说:"报纸的作用和力量,就在于它能使党的纲领路线、方针政策、工作任务和工作方法,最迅速、最广泛地同群众见面。"① 这种关系意味着,只有当主体与客体在根本出发点上达成统一时,即中共能够真正"唤醒民众",让广大民众认识到中国共产党与中华民族、人民群众根本利益的同一性时,才能实现政治性与社会性的兼顾、"党性与人民性的统一"。但是,在封建统治长达千年之久的中国,"唤醒民众"必然要经过一个长期的过程。在"唤醒民众"的目标未完成之前,中共报刊很难完全达成"党性与人民性的统一"。

由于中共农村革命根据地面临的严峻形势,《新华日报》探索而成的"重庆模式"未能成为中共办报的主流范式,而是《解放日报》改版形成的农村办报模式推向全党。基于"要达到改造党的目的,必须首先改造党报的工作"的认识②,要使报刊成为党得心应手的工具,必须构建如臂使指的工作制度。中共深度介入报刊人员架构与业务管理、主导建立内部与外部稿件审查制度,使报刊与党同呼吸、共脉搏,有助于报刊更好完成党赋予的使命,但客观上造成在战争年代报刊形同党的"一个方面军",形成了"一切行动听候组织安排"、被动等待上级指示的新闻生产方式。③ 由于报刊是党的工具而非事业,中共对其秉承"实用"的态度,并不注重报刊的技术形态,导致党内出现"手工业式"的办报方式,这种"落后习惯,使我们有些同志醉心于油印机,醉心于个人谈话方式,醉心于办个独立刊物"④,塑造了中共报刊因陋就简、土纸油印的刻板印象,难以引起读

---

① 毛泽东:《对晋绥日报编辑人员的谈话》(1948年4月2日),载中共中央文献研究室、新华通讯社编《毛泽东新闻工作文选》,新华出版社2014年版,第190页。
② 逄先知:《毛泽东年谱(1893—1949)》(中),中央文献出版社2002年版,第368页。
③ 叶青青:《从农村办报走向城市办报——中国共产党执政初期的党报新闻制度构建》,博士学位论文,复旦大学,2011年。
④ 《党与党报》(1942年9月22日),载中国社会科学院新闻研究所编《中国共产党新闻工作文件汇编》(下),新华出版社1980年版,第57页。

第四章 中国共产党办报模式的差异根源

者阅读的兴味。在"整风运动"的风潮下,中共对于"同人办报"的猛烈批判,报刊因为忌惮"闹独立性"而丧失主观能动性,随之而生的严格管控层层束缚了报刊的手脚,消解了报刊改进业务、积极创新的动力,报刊的版面一成不变、毫无生气,内容四平八稳、缺乏活力,报刊市场呈现出日渐萎缩的态势,陷入了"官办官看"的尴尬境地。显然,"任何政策如果只同干部见面,不同群众见面,是不能发生效果的"①。

"报纸刊物与通讯社是一定的阶级、党派与社会团体进行阶级斗争的一种工具,不是生产事业"的论述表明,"工具论"排斥报刊的经济属性,这种思想在中国近代报刊发展过程中有着深厚渊源。20世纪前,报界普遍存在"尚义轻利"的思想,报刊主要作为表达观念的载体,经营上大多因陋就简,中共报刊与其他报刊并无太大差别。到20世纪30年代,国内报刊包括国民党党报相继探索企业化经营,经营管理受到前所未有的重视,也促使报刊发展规模的迅速扩张。由于长期依赖组织拨款,中共报刊普遍缺乏经济核算意识与自我造血能力。到土地革命时期,随着"工具论"的提出,中共报刊的自我造血能力进一步弱化,导致办好报刊更多出于政治使命而非经济压力。虽然这两种驱动同样是为了办好报刊,但政治使命驱动下的报刊往往倾向于"收",着眼于树立正确的政治导向,发挥报刊的舆论导向作用,故而需要取舍和约束报刊的刊载内容,抑制办报人员彰显个人色彩、"成名成家"的冲动,以及报刊提高售价、迎合市场、刊登广告以谋求经济利益的冲动,难以真正形成对办报人员的激励机制;而经济压力驱动下的报刊往往倾向于"放",注重革新报刊的技术形态,以丰富多彩的内容吸引更多的读者,以广告业务和多种经营增加收入来源,让报刊进入自给自足、自负盈亏的良性循环。《新华日报》的办报实践已经证明,在我国报业企业化经营改革启动后,中共报刊"党报合一"的形态、"手工业"办报的方式、单纯依靠党组织输血已落后于报业发展的潮流,

---

① 邓小平:《在西南区新闻工作会议上的报告》(1950年5月16日),载《邓小平文选》第1卷,人民出版社1994年版,第145页。

没有面向全国发行的造血能力和不断改革创新的内生动力，缺乏吸引全国各地区、各阶层读者的丰富内容，就难以使中共报刊真正成为全国性报刊，更不用说树立中共报刊的主流媒体地位与舆论主导作用。

中共办报模式的演变历程表明，中共报刊的发展存在三种逻辑：作为政党工具的报刊、作为社会公器的报刊①、作为生产事业的报刊。在革命时期，中共报刊发展的主要逻辑是"作为政党工具"，其他两种逻辑的影响相当有限。但是新中国成立前中共城市办报的经验表明，"工具论"存在"以我为主"的诸多缺陷，难以在中共成为全国执政党后，通过报刊在全国范围内确立其意识形态和社会舆论的主导地位。加之时代在变化，报刊的使命任务也应随之变化，正如于右任所说："昔日未破坏时，先以破坏自任；今日未建设时，犹当先以建设自任。"② 越革命时期而进入建设时期，中共办报必须实现对"工具论"的超越，兼顾报刊发展的三种逻辑，不可偏废。

如果单纯将报刊作为党的工具，容易造成报刊自主意识的削弱，以及报刊工作者"一切行动听指挥"的被动态度；在报道宣传过程中"以我为主"，忽视如何服务群众的新闻需求、如何更好地使党的方针政策为群众所接受。最典型的例子就是，连人民解放军进驻北平入城式这种具有标志意义的重大事件，由于"没有接着总社的通知"，北平分社没有立即发布相关报道，而是直至深夜"仍未把整个入城式报道完结"。对此，中宣部批评道："这种缺乏时间观念和不善于争取时间的现象，无论在各总分社和分社以至总社本身都长期严重存在，这不仅是技术问题，这是我们政治上不够敏锐，工作态度不够认真负责，在工作作风上疲沓粗疏的结果。"除了这些问题之外，根本原因在于中共意识形态主管部门要求"争取时间仍应先求内容准确无误"，越是重大事件，抢先报道就越要冒着巨大的政

---

① 李达充分肯定中共报刊的社会属性，指出："新闻事业，是一种活的社会事业，是现在新的、活的、社会情况的写真。"他认为，无论是政党或者团体的机关报，还是营业性报纸，尽管各有一定的主义和见解，但是报纸普通而重要的主旨，在于反映日日新发生的事实，使读者了解人事发展、社会变动的真相。参见《报与史》，《顺天时报》1923年8月30日。

② 于右任：《于右任答某君书》，《民立报》1912年9月13日。

第四章 中国共产党办报模式的差异根源

治风险，这就不难理解许多报刊发稿前习惯于"等一等""放一放"，被动的新闻生产方式由此而生。为确保正确的政治导向，报刊的议程设置必须经过内部与外部的层层把关与过滤，难免导致报刊内容覆盖面的不断缩小及新闻性与政治性的此消彼长，很可能使报刊陷入"官办官看"的困境。此外，党与报刊的高度同一，难以发挥报刊应有的"守望"与"外脑"功能。

如果单纯将报刊定位为社会公器，报刊会以受众需求为导向，以社会进步为己任，"眼睛里首先看到的是读者"，尽可能提升报道的新闻价值，满足读者的多种信息需求。随着社会分工的不断加深、社会阶层的日益分化，为满足不同类型的受众需求，报刊的内容必然向着更加丰富多元、形式向着更加求新求变的方向发展。但为了满足读者的信息需求而倡导"有闻必录"，很有可能会再现《新华日报》对于国民党的"大捧"和"头条大题"的政治导向错误。失却了政治敏感性的党报，也就失去了安身立命之本。此外，由于有价值的严肃报道往往给读者带来的是"延时满足"，而吸引眼球的猎奇内容带来的是"即时满足"，后者无疑要较前者更受读者青睐，更符合报刊捕获受众注意力的目的，易导致报刊的庸俗化。

如果单纯将报刊定位为生产事业，那么经济效益就会成为报刊的首要追求。在经济效益的驱动下，报刊往往会丰富内容、革新技术、优化形态、改进架构、引入资本、拓展经营、积极竞争，为受众提供质优价廉的产品，向着企业化、规模化、集团化的方向发展，成为支撑经济发展的重要产业。但单纯对于经济效益的追求，可能引发报刊的无序竞争，重现抗日战争时期和新中国成立初期报刊的"散、滥"现象。为了最大限度地追求经济利益，报刊还有可能故意混淆新闻与广告的界限，损害广大读者的利益。早在 20 世纪 30 年代，在报业"逐渐在企业化的路上推进"之时[1]，就有报人敏锐地意识到："自由企业化已违背新闻服务社会的本旨"[2]，19 世纪末 20 世纪初美国"黄色新闻"大泛滥和改革开放初期我国"有偿新

---

[1] 邵力子：《十年来的中国新闻事业》（1937 年 7 月），载中国文化建设协会《抗战前十年之中国》，龙田出版社 1948 年版，第 483 页。

[2] 觉群：《中国现代所需要的新闻事业》，《警醒半月刊》1934 年第 7 期。

闻"的泛起都已证明经济逻辑的弊端。

在新的历史时期，要解决"在新形势下办好党报，在保持党性的前提下不断增强党报的影响力"的问题，归根结底在于明确党报发展的基本逻辑，避免报业陷入"一管就死、一放就乱"的怪圈。历史经验与现实启示表明，解决问题的关键在于实现中共报刊三种逻辑的殊途同归，在更加宏观的尺度上实现党性与人民性相统一、经济效益与社会效益相统一。对于如何实现党性与人民性的统一，1926年中共在《我们今后怎样工作》中发表的观点可供参考："群众有时很糊涂，我们便不能太过聪明，使他们离开我们，这时我们不妨也随着糊涂一点，引导他们由糊涂的路走到聪明的路。"[①] 历史证明，在"群众有时糊涂"的时候，报刊不能单纯俯就群众，而更应该保持清醒，这样才能"引导他们由糊涂的路走到聪明的路"。但这并不意味着报刊的"每篇论文，每条通讯，每个消息中都能贯彻党的观点、党的见解"[②]，为满足"唤醒民众"的历史使命而暂时牺牲读者的现实需求，而应当"告诉人民以真实的消息，启发人民的思想，叫人民聪明起来"[③]，"要力求使得群众的觉悟性不断地因为我们报纸的工作而提高，而不是继续保持在那个水平上，或甚至更加降低"[④]。要实现"党性"与"人民性"的统一，就应当既是"党的报纸，也是人民的报纸"[⑤]，在报刊"与整个党的方针政策党的动向密切关联，呼吸相通"的前提下，以人民的"利害"而非"好恶"为标准，"对人民有利的，我们要坚决的主张，对人民不利的，我们要毫不容情的反对"[⑥]，当群众在党与党报的引导下

[①] 中央统战部、中央档案馆编：《中共中央第一次国内革命战争时期统一战线文件选编》，档案出版社1991年版，第202页。

[②] 博古：《致读者》，《解放日报》1942年4月1日。

[③] 陆定一：《报纸应革除专制主义不许人民说话和造谣欺骗人民的歪风》，《新华日报》1946年1月11日。

[④] 《中央人民政府新闻总署署长胡乔木在全国新闻工作会议上的报告》（1950年3月29日），载中国社会科学院新闻研究所编《中国共产党新闻工作文件汇编》（中），新华出版社1980年版，第52页。

[⑤] 《致读者》，《人民日报》1956年7月1日。

[⑥] 胡乔木：《人民的报纸》，《新华日报》1945年12月30日。

第四章 中国共产党办报模式的差异根源

"走到聪明的路"时，报刊就能够"把党的理论和路线方针政策变成人民群众的自觉行动，及时把人民群众创造的经验和面临的实际情况反映出来，丰富人民精神世界，增强人民精神力量"①，不断实现"党性"与"人民性"的统一。

《向导》《热血日报》《新华日报》《人民日报》的经验表明，社会效益同样是中共报刊的安身立命之本。正因为新中国成立前中共报刊始终以"团结全国人民战胜日本帝国主义"②"争取民族生存独立的伟大的斗争""独立自由幸福的新中国之实现"③"解放中国，使中国最大多数的工农贫民自己得到政权，开辟真正社会主义建设的道路"④为己任，以成为"全国工农群众自己的报纸"为愿景⑤，才得以被群众誉为"福音、木铎、救命符、黑暗的中国的一颗明星、茫茫黑夜中的一座灯塔、两千年来历史上破天荒的荣誉作业"，得到他们真心拥护。

当《向导》周报陷入入不敷出的困境时，许多读者纷纷捐款以示支持，有读者表示："知贵报因经费支绌，几有不支的形势。我见了，不由得心中起无限的恐惧和忿恨。黑云密布的中国，这点微微的灯光，也要灭迹吗？……我虽然没有随着诸位先生做点革命的事业，但是对诸位先生的言论和行动，却表无限的同情。我现在很愿意将我每月十余元的薪水，按月一元供给贵报……我尤其盼望诸位先生忍辛含苦，坚持不懈，看光明战胜黑暗？黑暗战胜光明？我更想拿贵报的存在与否，做我国国人人格的'试金石'，如果贵报因经费支绌，不能得大多数群众的援助，那末，这四

---

① 《坚持正确方向　创新方法手段——提高新闻舆论传播力引导力》，《人民日报》2016年2月20日。
② 《延安〈解放日报〉发刊词》（1941年5月16日），载中国社会科学院新闻研究所编《中国共产党新闻工作文件汇编》（下），新华出版社1980年版，第31页。
③ 《〈新华日报〉发刊词》（1938年1月10日），载中国社会科学院新闻研究所编《中国共产党新闻工作文件汇编》（下），新华出版社1980年版，第27页。
④ 《〈布尔塞维克〉发刊露布》（1927年10月），载中国社会科学院新闻研究所编《中国共产党新闻工作文件汇编》（下），新华出版社1980年版，第17页。
⑤ 向忠发：《〈红旗日报〉发刊词——我们的任务》（1930年8月10日），载中国社会科学院新闻研究所编《中国共产党新闻工作文件汇编》（下），新华出版社1980年版，第21页。

万万同胞，真可说是'麻木不仁''牛马无异'了。可敬可爱可怜的四万万同胞，当真如是吗？"①

"兀立高呼，纳救国运动于正轨，作被压迫民众之喉舌"的《热血日报》一经出版，就受到群众的热烈拥护，"出版十期，销数即达三万，投稿、通信与亲来接洽者日以百计，此固由于本报之敢言，亦足见民心之未死"②。当《布尔塞维克》继《向导》后重新扛起中国共产党的旗帜时，读者为之欢欣鼓舞："自从《向导》停刊后，我常感觉孤寂，仿佛失却一件东西似的，每遇重大政治问题辄觉徘徊歧路无所适从；自从看见《布尔塞维克》后，胸中许多块垒为之大消，似乎从此又有了明灯了！敬祝布尔塞维克精神胜利！"③当《热血日报》《红旗日报》《新华日报》等中共报刊受到当局迫害时，许多读者冒着被殴打、关押甚至生命危险传看、散发报纸，写信、捐款支持报纸出版，足以见得这些报纸在群众心目中的地位。

由于中共报刊始终站在国家与民族利益的立场，最终成为影响国共两党人心向背的关键因素，使得国民党在"内外交谪之下，士气消沉，人心颓丧，利害混淆之中"加速溃败。然而，中华人民共和国成立前中共报刊却始终受到经济因素的制约与困扰，《向导》负责人蔡和森曾提到："出版《向导》的全部问题，现在不在于政治上的镇压，因为现在中国没有一种力量，无论是帝国主义或是军阀，能够封闭《向导》，问题只在于经费。"④由于缺乏自给自足的能力，许多中共报刊因经费问题而"旋起旋落"。当《向导》通过强化核算、减少赠阅的方式降低亏损之后，从最初发行3000份就几欲不支到发行量最高接近10万份。当中华人民共和国成立初期《人民日报》通过企业化经营改革基本实现自负盈亏之后，其发行量从1949年的9万份迅速上升为1956年的83.4万份、1966年的219.3万份，

---

① 《读者之声》，《向导》1923年2月27日。
② 《热血日报》启事，《热血日报》1925年6月16日。
③ 易囊萤：《欢送已脱离共产党的党员！》，《布尔塞维克》1927年10月31日。
④ 《本报启示》，《向导》1922年9月27日。

第四章 中国共产党办报模式的差异根源

上缴国家的利润由1956年的60万元提高到1965年的680万元。[①] 可见，党报经济实力的增强与生产规模、社会影响的扩大正相关，有助于报刊树立自身的主流地位，更好地完成党交付的使命。

早在1980年，《羊城晚报》就提出了"姓党、姓晚、又姓羊"的办报原则，对报刊发展多种逻辑的统一作出了探索。如今，中国特色社会主义已进入新时代，传媒格局、舆论环境、受众对象、传播技术正发生深刻变化，舆论话语权、网络控制权、信息发布权、规则制定权、文化领导权方面的争夺已成为国家综合国力竞争的焦点，"党的意识形态和新闻舆论工作必须创新理念、内容、体裁、形式、方法、手段、业态、体制、机制，增强针对性和实效性，要适应分众化、差异化传播趋势，加快构建舆论引导新格局"[②]。在宏观层面，须坚持党对党报的领导，坚持正确的政治导向，在国际意识形态竞争中"以我为主"，发出"中国声音"。在中观层面，须服务最广大人民群众的根本利益，满足人民群众的多种信息需求，引导人民群众"走向聪明的路"。在微观层面，应肯定报刊的媒介与经济属性，将报刊作为推动经济发展与社会进步的重要产业，鼓励并支持党报不断增强实力，在国际舆论场中占据更加有利的位置。这三个层面的融合，有赖于推动中华民族伟大复兴与人民对于美好生活的向往相结合，将党和人民的根本利益统一于"国计民生"这个"最大公约数"，在大是大非的原则性问题上加强党对舆论的引导，在有利于社会进步的前提下尽量满足读者的多元需求，在宏观与中观层面实现党性与人民性的统一；将服务读者需求和促进党报发展的目标相结合，通过业界竞争实现办报资源的优化配置和读者需求的最大满足，更加注重对于读者需求的"延时满足"而非"即时满足"，做到贴近而不逼近、温情而不煽情、通俗而不低俗，在中观与微观层面实现社会效益与经济效应的统一。

一言以蔽之，在党报发展存在多种逻辑的情况下，要解决"在新形势

---

① 胡太春：《中国报业经营管理史》，山西教育出版社1998年版，第174、175页。
② 《坚持正确方向 创新方法手段——提高新闻舆论传播力引导力》，《人民日报》2016年2月20日。

下办好党报，在保持党性的前提下不断增强党报的影响力"的问题，应当超越"工具论"的一元引导，推动政治导向的引导、读者需求的满足、党报事业的壮大的有机结合，这是中共办报事业通过"城市办报"与"农村办报"的探索历程带给我们的重要启示，也指明了中共办报模式的未来走向。

余论　中华人民共和国成立后中国共产党办报模式的演进

1949年中华人民共和国成立，是中华民族命运的重大转折，标志着中国共产党由革命党开始转变为执政党。自此，中共的工作中心由农村转向城市，主要任务由革命转为建设，对于如何在城市办好报刊进行了诸多探索、形成了系列指导意见。中华人民共和国成立前，在中共办报模式的演进过程中，地理环境影响成为中共报刊在"党报姓党"原则下呈现出不同形态的关键因素，形成了"白区办报"与"红区办报"、"农村办报"与"城市办报"的分型。中华人民共和国成立后，中共由区域办报转为全国办报，目标导向逐渐取代地理因素，其主要目标历经多次转化，从巩固新生政权、实行社会主义改造，到以阶级斗争为纲，再到以经济建设为中心，到全面建成小康社会、实现中华民族的伟大复兴，引导形成了中共办报的过渡模式、斗争模式、建设模式与整合模式。

一　内求于己、外求苏联的过渡模式

1948年，随着"三大战役"的打响，全国大批中心城市相继解放，如何处理各中心城市的原有新闻媒介，同时取得"枪杆子"和"笔杆子"的胜利，成为中共面临的重要问题。由于"在城市办报的经验还不多"[①]，为尽快构建覆盖全国的报刊网络，中共基本沿用了《解放日报》

[①] 中国社会科学院新闻研究所编：《中国共产党新闻工作文件汇编》（上），新华出版社1980年版，第201页。

改版形成的办报模式。但正如毛泽东所说:"延安办报,历史也很短,全国性办报就没有经验。"① 这一时期报刊普遍出现的经济损耗与"官办官看"的问题,很大程度是农村办报经验嫁接于城市办报实践产生的排异反应,引发了报刊工作内求于己、外求苏联的探索历程。出于革命思维惯性,中共认为"报纸刊物与通讯社是一定的阶级、党派与社会团体进行阶级斗争的一种工具,不是生产事业"②,否定了报刊作为"生产事业"的发展方向,为中华人民共和国成立初期的办报实践奠定了基调。

1949年4月到9月,通过对解放城市新闻媒介的接收与改造,《山西日报》等11份省委机关报先后成立。基于"新闻宣传工具,绝大部分是反动派所掌握的"的论断,中共并未大量沿用、接收报刊原有工作人员③,一时间"新闻干部全国各地均感不敷"④,连《人民日报》都两度向全国征调新闻人才。在革命时期的艰苦环境下,中共因陋就简办报刊,留下了"八匹骡子办报"的佳话,但也造成为数不多的报刊工作者有在农村办报的经验,但未在城市办过报纸,"没有见过这么大的市面"⑤。进入城市的全新办报环境,多数报刊不仅缺乏经营管理经验,连开展基本业务都成问题。为保障报刊完成维护新生政权的使命,中共实施"党与政府报刊通讯社的经济来源,除销售与广告收入外,可注明由党与政府补助"的政策⑥,为迅速构建覆盖全国的报刊网络奠定了基础,但也为报刊普遍出现损耗埋

---

① 中共中央文献研究室编:《毛泽东文集》第7卷,人民出版社1990年版,第264页。
② 中国社会科学院新闻研究所编:《中国共产党新闻工作文件汇编》(上),新华出版社1980年版,第189页。
③ 中共提出:"在被我党所接收的新闻宣传机关中,对旧有人员不能采取一律留用的政策,而应当采取慎重的甄别留用,和有步骤地使用的政策。"从其要求各地省委、市委在一处的报纸予以合并以及"有经验有成绩的新闻干部一般的不应改变工作"指示来看,此时中共并不具备足够能"挑大梁"的办报人才。参见中国社会科学院新闻研究所编《中国共产党新闻工作文件汇编》(上),新华出版社1980年版,第190、283、292页。
④ 中国社会科学院新闻研究所编:《中国共产党新闻工作文件汇编》(上),新华出版社1980年版,第283页。
⑤ 李庄:《四十年间三大事》,《新闻战线》1988年第6期。
⑥ 中国社会科学院新闻研究所编:《中国共产党新闻工作文件汇编》(上),新华出版社1980年版,第187页。

余论　中华人民共和国成立后中国共产党办报模式的演进

下了伏笔。

由于帝国主义的长期掠夺、官僚资本的竭力搜刮、长期战争的严重破坏，国民党留下的是一个工农业生产下降、交通运输阻塞、物质严重缺乏、人民生活困苦的"烂摊子"。历史证明，新闻事业的规模应与经济发展的水平相适应。1942年，中国共产党各级组织都掀起了办报的热潮，结果"大多数报纸杂志，显示出分工不明，彼此重复，数量多而质量差，形式铺张而内容贫乏的严重弱点"①。加之国民党对解放区的全面封锁，物资严重匮乏，中共很快意识到"日刊及同时数个报纸之存在，徒耗人力、物力，在目前环境内是不适合的"②，通过对报刊的"精兵简政"减轻了财政负担。中华人民共和国成立初期，"因为从国民党那里接收了很多报纸"，报刊的"散、滥"现象再次出现，"有的一个县就有几种"，"有的系统一个部出版几种报刊，一个局、一个处（甚至招待处）也出版报刊"③，"结果是许多报刊分工不明，对象不清，内容重复，既浪费了人力物力，又达不到广泛教育干部与群众的目的"④。

限于经济条件，当时自费订报的读者少之又少，就连上海也只有10%的报纸由个人自费订阅，其他部分要靠组织摊派，不仅"报纸经营者感觉到困难"⑤，国家财政也不堪重负。⑥而发行方面"报社各搞一套，在人力、物力、财力上都是严重浪费"⑦，加之普遍缺乏经营管理经验，没有经

---

①　中国社会科学院新闻研究所编：《中国共产党新闻工作文件汇编》（上），新华出版社1980年版，第114页。

②　中国社会科学院新闻研究所编：《中国共产党新闻工作文件汇编》（上），新华出版社1980年版，第128页。

③　陆定一：《陆定一全集》，人民出版社1992年版，第453页。

④　中国社会科学院新闻研究所编：《中国共产党新闻工作文件汇编》（中），新华出版社1980年版，第210页。

⑤　丁贤才编：《探索——新民晚报研究文集》，文汇出版社1990年版，第16—17页。

⑥　直到1956年，全国报纸个人订户仍只有20%左右，按当时报纸平均售价对开4版一份400元估算，报纸总售价约50亿元左右，其中80%以上都由公费承担，而1956年全国国民生产总值仅1028亿元，可见公费订阅给国家财政带来的负担，这还不包括办报所需的纸张、油墨和人力成本。

⑦　中国社会科学院编：《中国新闻年鉴1982》，中国新闻年鉴出版社1982年版，第60页。

济核算意识，轻视发行广告收入，普遍出现损耗。据《人民日报》等16家报纸的损耗估算，全国226家报纸的损耗可供给500万人（约为全国人口百分之一）的口粮。① 在财政极度困难的情况下，势必要降低办报损耗。1949年12月，新闻总署召开全国报纸经理会议，提出"全国一切公私营报纸的经营，必须采取与贯彻企业化的方针；公营报纸必须把报社真正作为生产事业来经营，逐步实行经济核算制"②，开启了报刊企业化经营探索。在国民经济总体朝计划方向发展的形势下，其举措不可避免地带有计划色彩，包括统一配纸、邮发合一、计划发行、限制售价、强化核算、严控补贴等。同时，各报刊适当调整报价、注重广告业务、开展多种经营，基本实现减少或消灭损耗的目标。

在中华人民共和国成立初期的严峻政治、经济形势下，对报刊工作倾向于收紧而非放宽，通过建立"共产党领导的中央行政计划主导的国营媒体网络"③，将报业的生产与消费两端及所有业务环节都纳入计划调控的范畴，以实现报刊的收支失衡，结果造成"报刊发行定额控制太死，零购读者买不到报刊，农村读者看堆报，经营成为'边角工作'"等问题。④ 同时，为维护政权稳定，1948—1949年各部门就宣传工作发布了近百份文件，全面执行"看大样"与稿件送审制度，要求涉及全国性或全党性问题的言论必须报中央批准，同时就土改政策、自然灾害、敌军起义、物价波动的宣传进行了指导，对于战报发布、报道用语、数字运用、新闻写作等方面提出了具体要求。报刊普遍照登新华社的新

---

① 中国社会科学院新闻研究所编：《中国共产党新闻工作文件汇编》（上），新华出版社1980年版，第294页。
② 张之华主编：《中国新闻事业史文选》，中国人民大学出版社1999年版，第840页。
③ 华东师范大学中国当代史研究中心编：《中国当代史研究》第1辑，九州出版社2009年版，第41页。
④ 按照新闻总署发布的《各种公营报纸员额编制细表》，按照规模大小，甲、乙、丙三种报纸营业人员限定为2—4人，丁种报纸限定为1—2人，这四种报纸的人员总数（除勤杂人员外）分别为83—115、61—85、44—65、25—35人，可见经营工作在报社中只占据极小比重。参见中国社会科学院新闻研究所编《中国共产党新闻工作文件汇编》（中），新华出版社1980年版，第72—74、264—268页。

余论 中华人民共和国成立后中国共产党办报模式的演进

闻通稿①，削弱了地方报刊、专业报刊的特色，形成了"千报一面"的景象。新闻属性与政治属性的消长，降低了民众读报的兴味，民众普遍认为党报"只是给高级干部和知识分子看的"②，导致党报在"群众中缺乏基础"③。首任国家新闻总署署长胡乔木批评道："任何报纸它都要力求成为群众的报纸……而不是像发文件一样地编号发给少数干部，而不是只讨论干部中间的问题。"④ 这成为日后《人民日报》改革的靶向。

在解决报刊损耗问题的同时，为弥补全国办报经验的欠缺，中共先期沿用"延安模式"以稳定局势，随后在"一边倒"的情况下向苏联寻求借鉴。起初，农村办报经验被直接嫁接于城市办报实践，许多新闻工作者未能及时调整工作方式，"惯于直接代党政机关发言，进行自上而下的指导"，对于新的形势与要求显得束手无策；新闻报道形成了"相当普遍的公式……读起来味同嚼蜡，看不出运动的发展"⑤。这种问题缘于新加入新闻战线的工作者普遍缺乏新闻写作经验，只能模仿过去农村办报的报道范式，也缘于在严密的工作纪律与审稿制度下，新闻工作者形成了被动的新闻生产方式，使之成为罗列而不是消化材料的"简单的技术工作"⑥。"这种表现形式，不能认为是新闻通讯，即把它当作党内的工作报告，也是拙劣的，使人读而生厌的，必须加

---

① 1950年1月12日，新闻总署规定："一般大报对新华社所发表的各种有特别重要性的稿件，如政府公告，外交文书，社论和重大的政治外交新闻等，不得节删。通俗报和小型报对于最重要的公告亦不得节删，但可附加通俗解释。"参见中国社会科学院新闻研究所编《中国共产党新闻工作文件汇编》（中），新华出版社1980年版，第31页。何为重要稿件难以界定，造成各类报刊或为了省事或担心违反纪律，普遍性地照登新华社通稿。

② 如20世纪50年代初，《人民日报》编辑部就有一个不成文的流行说法，"人民日报是办给县以上领导干部看的"。见刘家林《新中国新闻传播60年长编：1949—2009》（上），暨南大学出版社2010年版，第59页。

③ 伍静：《党报的另一种传统：延安〈解放日报〉与重庆〈新华日报〉的比较及不同命运》，《新闻记者》2015年第11期。

④ 中国社会科学院新闻研究所编：《中国共产党新闻工作文件汇编》（中），新华出版社1980年版，第46页。

⑤ 李庄：《四十年间三大事》，《新闻战线》1988年第6期。

⑥ 中国社会科学院新闻研究所编：《中国共产党新闻工作文件汇编》（中），新华出版社1980年版，第51页。

以改进。"①

　　基于"我们的宣传工作，这样不完备，规模这样小，制度这样不备"的自我认识②，在"学习以《真理报》为代表的苏联报纸工作经验"过程中③，"人皆可为尧舜，报皆可为《真理》"的观念逐渐形成④。1950年1月4日，《人民日报》开辟专刊定期介绍苏联经验，在内部学习中将《真理报》整版译成中文加以模仿，作为"报纸的报纸"对全国报刊起到了表率作用。随着中苏合作的深化，两国新闻界交往日益密切，我国新闻界掀起了学习苏联经验的高潮。在此过程中，广大新闻工作者加深了对列宁、斯大林无产阶级新闻理论的认识，强化了新闻工作的党性观念，在编辑、采访、写作、发行等方面找到了办全国性报纸的典范，报刊业务水平有了明显提高。但是，在"一边倒"的情况下，对于苏联经验"不分好坏，不看条件，一律接受，一律学习，一律照搬"⑤，既学习到了苏联的先进经验，也"学习了《真理报》的负效果"。报社"力图打造没有错误的报纸"，照搬苏联报刊竖排六栏的版面、两栏的大字标题、每天一篇社论的固定版式，"抛弃讲究立意遣词的好传统"，多数报刊内容枯燥、讨论稀少、语言生涩、形式呆板，显得了无生气，"导致报刊不能令人满意，跟不上领导的要求，包括报社工作人员，对当时的报纸都不满意"⑥。毛泽东剖析："苏联的经验只能择其善者而从之……如办报纸，搬《真理报》的一套，不独立思考，好像三岁小孩子一样，处处要扶，否则就丧魂失魄。"⑦农村办报经验在城市办报实践中的生硬嫁接，以及随后对苏联办报经验的盲目照搬，造成了严重的水土不服。

---

　　① 中国社会科学院新闻研究所编：《中国共产党新闻工作文件汇编》（上），新华出版社1980年版，第375页。
　　② 周扬：《周扬文集》第2卷，人民文学出版社1985年版，第78页。
　　③ 胡绩伟：《胡绩伟自述》第1卷，卓越文化出版社2006年版，第380页。
　　④ 人民日报报史编辑组：《1948—1988：人民日报回忆录》，人民日报出版社1988年版，第86页。
　　⑤ 新华社新闻研究所编：《新闻工作文献选编》，新华出版社1990年版，第117—118页。
　　⑥ 李庄：《四十年间三大事》，《新闻战线》1988年第6期。
　　⑦ 毛泽东：《毛泽东文集》第7卷，人民出版社1990年版，第366页。

余论　中华人民共和国成立后中国共产党办报模式的演进

1949年至1956年，无论对于中共还是中华人民共和国而言都是过渡时期。中共由区域执政党转化为全国执政党，报刊发行范围迅速扩大，产生了对全国办报经验的迫切需求，引发了农村经验的生硬嫁接及苏联经验的盲目照搬。国家由多灾多难的旧中国转化为百废待兴的新中国，对原有非党报刊的接收，造成报刊的"散、滥"现象，使得中共再次采用解放战争时期的"精兵简政"举措并借鉴《新华日报》的企业化经营经验，压减了经济损耗。无论是前期的巩固新生政权，还是后期的社会主义改造，都客观要求中共强化对局势的掌控，报刊企业化经营探索归于计划管控。过渡时期的多重转化，导致中共办报模式呈现出复杂的机理，既在沿用《解放日报》改版经验的基础上融入苏联办报经验，又在经营管理方面部分借鉴重庆《新华日报》经验，形成了"城市办报"与"农村办报"、"企业经营"与"计划管控"杂糅的面貌。

这种"过渡模式"的内涵可归纳为：党性原则方面，报刊是"执政党及其国家意识形态的宣传工具"[1]，是实现党对群众领导的最重要助手[2]；奠定了报刊受同级党委的领导，"四级办报、两级审批"[3]，但企业经营"原则上由中央人民政府出版总署和各级出版行政机关统一管理"的"纵横交错"管理体制。内容策略方面，服务巩固政权与生产建设，普遍照登新华社通稿，以会议新闻、政治新闻、经济新闻为主，加之少量本地新闻、社会新闻，鼓励开展批评与自我批评，但"不得批评同级党委"。技术形态方面，一改过去因陋就简、土纸油印的形态，普遍采用白纸铅印，形成竖排六栏的版面、两栏的大字标题、每天一篇社论的版式，后期排版

---

[1] 华东师范大学中国当代史研究中心编：《中国当代史研究》第1辑，九州出版社2009年版，第41页。

[2] 中央宣传部办公厅编：《党的宣传工作会议概况和文献（1951—1992）》，中共中央党校出版社1994年版，第68页。

[3] 1954年10月25日通过的《中共中央关于改进报纸工作的决议》指出，"中等以上城市报纸和地委报纸的创办应经过省委的决定和中央的批准；县级报纸的创办应由省委批准，并报中央备案。基层生产单位，首先是巨大的工厂或企业创办报纸，须经省（市）委批准，并报中央备案"。参见中央宣传部办公厅编《党的宣传工作会议概况和文献（1951—1992）》，中共中央党校出版社1994年版，第81页。

由竖排改横排。经营管理方面,将经营作为"边角"工作,通过邮发合一、统一配纸、计划发行、限制售价、强化核算、严控补贴、公费订阅调控办报活动,大力推动报刊由城市向农村覆盖延伸。总体而言,中华人民共和国成立初期办报模式的诸多改革,仍是以政治目标为根本遵循[①],企业化经营探索只出于降低损耗的考虑。由于报刊的商品属性未能得到肯定,也就无法真正确立"官办民看"的办报导向。

二 上下联动、导引舆论的斗争模式

1956年9月,中国共产党第八次全国代表大会宣告社会主义改造基本完成,我国的经济结构、阶级关系发生了根本变化,开始由新民主主义社会向社会主义社会过渡,国内的主要矛盾已经由工人阶级和资产阶级之间、社会主义道路和资本主义道路之间的矛盾转化为先进的社会主义制度同落后的社会生产之间的矛盾,党的工作重心转向社会主义建设,这些历史性转变与政策为报刊工作突破"工具论"提供了依据。"以建设为自任"的转向及破解"官办官看"的困境,成为《人民日报》改版的主要导向。然而,对"工具论"的突破,弱化了"延安范式"下党对报刊的高度控制,在阶级斗争再次提上日程时难免与形势相左,导致《人民日报》改版的中断与转向。

在社会主义改造和首个五年计划完成,国内政治、经济形势向好发展,党的工作重心转为社会主义现代化建设的背景下,针对此前办报模式存在的种种不足,《人民日报》形成了党性与人民性相统一、政治性与新闻性相统一的改版思路,得到了中央的认可与推广。1956年7月1日,《人民日报》宣告改版,明确扩大报道范围、开展自由讨论、改进文风的改版方向,推行扩版增容、多发新闻、喜忧皆报、自由讨论、开展批评、强化广告等改版举措,试图向"官办民看"的方向转变,得到了群众的热烈反响。8月,中共中央批转《〈人民日报〉编委会向中央的报告》,认为"《人民日报》改进工作的办法是可行的。中央还希望各地党委所属的报纸

---

① 李庄:《四十年间三大事》,《新闻战线》1988年第6期。

余论　中华人民共和国成立后中国共产党办报模式的演进

也能够进行同样的检查，以改进报纸的工作"[1]。中共再次以文件的形式向全党推广本已处于"报纸的报纸"地位的《人民日报》的改版经验，意味着其办报模式即将发生重大改变。

对于当时的中共而言，社会主义现代化建设并无太多经验可循，为此党的领导人进行了诸多探索，形成了目标层面统一、操作层面多元的建设思路。1956年6月20日，《人民日报》发表了题为《要反对保守主义，也要反对急躁情绪》的社论，提出"下面的急躁冒进有很多就是上面逼出来的"[2]。虽然"上面"未有具体所指，但无异于对"大干快上"政策的公然批评，成为随后其改版中断的伏笔。1957年3月，全国宣传工作会议强调："在阶级消灭之前，不管报纸、刊物、广播、通讯社都有阶级性，都是为一定阶级服务的"，现时"还有阶级斗争，主要是在政治线上和思想战线上的阶级斗争，而且还很尖锐"[3]。无论是因为重提"阶级斗争"与"实现社会主义现代化"总目标以及与《人民日报》"增强新闻性、减少政治性"改版思路相抵触而有意淡化处理，还是因为工作人员政治敏感性不强导致的疏忽，《人民日报》未对该会议作详细报道，引发了相关领导的强烈不满，对报纸作出严厉批评，要求"中央每一重要措施，报纸宣传都得有具体布置"[4]。《人民日报》的改版被迫中断，回到大革命时期"机关论"的原点，被重新定性为"中央的一个部门，同中央组织部、宣传部一样"[5]，成为中共办报模式演进的转折点。

从构建政治生态的意义上说，传播系统既生产稳定，也可能生产混乱，关键在于媒介的引导方向。"双百"方针的积极宣传和逐步实践[6]，使得党和政府对报刊内容的严格管控有所松动，极少数人乘机在报刊以开展

---

[1] 中国社会科学院新闻研究所编：《中国共产党新闻工作文件汇编》（中），新华出版社1980年版，第483—484页。
[2] 《要反对保守主义 也要反对急躁情绪》，《人民日报》1956年9月20日。
[3] 毛泽东：《毛泽东选集》第5卷，人民出版社1991年版，第403页。
[4] 李庄：《人民日报风雨四十年》，人民日报出版社1993年版，第213页。
[5] 中共中央文献研究室、新华通讯社编：《毛泽东新闻工作文选》，新华出版社2014年版，第255页。
[6] 李庄：《四十年间三大事》，《新闻战线》1988年第6期。

"自由辩论"或张贴大字报的形式公然发声,对中共和新生政权放肆进攻。1963年"以阶级斗争为纲"的提出,以及对于"党在过渡时期的总路线""绝不是没有阶级斗争,而是阶级斗争更加复杂更加尖锐了"①的注解,使人们将注意力从经济建设转向阶级斗争,报刊重新成为阶级斗争的工具。在此期间,一批大字报如雨后春笋,在管控弱化的情况下进行无组织意见表达,其掀起的疾风骤雨反过来摧残了报刊的发展。据统计,1965年我国有报纸343种,期刊790种,1966年报纸急剧下降至49种,期刊191种;1967年报纸43种,期刊急剧下降至27种。②而这一时期全国出版的小报超过6000种,大字报更是铺天盖地,仅上海1958年就贴出了"六千万张大字报"。在两者此消彼长的情况下,逐渐形成大报与小报、正式报刊与非正式报刊"上下联动"的传播格局。由《人民日报》《解放军报》《红旗》杂志及29省市自治区机关报引领带动,《井冈山》《新北大》等为代表的大量小报与大字报形成了大报"振臂一呼"、小报"群起响应"的汹涌之势。由于小报、大字报多数未履行报备程序,也未呈报各级新闻主管部门进行内容审查,导致社会舆论场出现了混乱无序的现象。

1957年至1977年,"以阶级斗争为纲"的再次确立,使得中共办报导向由建设模式转向斗争模式,其基本内涵为:党性原则方面,报刊是阶级斗争的工具,是无产阶级专政的工具,是组织和指导工作的工具。③内容策略方面,以政治性、战斗性为基本导向与价值判断,用政治宣传取代新闻报道,登语录、发社训、作批判、树典型,通过正反两方面宣传强化指导性;直接摘录小报和大字报内容,"下面怎么讲我们就怎么报道"④;以全国性大报为引领、小报与大字报配合跟进的形式营造舆论⑤。技术形态

---

① 中国社会科学院新闻研究所编:《中国共产党新闻工作文件汇编》(中),新华出版社1980年版,第333页。
② 中国社会科学院新闻与传播研究所编:《中国新闻年鉴2000》,中国新闻年鉴社2000年版,第567页。
③ 吴冷西:《忆毛主席:我亲身经历的若干重大历史事件》,新华出版社1995年版,第61页。
④ 吴冷西:《忆毛主席:我亲身经历的若干重大历史事件》,新华出版社1995年版,第137页。
⑤ 谭放、赵无眠:《文革大字报精选》,香港:明月出版社1966年版,第15—16页。

余论　中华人民共和国成立后中国共产党办报模式的演进

方面，地方党报向全国性党报"对版看齐"，每天一篇社论，大字体、大标题、大图片，营造视觉强势，进行情绪表达。经营管理方面，实施战争年代的"大包干"供给制和单纯报销制，办报完全依赖国家拨款。① 中华人民共和国既已成立，报刊本该由斗争转向建设，1956年《人民日报》改版的开启，本可顺利地将报刊导入建设之途。然而"以阶级斗争为纲"的确立，再次陷报刊于"阶级斗争"的泥沼，其结果惨痛、教训深刻。报刊"建设"与"斗争"之功用孰取孰弃，发人深思。

三　事业单位、企业管理的建设模式

1978年12月，中国共产党第十一届中央委员会第三次全体会议指出，"实践是检验真理的唯一标准"是党的思想路线的根本原则，为办报实践突破"工具论"束缚、逐步转变"宣传本位"和"舆论一律"的办报原则提供了重大理论依据；"以阶级斗争为纲"转向以社会主义现代化建设为中心，揭开了由停滞封闭转向改革开放的序幕，办报导向再次由"斗争"转向"建设"。此后，中共不断解放思想，推动报刊事业改革，实现了一系列突破。"一个中心、两个基本点"基本路线及"两手抓、两手都要硬"战略方针的确立，破除了报刊开展经营管理活动的樊篱，为肯定报刊的生产事业属性埋下了伏笔。"三个有利于"的提出，平息了"姓资姓社"的争论，引入了市场这只"看不见的手"，优化了办报资源的配置，拉开了报业市场化的序幕。"管办分离"政策的提出，将报刊"断奶"推向市场，使之真正面向受众，激发了报刊的活力。中国加入世界贸易组织、世界传媒集团逐步进入国内，促使我国报刊打破单位、资本、媒介、行业、地域的局限，通过"跨界发展"不断壮大自身，同时积极加入国际"舆论场"，在世界舞台发出中国声音。至此，中共打破了以往以行政指令为主导，仅靠中央机关报率先突破，进而将经验供给全党的办报模式，而

---

①　刘家林：《新中国新闻传播60年长编：1949—2009》（上），暨南大学出版社2010年版，第58页。

是各级各类报刊敢于突破、勇于争先，形成了生机勃勃、百舸争流的壮丽图景。

随着一系列束缚被破除，中共办报模式在各个方面都有重大突破，其中最具历史意义的是实现了对"工具论"的超越。由于中共的主要任务转向"以经济建设为中心"，服务"经济建设"成为报刊的"政治任务"，推动了报刊发展的政治逻辑与经济逻辑的统一。经《人民日报》等8家在京新闻单位实行"事业单位、企业管理"的探索，1979年财政部明确报刊是党的宣传事业单位，在经营管理上实行企业管理，初步突破了"报刊是一种阶级斗争的工具，不是生产事业"的定性。1988年，国家工商行政管理总局、新闻出版署联合发布《关于报社、期刊社、出版社开展有偿服务和经营活动的暂行办法》，对报刊开展广告业务和多种经营"正名"与"松绑"。1993年，国务院肯定了报刊的产业属性，将报刊列入第三产业，使其具备党的喉舌和生产事业的双重属性。1999年，中共中央办公厅、国务院办公厅联合提出"报政分离"的方针，要求各级报刊都必须面向市场、自负盈亏，不再由党政部门发文征订，抑制了各级机关办报的冲动。2004年，中共中央宣传部、新闻出版总署进一步提出"管办分离"的方针，"让党政部门退出报刊经营活动、解决利用职权摊派发行"[①]。此后类似政策的一再提出与强调，将各级机关报推向市场，使之真正面向读者，实现独立经营、自负盈亏、自我发展，加速了向"官办民看"方向的转变。

2000年，"三个代表"重要思想的确立，将"代表中国最广大人民的根本利益"提升到"立党之本、执政之基、力量之源"的高度。满足读者需求成为报刊改革的重要导向，报刊的新闻属性与新闻价值导向得到肯定，初步实现了报刊发展的政治逻辑与社会逻辑的统一。2003年，"为人民服务、为社会主义服务、为党和国家工作大局服务"的原则确立，"为人民服务"成为办报的重要原则，进一步打破了报刊事业改革的樊篱。由

[①] 潘国彦主编：《中国出版年鉴2005》，中国出版年鉴社2006年版，第76页。

余论 中华人民共和国成立后中国共产党办报模式的演进

此,报刊发展的政治逻辑、经济逻辑、社会逻辑日趋统一,在保持党性原则的前提下实现社会效益与经济效益的最大化,成为报刊改革发展的主要路径。为适应报刊性质的变化,在新形势下做好报刊的行政管理,促进报纸事业的繁荣与健康发展,使之更好地为社会主义服务,在1990年《报纸管理暂行规定》的基础上,2005年《报纸出版管理规定》正式公布,宣告报刊在党的领导下进入"有章可循"的时代,其确立的边界进一步破除了报刊改革发展的樊篱,给我国报刊事业带来了前所未有的生机与活力。

"我们的报纸决不是专办给领导同志看的"意识的萌发①,使报刊将服务读者需求作为重要使命,一批晚报、周末报、行业报、都市报、文摘报相继诞生,改变了机关报一统天下的局面,报业开始向差异化竞争方向发展,继承发扬了大革命时期中共对于报刊差异化定位以构筑立体传播格局的优良传统。1995年,《人民日报》确立了"把体现党的意志和反映人民心声统一起来,坚持贴近实际、贴近生活、贴近群众"的改版方向,读者需求日益成为报刊关注的焦点。《广州日报》率先连续扩版增容,掀起了报刊的改版、扩版热潮,深刻改变了我国报刊的面貌。在此过程中,经济新闻、社会新闻、民生新闻、深度报道异军突起,极大满足了读者的信息、文化、娱乐、消遣等多种需求,提升了自费订阅的比例。然而,随着国门的逐渐打开,一些资本主义思想、观念趁虚而入,在报刊扩版增容的过程中占据版面,甚至"夸大渲染我们社会的消极现象和阴暗面"②。对此,中共针对性地提出了"以正面宣传为主、坚持正确舆论导向"的原则,在保持报刊活力的基础上避免了内容野蛮生长的弊端,引导报刊做到贴近而不逼近、温情而不煽情、通俗而不低俗,"党性与人民性相统一"的办报导向在争论中得到丰富与发展。

广大报刊积极利用新兴技术成果,不断革新报刊面貌、改进新闻生产

---

① 王立纲:《中国报业改革三十年备忘》,《青年记者》2007年第11期。
② 李瑞环:《坚持正面宣传为主的方针——在新闻工作研讨班上的讲话》,《新闻战线》1990年第3期。

· 245 ·

方式。在20世纪80年代末90年代初通过激光照排、胶版印刷、卫星传版等技术手段"告别铅与火"之后，报刊的技术形态有了较大改善，严肃面孔有所改变，传统版面编排方式不断改进，印刷精美的彩版得以"飞入寻常百姓家"。20世纪90年代中期通过利用计算机与网络技术，报刊得以"告别纸与笔"，实现采、编、传、印、发、管、办自动化，信息容量、传输速度、生产效率实现历史性突破①，宣告我国报业进入"光与电"的新时代。1995年《中国贸易报》率先上网、1997年《人民日报》推出网络版、2000年《人民日报》网络版更名"人民网"、2004年《中国妇女报》推出彩信版手机报、2007年《人民日报》正式推出手机报、2009年《南方周末》率先推出手机客户端等，开启了报刊网络化、数字化、终端化的时代，形成了报刊发展的新形态、新业态。

"事业单位、企业管理"机制的形成，推动报刊全面参与市场竞争，将发行与广告作为"养命之源"实现"断奶"，通过跨行业、跨区域经营扩大规模，走上了企业化、集团化的现代报业发展之路。1985年《洛阳日报》率先自办发行，搅活了"邮发合一"体制下报业的低竞争态势，激发了报刊的市场眼光与发展活力。传统大报充分利用富余资源，通过"母报"裂变"子报"，使得国内报纸从1978年的186种激增至1985年的1445种，再到1990年的8000种。② 1996年《广州日报》率先挂牌成立报业集团，走上集团化发展道路。1997年《成都商报》率先借壳上市，开展报业资本运营。2003年《南方日报》与《光明日报》率先进行跨区域合作，联手创办《新京报》。这些举措既改善了我国报业的"散、滥"问题，又形成了一批有竞争力的报业集团，为在国际舞台上发出中国声音打下了坚实基础。

1978年到2011年，"以经济建设为中心"方针的确立，使得服务经济建设成为报刊的政治使命，形成了中共办报的建设模式，其基本内涵为：党性原则方面，报刊是党的喉舌，也是生产事业，是政党宣传的工具、大众传播的工

---

① 胡太春：《中国报业经营管理史》，山西教育出版社1998年版，第196—201页。
② 王立纲：《中国报业改革三十年备忘》，《青年记者》2007年第11期。

具、社会舆论的工具，必须服从党和政府的领导。内容策略方面，以正面宣传为主，坚持正确舆论导向，既宣传党和政府的路线、方针、政策，也服务读者需求和社会公益；鼓励报刊差异化、专业化发展，不断扩版增容、增强传播时效，满足读者的多种需求，通过反映群众意见开展舆论监督。技术形态方面，运用现代技术手段，不断改进新闻生产流程，大量增加新闻图片；推动纸质媒介与新兴技术相结合，形成更加丰富多彩的表现形式。经营管理方面，采取"事业单位、企业化管理"的有限商业运作模式，推动报刊经营管理重心从后勤服务转向多种经营；全面参与市场竞争，逐步实现自负盈亏，向着企业化、集团化、跨产业、跨区域的方向发展。报刊得以超越"工具论"的定性，回归其新闻性与经济性的本真，并在实践过程中不断实现三者的动态平衡，是改革开放后我国报业不断取得突破与发展的重要原因。

四 媒介融合、企事分开的整合模式

20世纪80年代以来，我国报刊事业不断改革与突破，实现了持续30多年的繁荣发展。据统计，1977年我国共有报纸180种，总印数为123.74亿份；1998年报纸突破两千种，总印数首破300亿份[①]；2005年总印数突破400亿份后[②]，报刊事业发展增速放缓，到2011年达到高峰，总印数达467.43亿份[③]。2012年，我国报刊事业发展出现"拐点"，报纸总印刷量持续下降，从2012年的1630亿对开印张骤降至2019年的689亿对开印张，回到1999年的水平。[④] 此外，据不完全统计，自2012年以来，我国共有132家报纸停刊休刊，"纸媒已死""报纸消亡"已不再是预警，而是逐渐成为现实。

[①] 中国社会科学院新闻研究所编：《中国新闻年鉴2000》，中国新闻年鉴出版社2000年版，第567页。

[②] 中国社会科学院新闻研究所编：《中国新闻年鉴2006》，中国新闻年鉴出版社2006年版，第611页。

[③] 中国社会科学院新闻研究所编：《中国新闻年鉴2012》，中国新闻年鉴出版社2012年版，第637页。

[④] 科印网：《-11.75%，2019年全国报纸印量数据背后透露了什么信息？》，2020年6月10日，http://www.keyin.cn/news/sczc/202006/10-1118995_2.shtml，2020年6月16日。

中共办报实践证明，当办报环境发生重大变化时，办报模式必须随之变革。随着网络与信息技术的迅猛发展，我国的传媒格局、舆论环境、受众对象、传播技术发生了深刻变化，新兴媒体层出不穷、舆论场域日益复杂、利益诉求日趋多元、受众群体加速分化，中共办报模式势必要紧跟时代步伐而不断革新，以破解当前我国报刊面临的困局，维护和强化报刊的主流媒体地位，正确引导社会舆论、培育社会主流价值，实现其政治整合与观念整合功能。

在中共的百年办报实践中，"党报姓党""党管党报"是一以贯之的。在当前报刊生存空间不断被新兴媒体挤压的情况下，对"党报姓党"的实践方式加以调适是应有之义。"生存竞争就报纸来说，乃是为报纸的发行而斗争。不被人们阅读的报纸就停止了它在社会上的影响。报纸的力量的大小，大体上可以用读报人的数量多少来衡量。"① 报刊失去了受众，也就失去了阵地，其作用与功能的发挥也就无从谈起。单纯强调"党性"而忽视受众需求，会使报刊陷入"官办官看"的困局。改革开放初期，一度出现"党性与人民性之争"。《新华日报》和《人民日报》的实践表明，"党性"与"人民性"在一定条件下，并非相互冲突，反而可以相互统一、互为促进。"党的报纸，也是人民的报纸。"② "报纸能最高限度地反映人民的呼声，就是报纸有最高的党性。"③ 2013年8月，习近平在全国宣传思想工作会议上指出，党性和人民性从来都是一致的、统一的，为在新形势下实践"党报姓党"原则明确了方向。坚持党性，核心就是坚持正确政治方向；坚持人民性，就是要把实现好、维护好、发展好最广大人民根本利益作为出发点和落脚点。④ 在此指导下，报刊及时调适"党报姓党"的实践方式，落实"以人民为中心"的报道导向，不断实现"党性"与"人民

---

① [美] R.E. 帕克、E.N. 伯吉斯、R.D. 麦肯齐：《城市社会学——芝加哥学派城市研究文集》，宋俊岭等译，华夏出版社1987年版，第78—79页。
② 胡乔木：《致读者》，《人民日报》1956年7月1日。
③ 胡乔木：《人民的报纸》，《新华日报》1945年12月30日。
④ 《胸怀大局把握大势着眼大事　努力把宣传思想工作做得更好》，《人民日报》2013年8月21日。

性"的融合统一,打通"两个舆论场",实现"现象级传播"。2020年2月,《人民日报》发布《请扩散!新型肺炎求助通道开启》,短短3天在其"两微一端"的阅读量就超过2亿,许多患者通过求助得到及时帮助和治疗①,充分彰显了其权威性和公信力,为主流媒体在疫情期间引导偏激情绪、破解不实报道、对冲网络谣言作出表率。随后在"万里投毒"的众声喧哗中为归国人员正名②,展示出作为主流媒体的责任与担当,实现了舆论引导的重要使命。

在媒介社会化的背景下,中共充分认识到新兴媒体的即时式、互动式、嵌入式传播方式具备的高覆盖、高频率、高黏性优势,通过媒介融合发展促使报刊的内容优势与新兴媒体的渠道优势相结合。目前,新兴媒体凭借其技术形态和传播特性优势,基本垄断了受众与媒介接触的渠道,实现了对绝大多数受众的覆盖,甚至完成了对受众日常生活的嵌入。据调查,每天有75.25%的人使用微信群,39.02%的人使用抖音,26.61%的人使用今日头条,20.03%的人使用微博,6.56%的人使用电视,0.68%的人使用纸媒,4.24%的人使用其他媒介。③ 相较"三微一端"而言,受众接触报刊不仅要付出经济成本,还要付出时间成本,而新兴媒体随时更新、唾手可得。受限于天然属性,报刊难以完成自我救赎,只有与新兴媒体融合发展,充分借助后者的技术形态和传播特性优势,才能降低与受众的接触成本、提升覆盖面与传播力。2008年,烟台日报传媒集团率先实行全媒体战略,组建全媒体新闻中心。2014年,《人民日报》正式搭建媒介融合平台,2015年中央厨房正式启用,形成了"报、网、端、微"一体联动,"策、采、编、发"统一指挥,"一次采集、多元生成、多渠道传播"的工作格局,探索出媒介融合发展的"中央厨房模式"。2017年,《东方早报》休刊革新为澎湃新闻,由纸媒顺利转化为平台,形成了媒介融合发展的"澎湃模式"。

---

① 崔士鑫:《主流媒体如何做好突发公共卫生事件宣传报道——以人民日报新冠肺炎疫情报道为例》,《传媒》2020年第5期。
② 子木:《同胞亲人更应同气连枝》,《人民日报》(海外版)2020年3月5日。
③ 匡文波:《5G时代中国网民新闻阅读习惯的量化研究》,《新闻与写作》2019年第12期。

2018年,《人民日报》入驻抖音号,以"短视频"进行"硬传播"。通过"三微一端"的互动渠道,报刊得以弥补自身的传播缺陷,变单向传播为双向传播、变单次传播为多次传播,同时借助"三微一端"的分享机制,借助广大自媒体实现裂变式传播。2020年2月,人民日报app月活跃用户达到798.2万人、参考消息217.5万人。[1] 目前,《人民日报》官微粉丝已达1.18亿、抖音号粉丝达9293.8万,远超自身纸质形态的受众数量,实现了覆盖面的指数级增长。

通过与新兴媒体的融合发展,报刊逐渐形成"互联网"思维,进行传播调试,创新语话方式,转变"以我为主"的传播策略。2019年1月,由中央宣传部主办的"学习强国"平台强势推出,打造了集报刊、广播、电视、电影、慕课、直播、短视频于一体的融媒介传播终端,使得《人民日报》《光明日报》《经济日报》等中央级和"中字头"报刊得以规避"借船出海"的"平台依赖"弊端[2],真正实现"造船出海",在一定程度体现了中共办报模式的改革思路,即聚焦技术形态和传播渠道革新,推动报刊平台化、载体多样化、资源整合化、形态网络化。借助各级宣传系统的大力推广,"学习强国"基本实现了"立足全党、面向社会"的定位,一跃与腾讯新闻、今日头条等月活跃用户破亿的手机新闻客户端并驾齐驱,但综合影响力仍然有待进一步提升。这表明,现阶段报刊与新兴媒体的融合发展,更多的是传播渠道的物理整合,未能彻底推动传播内容的化学调适,特别是机关报刊与新兴媒体的传播策略和语话方式仍存在差异。

正如麦克卢汉(Marshall McLuhan)所言——"媒介即讯息",新兴媒体的出现不仅意味着技术形态与传播手段的革新,更是受传播环境变化刺

---

[1] 易观:《2020年2月易观千帆移动AppTOP1000榜单》,2020年3月16日,https://tech.sina.cn/2020-03-16/detail-iimxyqwa1000467.d.html?vt=4&pos=18,2020年6月20日。

[2] 人民网的统计数据表明,单纯的移植嫁接并不能有效地提升政治传播能力,反而会因为流量控制、商业利益等问题受制于平台,患上"平台依赖症"。见梅宁华、支庭荣等《中国媒体融合发展报告2019》,社会科学文献出版社2019年版,第34、52页。"借船出海"还可能使报刊淹没在平台集成的诸多媒体之中,并不能彻底帮助报刊夺回传播渠道主导权,反而有可能进一步弱化报刊的主流媒体地位。

激作出的传播调适。在信息日趋饱和过剩的背景下，"如何说"甚至比"说什么"更为重要，将决定媒介能否赢得受众的"信任"，塑造其信息获取的"路径依赖"。因此，新兴媒体的传播调适倾向于媒介人格化、内容情感化、语话网络化，试图与受众产生"联系"，体现在话语生产的是"认同"而非"事实"、传播修辞的是"形式"而非"内容"、言说视角是"平视"而非"俯视"、修辞取向是"关系"而非"管理"。① 受其影响，报刊不断自我革新，日趋形成"互联网"思维，有意识地通过新兴技术手段获取筛选信息、拓展新闻来源、丰富新闻内容、提升新闻品质，借助"三微一端"进行传播调适，使传播内容即时化、短小化、互动化，并加大了对群众生活的报道力度。如《人民日报》的《两会特刊》，就以其"端化"的编排方式、亮眼的数据展示、精练的语言描述，将政府公报转化为广大民众能够理解、喜闻乐见的形式，正面回应人民对于国家大政方针、自身切身利益的重大关切，成为2020年两会精神解读的典范，为各大媒体纷纷借鉴与转载。② 但是，在"把坚持正确政治方向摆在首位，牢牢坚持党性原则，牢牢坚持马克思主义新闻观，牢牢坚持正确舆论导向，牢牢坚持正面宣传为主"的要求下，多数机关报刊仍然呈现出媒介组织化、内容理性化、语话模式化的特征，其产生的"距离感"降低了受众的阅读兴趣，难以从根本上解决自身的困局。这表明，在新形势下对于报刊进行分类管理已是迫在眉睫。

发行与广告收入，历来被视作报刊的"养命之源"。自2012年全国报纸发行与广告收入双双下降以来，全国报纸的发行收入从2012年的293亿元降至2018年的102亿元，广告收入从2012年的450亿元降至2018年的76亿元③，此前各报刊通过母报裂变子报、子报反哺母报的发展方式已难以为继，报刊的集团化发展必须注入新的内涵。报刊受众与收入的急剧减

---

① 李彪：《霸权与调适：危机语境下政府通报文本的传播修辞与话语生产——基于44个引发次生舆情的"情况通报"的多元分析》，《新闻与传播研究》2019年第4期。
② 《两会特刊》，《人民日报》2020年5月28日。
③ 人民网：《〈2019中国传媒产业发展报告〉发布》，2019年8月24日，http://media.people.com.cn/n1/2019/0824/c40606-31314877.html，2020年6月23日。

少表明,"事业单位、企业管理"的有限商业运作模式已经无法支撑报刊的"事业化",也难以进一步推动报刊的"企业化",势必要加以变革。2018年2月,《中共中央关于深化党和国家机构改革的决定》要求,对于从事经营活动的事业单位和面向社会提供公益服务的事业单位推进事企分开,理顺同主管部门的关系,推进管办分离,强化公益属性,破除逐利机制。由此,我国报刊经营管理呈现出两极分化的趋势。一方面,2016年2月,习近平在党的新闻舆论工作座谈会上强调:"党和政府主办的媒体是党和政府的宣传阵地,必须姓党。"机关报刊日益聚焦意识形态和舆论引导的主业,逐步与所在集团的其他媒介与业务相区分,被纳入公益性事业单位的范畴,得到各级政府的扶持与补贴。据不完全统计,2014年至2019年,各省份对媒体扶持的资金最高达10亿元,最低1000万元。上海市每年分别给《解放日报》和《文汇报》5000万元财政支持;重庆市不仅每年给《重庆日报》1亿元的财政拨款,还在税收和资源上给予党媒政策支持。[①]另一方面,其他报刊转企改制,以市场为导向开展经营管理,由报业集团向着传媒集团、文化集团的方向发展,报刊的品牌价值得以变现和放大。同时通过不断拓展多种经营的范畴、借助上市吸收社会资源,形成了资本运营型、地产支撑型、电商发展型等多种产业延伸模式。其中,成都传媒集团经营业务已涵盖广告、发行、印务等传统媒体产业,网络、手机、楼宇电视等新兴媒体产业,以及传媒影视、会展广告、音乐艺术、现代时尚、创意设计、文教体育等文创新经济产业[②],资产总额超过120亿元。南方报业传媒集团大力拓展"传媒+园区+金融+产业"等新兴业务板块,构建融合政务服务、文创服务、数据服务、交易服务、文化娱乐、智慧生活的"1+N"新型产业结构[③],2019年品牌总价值突破千亿元。

---

① 中国皮书网:《媒体融合蓝皮书:中国媒体融合发展报告(2017—2018)》,2018年2月11日,http://orig.cssn.cn/zk/zk_zkbg/201802/t20180211_3848376_3.shtml,2020年6月16日。
② 成都传媒集团:《传媒简介》,http://www.cmgchengdu.com/info-6-7-1.html,2020年6月16日。
③ 南方网:《南方报业集团简介》,http://www.southcn.com/aboutus/nfbyjt/content/2019-05/17/content_187473107.htm,2020年6月16日。

余论　中华人民共和国成立后中国共产党办报模式的演进

2012年以来，中共相继提出全面建设小康社会、实现中华民族伟大复兴的奋斗目标，我国报刊以社会整合为主要使命，树立了"党性与人民性相统一"的办报原则，明确了媒介融合的发展路径，提出了"事企分开"的改革思路，形成了中共办报的"整合模式"，其基本内涵为：党性原则方面，必须坚持党的领导，坚持以人民为中心的报道导向，不断实现"党性"与"人民性"的融合统一。内容策略方面，通过新兴技术手段获取筛选信息、拓展新闻来源、丰富新闻内容、提升新闻品质；在互联网语境下进行传播调适，内容即时化、短小化、互动化，加大对群众生活的报道力度。技术形态上，普遍采取"中央厨房"的媒体融合模式和新闻生产方式，通过与"三微一端"的融合发展拓展传播渠道、转变传播形态、促进受众互动、实现裂变传播。经营管理方面，实行"事企分开"的改革思路，机关报刊逐步转为公益性事业单位，由政府予以扶持和补贴；其他报刊转企改制，进一步拓展多种经营的范畴，借助上市吸收社会资源，向着文化集团的方向发展。

中共成立一百年来，其办报模式的守正创新，充分体现了中共党人自我革命、与时俱进的精神品格。当前，中国特色社会主义进入新时代，我国社会主要矛盾已转化为人民日益增长的美好生活需要和不平衡不充分的发展之间的矛盾，中共办报模式的演进应继续坚持、不断实现"党性与人民性相统一"，加快推进报刊"企事分开"的步伐，既保持机关报刊的主流地位，也促进其他报刊的加速发展。同时，面对我国文化软实力、舆论影响力与经济硬实力、世界大国地位严重不匹配的局面，应当充分利用现代技术手段，坚持媒介融合发展路径，进一步增强报刊的新闻舆论传播力、引导力、影响力、公信力。打破"计划模式"残留的地区封锁、条块分割的市场壁垒，以技术、资本、市场为手段推动报刊资源的深度整合与优化配置，实现跨国境、跨区域、跨产业发展，打造国际化、集团化、多元化的文化产业集团，在世界舞台上发出"中国声音"、讲好"中国故事"，对内凝心聚力、增强自信，对外塑造形象、扩大影响，不断将中共报刊事业推向新的高度。

参考文献

一 报刊

《布尔塞维克》

《大铎报》

《大公报》

《共产党人》

《光明日报》

《国民日日报》

《红旗》

《红旗日报》

《红色中华》

《解放日报》

《晋察冀日报》

《警醒半月刊》

《抗敌报》

《劳动者》

《联合时报》

《民国日报》

《民立报》

《民意》

《清议报》

《人民日报》

《上海报》

《少年》

《顺天时报》

《苏报》

《先驱》

《现代青年》

《向导》

《新华日报》

《新京报》

《新青年》

《学衡》

《学习时报》

《政治生活》

《中国工人》

《中国国民党周刊》

《中央日报》

二　史料汇编

《红藏·布尔塞维克》（1—7 册），湘潭大学出版社 2014 年版。

《红色号角》丛书编委会编：《红色号角——中央苏区新闻出版印刷发行工作》，福建人民出版社 1993 年版。

方汉奇、王润泽、郭传芹主编：《民国时期新闻史料续编》（1—32 册），国家图书馆出版社 2011 年版。

高军等编：《中国现代政治思想史资料选辑》（1—2 册），四川人民出版社 1984 年版。

广东省档案馆等编：《广东青年运动历史资料》（1—12 辑），广东省供销学校印刷厂，1986 年。

湖南省档案馆编：《湖南革命历史文件汇集》（1927 年），湖南档案馆，2007 年。

江西省档案馆编：《闽浙赣革命根据地史料选编》（1—2 册），江西人民出版社 1987 年版。

荣孟源主编：《中国国民党历次代表大会及中央全会资料》（1—2 册），光明日报出版社 1985 年版。

上海市哲学社会科学学会联合会编：《中国社会科学家联盟成立 55 周年纪念专辑》，中国展望出版社 1986 年版。

沈云龙主编：《近代中国史料丛刊：三编（1—100 辑）》，台北：文海出版社 1966 年版。

西北五省区编纂领导小组、中央档案馆编：《陕甘宁边区抗日民主根据地·文献卷下》，中共党史资料出版社 1990 年版。

张静庐辑注：《中国现代出版史料》乙编，中华书局 1955 年版。

中共"一大"会址纪念馆编：《上海革命史资料与研究》（1—14 辑），上海古籍出版社 2009 年版。

中共"一大"会址纪念馆编：《中共一大代表早期文稿选编》（1—2 册），上海人民出版社 2011 年版。

中共中央党史资料征集委员会编：《共产党早期组织》（下），中共党史资料出版社 1987 年版。

中共中央书记处编：《六大以前——党的历史资料》，人民出版社 1980 年版。

中共中央文献研究室、中央档案馆编：《建党以来重要文献选编》（1—26 辑），中央文献出版社 2011 年版。

中共中央文献研究室编：《毛泽东在七大的报告和讲话集》，中央文献出版社 1995 年版。

中共中央宣传部办公厅、中央档案馆编研部编：《中国共产党宣传工作文献选编（1915—1937）》，学习出版社 1996 年版。

中共中央宣传部新闻局编：《马克思主义新闻工作文献选读》，人民出版社 1990 年版。

中共中央组织部、中共中央党史研究室、中央档案馆编：《中国共产党组织史资料》（1—19册），中共党史出版社2000年版。

中国人民解放军政治学院党史教研室编：《中共党史参考资料》第3册，中国人民解放军政治学院党史教研室，1979年。

中国社会科学院现代史研究室、中国革命博物馆党史研究室选编：《"一大"前后——中国共产党第一次代表大会前后资料选编》（1—2册），人民出版社1985年版。

中国社会科学院新闻研究所编：《中国共产党新闻工作文件汇编》（1—3册），新华出版社1980年版。

中山大学党史组编：《中共党史文献选辑》第1辑，中山大学党史组，1977年。

中共中央党史研究室第一研究部译：《共产国际、联共（布）与中国革命档案资料丛书》（1—18册），北京图书馆出版社2002年版。

中央档案馆、广东省档案馆编：《广东革命历史文件汇集》甲32，广东人民出版社1984年版。

中央档案馆、江苏省档案馆编：《江苏革命历史文件汇集：特委县委文件（1926.3—1934.6）》，江苏省档案馆，1988年。

中央档案馆、上海市档案馆编：《上海革命历史文件汇集——中共上海区委宣传部组织部等文件（1925.8—1927.4）》，上海市档案馆，1986年。

中央档案馆编：《中共党史报告选编》，中共中央党校出版社1982年版。

中央档案馆编：《中共中央文件选集》（1—18册），中共中央党校出版社1989年版。

三　年谱、文集、回忆录、日记、传记

包惠僧：《包惠僧回忆录》，人民出版社1983年版。

蔡和森：《蔡和森的十二篇文章》，人民出版社1983年版。

陈布雷：《陈布雷回忆录》，东方出版社2009年版。

陈独秀：《陈独秀文章选编》（1—3册），生活·读书·新知三联书店，1984年。

陈清泉、陶铠编选：《陆定一新闻文选》，新华出版社 1987 年版。

党史史料编纂委员会编：《国父全集》（1—6 册），台北："中央"文物供应社 1973 年版。

广东省社会科学院历史研究室等合编：《孙中山全集》（1—11 册），中华书局 1986 年版。

胡绩伟：《青春岁月——胡绩伟自述》，河南人民出版社 1999 年版。

胡乔木：《胡乔木回忆毛泽东》，人民出版社 1994 年版。

胡乔木：《胡乔木文集》，人民日报出版社 1992 年版。

李达：《李达文集》（1—4 卷），人民出版社 1988 年版。

李大钊：《李大钊文集》（1—2 册），人民出版社 1999 年版。

李华兴、吴嘉勋编：《梁启超选集》，上海人民出版社 1984 年版。

李捷、于俊道主编：《实录毛泽东》（1—4 册），长征出版社 2013 年版。

李立三：《回忆蔡和森》，人民出版社 1980 年版。

李维汉：《回忆与研究》（1—2 册），中共党史资料出版社 1986 年版。

李一氓：《李一氓回忆录》，人民出版社 1992 年版。

刘大鹏：《退想斋日记》，山西人民出版社 1990 年版。

刘林松、蔡洛编：《回忆彭湃》，人民出版社 1992 年版。

刘少奇：《刘少奇选集》（1—2 册），人民出版社 1981 年版。

罗章龙：《椿园载记》，生活·读书·新知三联书店 1984 年版。

毛泽东：《毛泽东论文艺》，人民文学出版社 1983 年版。

毛泽东：《毛泽东文集》（1—8 卷），人民出版社 1999 年版。

穆青：《穆青论新闻》，新华出版社 2003 年版。

宁树藩：《宁树藩文集》，汕头大学出版社 2003 年版。

逄先知、金冲及主编：《毛泽东传（1949—1976）》（下），中央文献出版社 2003 年版。

逄先知主编：《毛泽东年谱（1893—1949）》（中），中央文献出版社 2002 年版。

彭述之：《彭述之回忆录》（1—2 册），香港：天地图书有限公司 2016 年版。

参考文献

瞿秋白：《瞿秋白文集：政治理论编》（1—8 卷），人民出版社 1988 年版。

瞿秋白：《瞿秋白选集》，人民出版社 1985 年版。

人民日报报史编辑组编：《1948—1988：人民日报回忆录》，人民日报出版社 1988 年版。

任建树主编：《陈独秀著作选编》（1—6 册），上海人民出版社 2009 年版。

孙中山：《孙中山选集》（1—2 册），人民出版社 1961 年版。

汤志钧编：《章太炎年谱长编》（1—2 册），中华书局 1979 年版。

王明：《中共五十年》，现代史料编刊社，1981 年。

吴葆朴、李志英：《秦邦宪（博古）传》，中共党史出版社 2007 年版。

夏衍：《懒寻旧梦录》，生活·读书·新知三联书店 2006 年版。

熊复：《熊复文集》（1—5 卷），红旗出版社 1995 年版。

张国焘：《我的回忆》（1—3 册），香港：明报月刊出版社 1973 年版。

张其昀主编：《先"总统"蒋公全集》第 1 册，台北：中国文化大学出版部 1984 年版。

张学继、张雅蕙：《陈立夫大传》，团结出版社 2008 年版。

知识出版社编：《一大回忆录》，知识出版社 1980 年版。

中共中央编译局编：《列宁全集》（1—60 卷），人民出版社 1986 年版。

中共中央编译局编：《列宁选集》（1—4 卷），人民出版社 1995 年版。

中共中央编译局编：《列宁专题文集：论无产阶级政党》，人民出版社 2009 年版。

中共中央编译局编译：《马克思恩格斯全集》（1—50 卷），人民出版社 2006 年版。

中共中央文献编辑委员会编：《邓小平文选》（1—3 卷），人民出版社 1994 年版。

中共中央文献研究室：《周恩来传（1898—1949）》，人民出版社、中央文献出版社 1989 年版。

中共中央文献研究室、新华通讯社编：《毛泽东新闻工作文选》，新华出版社 2014 年版。

中共中央文献研究室、中国人民解放军军事科学院编:《毛泽东军事文集》（1—6卷），军事科学出版社1993年版。

中共中央文献研究室编:《陈云文集》（1—3册），中央文献出版社2005年版。

中共中央文献研究室编:《毛泽东书信选集》，中央文献出版社2003年版。

中共中央文献研究室编:《任弼时年谱》，中央文献出版社1993年版。

中共中央文献研究室编:《周恩来书信选集》，中央文献出版社1988年版。

中共中央文献研究室等编:《毛泽东早期文稿》，湖南人民出版社2008年版。

中国李大钊研究会编注:《李大钊全集》（1—5册），人民出版社2006年版。

周恩来:《周恩来选集》（1—2卷），人民出版社1980年版。

四 研究专著

本书编写组:《〈群众〉周刊大事记》，红旗出版社1987年版。

蔡铭泽:《〈向导〉周报研究》，福建人民出版社2004年版。

蔡铭泽:《中国国民党党报历史研究》，团结出版社1998年版。

陈昌凤:《中国新闻传播史——传媒社会学的视角》，清华大学出版社2009年版。

陈力丹:《陈力丹自选集——新闻观念：从传统到现代》，复旦大学出版社2004年版。

戴季陶:《孙文主义之哲学的基础》，中国国民党上海执行部，1925年。

丁淦林:《中国新闻事业史》，高等教育出版社2002年版。

丁贤才:《探索：新民晚报研究文集》，文汇出版社1990年版。

范小方:《蒋家天下陈家党》，团结出版社2010年版。

方汉奇:《中国新闻事业通史》（1—3卷），中国人民大学出版社2000年版。

费云东、潘合定:《中共文书档案工作简史》，档案出版社1987年版。

戈公振:《中国报学史》，生活·读书·新知三联书店1955年版。

谷长岭、俞家庆:《中国新闻事业史参考资料》，中央广播电视大学出版社1987年版。

郭庆光：《传播学教程》，中国人民大学出版社 2011 年版。

韩辛茹：《新华日报史》（1—2 卷），中国展望出版社 1987 年版。

胡太春：《中国报业经营管理史》，山西教育出版社 1999 年版。

胡长明：《大智周恩来》，中共党史出版社 2008 年版。

胡正强：《中国现代报刊活动家思想评传》，新华出版社 2003 年版。

黄宗智：《华北小农经济与社会变迁》，中华书局 2000 年版。

丁济沧、苏若望：《我们同党报一起成长——回忆延安岁月》，人民日报出版社 1989 年版。

蒋介石：《苏俄在中国——中国与俄共三十年经历纪要》，台北：黎明文化事业股份有限公司 1982 年版。

金一南：《苦难辉煌》，华艺出版社 2010 年版。

居正编：《清党实录》，中国国民党中央执行委员会 1928 年版。

黎辛、朱鸿召：《博古：39 岁的辉煌与悲壮》，学林出版社 2005 年版。

李怀印：《重构近代中国》，中华书局 2013 年版。

李颖：《陈独秀与共产国际》，湖南人民出版社 2005 年版。

梁毓阶：《文书学》，档案出版社 1985 年版。

廖永祥：《新华日报史新编》，重庆出版社 1998 年版。

廖正本、余伯流：《赣南革命三十年》，江西高校出版社 1992 年版。

刘海龙：《宣传：观念、话语及其正当化》，中国大百科全书出版社 2013 年版。

刘家林：《中国新闻史》，武汉大学出版社 2012 年版。

柳建辉等主编：《中国共产党历史十八讲》，中共中央党校出版社 2007 年版。

马龙闪：《苏联文化体制沿革史》，中国社会科学出版社 1996 年版。

潘梓年、吴克坚、熊瑾玎：《新华日报的回忆》，四川人民出版社 1979 年版。

齐心、张馨：《陕甘宁边区政府成立五十周年论文选编》，三秦出版社 1988 年版。

钱承军：《建国前中国共产党报刊研究》，中国文联出版社 2009 年版。

邱钱牧：《中国政党史》，山西人民出版社 1991 年版。

瞿秋白：《乱谈及其他》，霞社 1938 年版。

石西民、范剑涯：《新华日报的回忆》（续集），四川人民出版社 1983 年版。

石钟扬：《文人陈独秀》，陕西人民出版社 2005 年版。

田方、午人、方蒙：《延安记者》，陕西人民教育出版社 1993 年版。

汪原放：《亚东图书馆与陈独秀》，学林出版社 2006 年版。

王敬：《延安〈解放日报〉史》，新华出版社 1998 年版。

王奇生：《党员、党权与党争：1924—1949 年中国国民党的组织形态》，华文出版社 2010 年版。

王奇生：《革命与反革命：社会文化视野下的民国政治》，社会科学文献出版社 2010 年版。

王润泽：《中国新闻媒介史（1949 年前）》，北京大学出版社 2011 年版。

王晓岚：《中国共产党报刊发行史》，中国社会科学出版社 2009 年版。

王占阳、王小英：《中外记者笔下的第一代中共领袖》，时代文艺出版社 1992 年版。

吴廷俊：《中国新闻史新修》，复旦大学出版社 2008 年版。

吴小宝：《周恩来 1946 在南京》，中央文献出版社 2008 年版。

笑蜀：《历史的先声——半个世纪前的庄严承诺》，汕头大学出版社 1999 年版。

徐宗元：《帝王世纪辑存》，中华书局 1964 年版。

许纪霖编：《20 世纪中国知识分子史论》，新星出版社 2005 年版。

《延安文艺丛书》编委会编：《延安文艺丛书·散文卷》，湖南人民出版社 1984 年版。

杨联升：《中国制度史研究》，江苏人民出版社 2007 年版。

姚金果、陈胜华：《共产国际与朱毛红军（1927—1934）》，中央文献出版社 2006 年版。

叶永烈：《中共中央一支笔：胡乔木》，湖南人民出版社 2014 年版。

易劳逸：《毁灭的种子——战争与革命中的国民党中国 1937—1949》，凤凰出版传媒集团、江苏人民出版社 2009 年版。

参考文献

余英时:《论士衡史》,上海文艺出版社1999年版。

张江明:《历史拾贝——广东近代史与青年运动史研究》,学术研究杂志社1998年版。

张允侯:《五四时期的社团》(1—4册),生活·读书·新知三联书店1979年版。

张之华主编:《中国新闻事业史文选》,中国人民大学出版社1999年版。

郑保卫:《中国共产党新闻思想史》,福建人民出版社2004年版。

中共中央党史研究室:《中国共产党历史(1921—1949)》,中共党史出版社2002年版。

周勇:《重庆通史》,重庆出版社2002年版。

[美] 阿里夫·德里克:《革命与历史——中国马克思主义历史学的起源(1919—1937)》,翁贺凯译,江苏人民出版社2005年版。

[美] 埃德加·斯诺:《西行漫记》,董乐山译,生活·读书·新知三联书店1979年版。

[意] 安东尼奥·葛兰西:《狱中札记》,曹雷雨、姜丽、张跃译,中国社会科学出版社2000年版。

[法] 安托万·普罗斯特:《历史学十二讲》,王春华译,北京大学出版社2012年版。

[英] 丹尼斯·麦奎尔、[瑞典] 斯文·温德尔:《大众传播模式论》,祝建华译,上海译文出版社1987年版。

[美] 费约翰:《唤醒中国:国民革命中的政治、文化与阶级》,李霞等译,生活·读书·新知三联书店1996年版。

[美] 费正清编:《剑桥中华民国史(1912—1949)》上卷,中国社会科学出版社1994年版。

[美] 费正清、[美] 赖肖尔:《中国:传统与变革》,陈仲丹、潘兴明、庞朝阳译,江苏人民出版社2002年版。

[美] 海登·怀特:《形式的内容——叙事话语与历史再现》,董立河译,文津出版社2005年版。

［美］汉诺·哈特：《传播学批判研究：美国的传播、历史和理论》，何道宽译，北京大学出版社 2008 年版。

［法］雷吉斯·德布雷：《媒介学引论》，刘文玲译，中国传媒大学出版社 2014 年版。

［英］雷蒙德·威廉斯：《文化与社会》，吴松江、张文定译，北京大学出版社 1991 年版。

［日］石川祯浩：《中国共产党建立史》，袁广泉译，中国社会科学出版社 2006 年版。

［美］斯图尔特·R. 施拉姆：《毛泽东的思想》，田松年、杨德译，中国人民大学出版社 1989 年版。

［美］沃纳·塞弗林、［美］坦卡德：《传播理论——起源、方法与应用》，郭镇之译，华夏出版社 2000 年版。

［美］詹姆斯·R. 汤森、［美］布兰特利·沃马克：《中国政治》，顾速、董方译，江苏人民出版社 1992 年版。

［日］佐藤慎一：《近代中国的知识分子与文明》，刘岳兵译，凤凰出版传媒集团、江苏人民出版社 2008 年版。

Bourdieu, P., *In Other Words*, Stanford: Stanford University, 1990.

Bourdieu, P., *Language and Symbolic Power*, Cambridge: Polity Press, 1991.

Coser, L., *Men of Ideas: A Sociologist's View*, New York: Free Press, 1965.

Gouldnre, *The Future of Intellectuals and the Rise of the New Class*, London: The Macmillan Press Ltd., 1979.

Knut Lundby, *Mediatization: Concept Changes Consequences*, New York: Peter Lang, 2009.

Mannheim, K., *Essays on Sociology and Social Psychology*, London: Routledge and Kegan Paul, 1953.

Mannheim, K., *Ideology and Utopia: An Introduction to the Sociology of Knowledge*, London: Routledge and Kegan Paul, 1979.

Postman, N., "The Reformed English Curriculum", in A. Eurich, *High School*

1980: *The Shape of the Future in American Secondary Education*, New York: Pitman, 1970.

五　研究论文

安岗：《办一张最好的党中央机关报》，《新闻战线》2008 年第 6 期。

陈家鹦、邵晓秋：《博古呕心沥血主办〈解放日报〉》，《党史博采》2004 年第 12 期。

陈力丹：《毛泽东论群众办报与全党办报》，《新闻界》2017 年第 11 期。

陈平原：《思想史视野中的文学——〈新青年〉研究》（下），《中国现代文学研究丛刊》2003 年第 1 期。

陈坦：《回忆解放日报社的工作》，《新闻研究资料》1983 年第 12 期。

陈晓静：《延安办报与重庆办报——〈解放日报〉〈新华日报〉政治动员比较研究（1942—1945）》，硕士学位论文，安徽大学，2016 年。

陈业勋：《为了"共产主义的人间化"——追思瞿秋白的革命报刊实践》，《新闻战线》1985 年第 6 期。

单波、秦志希：《中国共产党新闻思想回顾（1921—2001 年）——新闻学专家访谈录》，《新闻与传播评论》2001 年第 1 期。

邓涛：《论周恩来的新闻宣传活动与传播思想》，《湖北第二师范学院学报》2009 年第 1 期。

丁淦林、陈巧云：《中国共产党党报史略》，《新闻记者》2001 年第 7 期。

丁未：《论中国新闻事业的三种角色定位》，《新闻与传播研究》2000 年第 1 期。

冯承柏：《现代化·城市科学·城市史》，《天津社会科学》1987 年第 5 期。

高长武：《毛泽东提出"政治家办报"的核心要义及现实启示》，《毛泽东研究》2016 年第 3 期。

胡正强：《刘少奇报刊思想述论》，《新闻与传播研究》1998 年第 2 期。

黄旦：《"报纸"的迷思——功能主义路径中的中国报刊史书写之反思》，《新闻大学》2012 年第 2 期。

黄旦：《"耳目"与"喉舌"的历史性变化——中国百年新闻思想主潮论》，《新闻记者》1998年第10期。

黄旦：《党组织办报与"手工业"工作方式："全党办报"的历史学诠释》，《新闻大学》2014年第3期。

黄旦：《新报刊（媒介）史书写——范式的变更》，《新闻与传播研究》2015年第12期。

李海波：《党报、列宁主义政党与群众政治参与——延安新闻业群众路线的运作机理分析》，《国际新闻界》2018年第3期。

李杰琼、王沫：《延安〈解放日报〉1942年改版社论〈致读者〉》，《新闻前哨》2017年第2期。

李琦：《中国共产党走上独立自主道路的历程》，《中共党史研究》2011年第7期。

李徐阳：《1937—1949年根据地党报经营探索研究——以〈晋察冀日报〉的定价和广告为视角》，硕士学位论文，山西大学，2017年。

李彦平：《试论瞿秋白对党的报刊工作的贡献》，《图书馆理论与实践》2001年第5期。

李宇红：《评析延安〈解放日报〉的媒介现代化程度》，《社科纵横》2006年第12期。

李云、韩云：《中共新闻媒体批评性报道的理论和实践源头》，《国际新闻界》2011年第4期。

李庄：《四十年间三大事》，《新闻战线》1988年第6期。

李庄：《我在人民日报四十年》（二），《新闻战线》1987年第12期。

厉凯：《光大瞿秋白的报刊思想》，《新闻爱好者》2011年第15期。

廖盖隆：《高举马克思列宁主义的旗帜——办好无产阶级的新闻事业》，《新闻战线》1960年第8期。

廖永祥：《从〈新华日报〉谈周恩来的新闻思想》，《天府新论》1998年第S1期。

刘海岩：《近代中国城市史研究的回顾与展望》，《历史研究》1992年第3期。

参考文献

刘洪：《试析抗战时期〈新华日报〉的经营管理》，《广西大学学报》（哲学社会科学版）2009年第2期。

刘继忠、梁运：《论延安〈解放日报〉改版的政治逻辑》，《新闻与传播研究》2012年第2期。

刘建明：《甘惜分——我国党报新闻学的奠基者》，《新闻爱好者》2006年第11期。

刘立群：《抗战时期〈新华日报〉的纸张从何而来》，《党史博览》2007年第2期。

刘仁静：《回忆我在北大马克思学说研究会的情况》，《党史研究资料》1979年第16期。

陆定一：《陆定一同志谈延安解放日报改版——在解放日报史座谈会上的讲话摘要》，《新闻研究资料》1981年第3期。

陆定一：《在新闻研究所举办的座谈会上陆定一谈延安解放日报改版》，《新闻战线》1981年第4期。

罗章龙：《记北方劳动组合书记部》，《社会科学战线》1980年第3期。

罗志田：《陈独秀与"五四"后〈新青年〉的转向》，《天津社会科学》2013年第3期。

孟红：《毛泽东的报纸情结》，《党史纵横》2012年第8期。

欧阳哲生：《〈新青年〉编辑演变之历史考辨：以1920—1921年同人书信为中心的探讨》，《历史研究》2009年第3期。

欧阳哲生：《新发现的一组关于〈新青年〉的同人来往书信》，《北京大学学报》（哲学社会科学版）2009年第4期。

裴晓军、吴廷俊：《〈解放日报〉改版与毛泽东在党内领袖地位的确立》，《新闻知识》2008年第2期。

彭艳萍：《浅议瞿秋白的办报思想和经营理念——以〈热血日报〉为例》，《东南传播》2007年第12期。

屈雅利：《略论延安〈解放日报〉的广告经营——以"广告刊例"的年度变化为例》，《新闻知识》2008年第9期。

邵培仁：《媒介生态学研究的新视野——媒介作为绿色生态的研究》，《徐州师范大学学报》2008年第1期。

沈晓静：《论毛泽东新闻思想及其现实意义》，《河海大学学报》（哲学社会科学版）2003年第4期。

施喆：《建国初期私营报业的社会主义改造》，《新闻大学》2002年第1期。

唐宝林：《重评共产国际指导中国大革命的路线》，《历史研究》2000年第2期。

唐纪如：《国民党1934年〈文艺宣传回忆录〉评述》，《南京师范大学学报》1986年第3期。

唐筱童：《重庆时期〈新华日报〉的经营管理活动管窥》，《新闻传播》2012年第11期。

王立纲：《中国报业改革三十年备忘》，《青年记者》2007年第11期。

王润泽：《重塑党报〈解放日报〉改版深层动力之探析》，《国际新闻界》2009年第4期。

王晓梅：《中国共产党"党报模式"的初始发展》，《西北大学学报》（哲学社会科学版）2006年第5期。

王雪驹、楚航、王润泽：《城市办报范式与党报理论的冲突与调适——对整风运动中重庆〈新华日报〉改版的考察》，《国际新闻界》2018年第8期。

王玉蓉、白贵：《略论延安〈解放日报〉的广告特色》，《河北大学学报》（哲学社会科学版）2003年第4期。

王云翠：《郑超麟与〈向导〉周报》，《党史研究与教学》2003年第4期。

文琪：《第二次国内革命战争时期中国共产党党报和进步报刊简介》，《历史研究》1957年第12期。

文琪：《抗日战争时期中国共产党党报和主要进步报刊简介》，《历史研究》1958年第10期。

文琪：《第三次国内革命战争时期中国共产党党报和主要进步报刊简介》，《历史研究》1959年第9期。

吴碧华：《1942 年延安〈解放日报〉改版》，硕士学位论文，西北大学，2008 年。

吴果中：《重庆〈新华日报〉的广告经营初探》，《国际新闻界》2006 年第 8 期。

吴敏：《陈独秀新闻传播思想研究》，硕士学位论文，华中科技大学，2008 年。

伍静：《党报的另一种传统——延安〈解放日报〉与重庆〈新华日报〉的比较及不同命运》，《新闻记者》2015 年第 11 期。

夏衍：《白首记者话当年——记香港〈华商报〉》，《新闻与传播研究》1982 年第 2 期。

熊复：《新华日报的历史地位及其特点》，《新闻与传播研究》1981 年第 4 期。

徐新平：《论毛泽东土地革命时期的新闻思想》，《湖南大学学报》（社会科学版）2005 年第 6 期。

杨奎松：《共产国际为中共提供财政援助情况之考察》，《社会科学论坛》2004 年第 4 期。

杨奎松：《孙中山与共产党：基于俄国因素的历史考察》，《近代史研究》2001 年第 3 期。

杨骁：《中国共产党早期报刊研究——以〈红色中华〉为例》，硕士学位论文，中国青年政治学院，2017 年。

叶青青：《从农村办报走向城市办报——中国共产党执政初期的党报新闻制度构建》，博士学位论文，复旦大学，2011 年。

张化冰：《浅论〈新青年〉作者群的形成》，《新闻与传播研究》2005 年第 4 期。

张昆：《论毛泽东新闻思想体系》，《新闻与传播研究》1994 年第 1 期。

张敏：《1942 年〈解放日报〉改版研究》，硕士学位论文，天津大学，2013 年。

张之华：《共产国际、联共（布）对中共早期新闻传播事业的影响》（上），《国际新闻界》2004 年第 2 期。

张之华：《共产国际、联共（布）对中共早期新闻传播事业的影响》（下），《国际新闻界》2004 年第 3 期。

赵勋:《延安时期党报理论形成轨迹与新时期党报理论创新思考》,《西北大学学报》(哲学社会科学版) 2011 年第 2 期。

朱洪:《大革命时期苏联和共产国际对国共两党经济援助之比较》,《党的文献》2007 年第 2 期。

朱鸿召:《延安〈解放日报〉改版的前前后后》,《同舟共进》2008 年第 11 期。

后　　记

　　数载时光，匆匆而过，这本《中国共产党办报模式研究（1921—1949）》即将付梓了。四年间的期冀、等待、煎熬、喜悦一时间涌上心头，让我不禁再次回想起投身新闻学研究的初心。22 年前，在武汉大学求学的我，误打误撞旁听了一节中国新闻史的课程，而在内心深处种下了一颗新闻史研究的种子。当时的主讲教师是武汉大学新闻与传播学院的周光明教授，他在课堂上用抑扬顿挫的语调朗诵梁启超的《少年中国说》，讲解王韬的"人生三不朽：立德、立功、立言"。这些先贤的呼声如黄钟大吕，鼓荡起我胸中的一腔热血，自此"立言"成为我追求人生价值的路径与目标。叔本华曾说：痛苦与无聊是人类幸福的死敌，而丰富的精神思想是让人免于痛苦的手段。作为芸芸众生中的一员，我也踏上了追求人生幸福之旅。

　　硕士求学期间，我耳闻目睹恩师刘家林教授为撰写《新中国新闻传播 60 年长编》，在白天忙于行政事务的情况下，在夜里忙里偷闲、专心治学，每天睡不到四个小时。别人劝他多休息，他总是以"生前少睡，死后长眠"自嘲，常常对人说："古人有立德、立功、立言'三不朽'之说法，做学者最大的幸福就是有一部著作能够传世不朽，这样人生无憾也。"他耗十载之功，穷十年心血，才终于有 120 万字的大部头著作问世。这种孜孜以求的治学态度深深感染了我，也将我带入学术研究的大门，感受到了何为学者的幸福。为了能在学术上求得精进，努力成就"一家之言"，我又拜入邓绍根教授的门下攻读博士学位研究生，邓老师重视学术传承，学术态度严谨，作为中国新闻史学会的联席秘书长，常常要协调组织各种学术会议，搜集分享各类学术信息，参与维护新闻史研究的学术共同体，在全国各地奔走的间隙、在夜深人静的时候，才能回归自己钟爱的学术。他通过言传身教让我明白了如何在繁忙的工作中做到工作、生活、学术的平衡。这些宝贵经验，直到今天仍让我受益匪浅。

这本著作的原型，是本人的博士学位论文。论文撰写从 2017 年 12 月启动，到 2019 年 5 月底基本完成，字数总计 33 万字。其间我埋首故纸堆，阅读了大量档案、报刊和前人研究成果，仅读书笔记就做了 18 万字。预答辩期间，范以锦教授、刘家林教授、申启武教授、侯东阳教授、赵建国教授对论文提出了许多中肯的意见，对论文内容与材料的取舍提出了宝贵建议，使得论文的主题更加凸显、主线更加清晰、内容更加收束。最终答辩时，当胡翼青教授代表答辩委员会宣布论文评议结果为"通过后修改"时，我竟惊出了一身冷汗，读博期间的种种情绪与记忆片段如"蒙太奇"镜头一般快速闪过。那一瞬，似乎穿越了四年。事后，我写下了这样的文字：总觉得博士遥不可及，没想到有一天也能成为一名博士。读博期间不知多少次为毕业做噩梦，直到上传论文定稿的那一刻，才终于心安。我想，攻读博士的经历值得珍而重之，可能就在于这种严格要求下对自我的不断挑战和超越。往往这样的时刻，人们才深切感受到何谓活着。

就在 2017 年到 2024 年这 8 年间，我经历了人生中的诸多第一次：第一次获批国家社科基金青年项目，第一次在新闻学权威刊物发表文章，在 38 岁时我还有幸获批国家社科基金重大项目。一路走来，既辛苦又充实。同时，我也产生了将博士学位论文重新修订、补充内容、公开出版的想法。在四年反复打磨的过程中，许多人向我提供了宝贵的支持与帮助，在此由衷道一声感谢。首先要感谢我的博士生导师邓绍根教授对我的言传身教，让我体会到学术研究、学术传承、学术规范与学术共同体的含义，更加坚定了"越努力、越幸运"的信念，感谢邓老师拨冗为本书作序，以及在序言中对我的期望与鼓励。感谢我的硕士生导师刘家林教授，让我初窥学术研究的门径，"生前少睡、死后长眠"的精神至今仍在激励着我。每

后　记

次见到我时，总是语重心长地告诫我一步一个脚印，叮嘱我"生活要快活一点"，让人备感温馨。感谢我的同门王明亮博士在学术研究方面对我的激励与启发，经常在三言两语之间就点燃我的研究灵感，让本显平庸的研究成果变得富有生机与想象力。感谢暨南大学社会科学研究处、新闻与传播学院、马克思主义学院在我起步取径阶段的指引与支持，缺少了校方和院方的支持，这本书可能就无法面世。

我还要感谢中央宣传部、中央党史和文献研究院对本书的关心与指正，感谢中国社会科学出版社对本书出版的精心安排，感谢史慕鸿老师、慈明亮老师对本书的精心编辑，让我感受到何为学术著作的精编主义。感谢妻子张璇在生活中对我的体贴、在治学中对我的启发，感谢张培栋同学、韩淑铃同学、徐坤洋同学、刘颖卉同学对本书的细心校读。正是有了大家的悉心付出，这本书才能出现在读者们的案头。它是一部个人署名的著作，但更是众人智慧与心血的结晶。

本书的出版，只是个人治学求索之路的一个开端。未来仍有许许多多的问题有待去思辨、去探索，有许许多多的全新旅程有待去开启、去体会。我们阅读图书，体验他人的人生，延长生命的长度。我们撰写著作，倾注自己的生命，推动思想的交流。下一个问题与挑战，我期待着。

2024 年 4 月 13 日于暨南园